孫常敘著作集

# 中國語言文字學綱要

孫常敘　編著

孫屏　張世超　校訂

上海古籍出版社

孫常敘先生誕辰110週年紀念

1960年攝於曉野書房

1951年爲學生所編講義

《詞典使用法》1961年版

文學的第一要素是語言。它和文學的根本工具——生活現象的事實——同爲文學的材料。有一句最聰明的民間諺語用這樣的話規定了語言的意義："雖不是蜜，卻粘着一切東西。"世界上沒有一件東西沒有名字，便是這句話的好證。語言是一切事實，一切思想的衣服。

　　　　　　　　　　——高爾基《文學論集·和青年們談話》

# 出版説明

孫常敍先生(1908－1994)，又名曉野，著名語言文字學家，在古文字、詞彙學、古文獻學等領域成就卓著，廣受學界讚賞和推崇。

本册收録的《中國語言文字學綱要》，原作《中國語言文字學提綱》，係孫常敍先生 1949 年爲東北大學(今東北師範大學)中文系學生所編撰的講義，並親自以鐵筆刻寫摹繪其文字插圖，油印成上下册，1951 年曾再次謄寫油印。今以 1949 年本排印。

本册也收録了《詞典使用法》。本書原爲 1961 年 9 月吉林師範大學函授教育處内部排印刊行的"吉林師範大學中文函授教材"《古漢語文言詞彙》(後正式出版時易名爲《古-漢語文學語言詞彙概論》)之"前編"部分。半個多世紀來，我國的辭書編纂、出版之面貌已經發生了天翻地覆的變化。但其中介紹反切變讀、四角號碼用法和选取詞義的一些技巧，仍然具有參考價值。

此次排印出版，在儘可能尊重原著的基礎上，對原油印本的錯譌和疏失作了校改和補正。對個別語詞、標點符號、注釋方式、引例篇名等按現行規範作了調整和處理,但書中一些舊的地名、譯名没有改動,請讀者注意。《詞典使用法》第四章第五節"兼收古漢語文言詞彙的現代漢語詞典"原介紹了《國語辭典》和《漢語詞典》,然而這兩部書今天已經很難找到。從實用角度考慮,我們請孫屏先生重新撰寫了本節,介紹新《辭海》、《漢語大字典》、《漢語大詞典》等幾部辭書。孫屏先生撰寫的"新《辭源》"部分,因不屬於現代漢語詞典,我們歸入了第四章第四節。另外,原書每節後所附的"習題",這次出版没有保留。

　　本次整理由孫常敘先生之子孫屏先生負責,張世超先生審定。

# 本册書目

# 中國語言文字學綱要

# 目　　録

# 第一章　我們的發音行爲和記號

## 第一節　發音器官

論到語言,我們首先可以注意的就是一些擾動空氣和人們聽官的身體行動。很顯而易見的,這就是物理學和聲音學上所解釋的,語言爲空氣中觸動聽官的浪波和運動。

因爲有這樣的身體行動,初步的研究比較其他學科多少有些方便——除聾啞不幸口耳有廢疾外,第一,發音器官就生長在自己身上,每人具備了一副(原物)試驗器,不用外買;第二,每人都會說話,或多或少的有些朋友,早已積存了許多語彙,材料不必現找(作專門研究需要調查材料,那是進一步的事),只要從生活上加以注意和研究,是很容易入門的。

人類發音器官,我們的語言生理裝置——是由位於氣管口的咽喉與嘴和鼻的出口之間的許多部分所組成。喉頭有聲帶,好像兩瓣多筋的唇。在空氣壓力下振動緊張得像弦一樣的聲帶,就是人聲的源泉。氣管的出口處,較聲帶高一點:有會厭軟骨——吞咽食物時關閉器官通道的瓣。再高一點,在口腔內有上顎的簾幕或軟上顎,隔離鼻腔的通道與口腔。如果我們張開嘴巴照鏡子,就可看到上面垂着小小的上顎小舌,這是軟上顎的終點。上下移

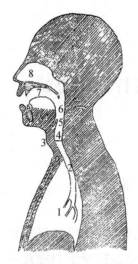
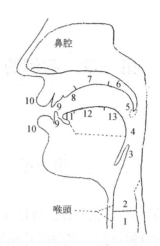

1. 肺臟　2. 氣管　3. 喉頭
4. 聲帶　5. 會厭軟骨　6. 喉
嚨　7. 口腔　8. 鼻腔

1. 氣管　2. 喉頭連聲帶　3. 會厭軟骨
4. 喉嚨　5. 小舌　6. 軟上顎　7. 硬上
顎　8. 上牙牀　9. 上下牙　10. 上下唇
11. 舌葉連舌尖　12. 舌前　13. 舌後

動軟上顎，人就能關閉或打開呼出氣流至鼻子的通道。最靈活
積極的發音器官是舌頭。有時以它的尖端和上牙牀相接，有時
用它的背部和牙齒、硬上顎或軟上顎相近或相接，舌頭就形成我
們言語中的大部分聲音。這以互相接近或接觸來形成人類語音
的諸器官，稱爲發音器官。

　　發音器官依着它的作用可以分成兩種：一種是樂音化機
關，聲帶是"簧"，口腔和鼻腔是"共鳴器"。——聲帶鬆弛時氣
流通過它除一些微細的噓氣聲外，並無何等活動；若是聲帶緊
張聲門（聲帶之間的縫隙叫聲門）縮窄，阻礙了氣流，氣流向它
衝擊，於是聲帶發生振動起了一種"樂音"。另一種是節制器
官，口腔和鼻腔。口腔張開時氣程就寬，收斂時就變窄，若是

收斂到僅餘一綫之路,則氣流勒擠成摩擦的聲音;若是收斂到無隙可乘時,被壅滯的氣流陡然把它撞開,造成破裂的聲響。——唇舌的開闔跳騰是人們一種很好的擬勢達意的器官。

## 第二節　發音行為和它們的記號

### 一、元音

　　節制機關的張斂,也就是共鳴器的更換。在口腔的張斂的節制作用上,舌是最重要的。每當舌的地位發生一微細的變動,那口腔裏就造成一個新共鳴器。從簧——聲帶——振動出來的樂音隨着共鳴器的變化而變化,發出不同的樂音。這各種不同的音就是語音裏的元音,舊日叫作韻。

　　其實這種節制並不單純是舌的事,下巴的張闔也起了一定的作用。

　　這些道理請向自己的嘴上找(從唇舌的行動)。

　　試讀下邊的例字,在讀每個字時把時間拖長些,注意自己的嘴,最好是對着鏡子。

　　啊——　　a——　　(例用北音拉丁字母)

　　八 ba　怕 pa　馬 ma　法 fa

　　大 da　他 ta　那 na　拉 la

　　嘎 ga　喀 ka　哈 xa

　　咱 za　叉 ca　卅 sa　閘 zha　差 cha

殺 sha

啊——　　　a——

衣——　　　i——

比 bi　　批 pi　　米 mi　　的 di　　替 ti　　你 ni　　里 li　　　幾 gi

氣 ki　　希 xi　　集 zi　　七 ci　　西 si

衣——　　　i——

烏——　　　u——

不 bu　　普 pu　　母 mu　　夫 fu　　都 du　　禿 tu　　努 nu　　路 lu

姑 gu　　枯 ku　　互 xu　　組 zu　　粗 cu　　蘇 su　　朱 zhu　　出 chu

書 shu　　如 rhu

烏——　　　u——

念"啊"的時候,下巴向下落,嘴大開着,舌後部下降,肌肉鬆,時間長。念"衣"的時候,下巴向上閉着,舌前部上升,嘴唇平,肌肉緊,時間長。念"烏"時,下巴也是閉着,舌後部上升,嘴唇圓,肌肉緊,時間長。由於下巴的開闔,舌的前後升降,嘴唇的圓、平或自然張開,口腔裏出現了不同的共鳴器,影響了樂音,造成了三個元音:"啊"、"衣"、"烏"。爲了便利,我們用"a"、"i"、"u"來代表它。

念 i 时,把下巴慢慢地張開,到大開時,變成了 a。在這個過程裏,我們從"衣"、"啊"之間可以聽出個沒有 i 的"耶"字。衣——耶——啊——,舌是一等一等地下降,口是一次比一次張開。這在中間出現的聲音,我們用 e 來記它。北音我們所用的,沒有用 e 單字,權用"也"字作例。

也——　　　ie——（單字用 je）

別 bie　　撇 pie　　滅 mie　　跌 die　　鐵 tie　　聶 nie　　列 lie　　解 gie

茄 kie　協 xie　節 zie　　切 cie　寫 sie

烏——啊——之間可以聽出"喔"音來。

喔——　　　o——

波 bo　坡 po　摸 mo　多 do　托 to　　諾 no　　落 lo　鍋 go

活 xo　作 zo　錯 co　所 so　桌 zho　綽 cho　弱 rho

　　念"也"的時候下巴是向上半閉，舌前部半升，唇是平的，肌肉緊，時間長。念"喔"，下巴也是半閉，舌後部半升，嘴唇是圓的，肌肉緊，時間長。

　　從 i 到 a，細聽不止 i、e、a 三個音，用國際音標來記是 i、ɪ、e、ɛ、æ、a，在我們北音裏，用不到那麽多，不作精密的記音工作，日常應用 i、e、a 可以足用；同理，u 到 a 也不止 u、o、a 三音，而是 u、ʊ、o、ɔ、ɑ。至於 a，也是很多，舌前部下降的 a，是用 a 來記；舌後部下降的 a，是用 ɑ 來記。使用上，簡化用 a。

　　舌的進退和升降有關係：在前部舌的升降和它的進退成正比例；在後部舌的升降和它的進退成反比例。所以舌的行動不是一個方向，而是兩個，這兩個方向合起來看是"三角形的運動"。從 i 到 a，從 u 到 a，這 i、e、a、o、u 五點相連，正像一個漏斗形。

　　至於"麽"、"得"、"特"、"訥"、"勒"、"個"、"克"、"合"、"則"、"册"、"色"、"這"、"車"、"社"、"熱"等音，收音都收"厄"。國際音標用 ə——倒寫的 e 來表記，我們除作精密的記音外，一般直用"e"字。它雖然代表舌前部半升元音，但本音裏沒有字，除和舌前部上升元音 i、y 拼和外，把它看作 ə 音，也並不混亂。可以把上邊那幾個字音記作：me、de、te、ne、le、ge、ke、xe、ze、ce、se、zhe、che、she、rhe。

　　這個 e——實際是 ə——發音時舌中部半降，下巴半開，唇形自然,肌肉鬆,時間短。

嘴唇的形狀對於發音也有很大關係。

舌前部上升的元音 i,發音時,嘴唇是扁而不圓的。若是下巴和舌還是 i 的位置,把嘴唇改作收斂而圓的形狀,則發出的聲不是"衣"而是"魚"了。這個聲音用 y 來記。如:

女 ny　旅 ly　局 gy　去 ky　許 xy　聚 zy　取 cy　需 sy
魚 y

到這,我們把前面所說由於口腔共鳴器的不同而分出來的主要元音用圖表示出來:

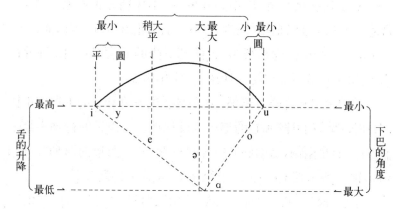

北音拉丁字母和國際音標對照如下:

北音拉丁字　i u y 　a o e
國際音標　　i u y ɑ ɒ o ə e

在一般使用上,北音拉丁字母比國際音標方便、簡單、好寫。a、ɑ 不分舌前舌後,通用一個 a,ə 和 e 從拼合的字母上分別,只用一個 e。

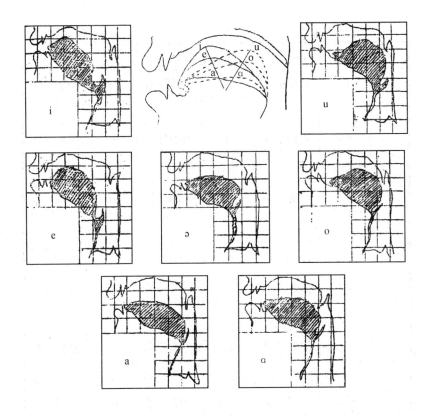

  《國音常用字彙》(表中簡稱"字彙")、林濤《新文字單音字彙》(林書只用本音,沒有採取他的變體定型字)、張雁《新文字漢字兩用檢字》(東北書店 1949 年版)e、o、uo 三音對照表:

| | 字　彙 | | 林　濤 | | 張　雁 | |
|---|---|---|---|---|---|---|
| b | bo | 波博簸簸 | bo | 波博簸簸 | bo | 波博簸簸 |
| | | | | | | |

續　表

| | 字　彙 | | 林　濤 | | 張　雁 | |
|---|---|---|---|---|---|---|
| p | po | 坡婆叵破 | po | 坡婆叵破 | po | 坡婆叵破 |
| | | | | | | |
| m | mo | 摸模抹末 | mo | 摸模抹末 | mo | 摸模抹末 |
| | me | 麼 | me | 麼 | | |
| f | fo | 佛縛 | fo | 佛（縛） | fu | 佛縛 |
| d | de | 得德 | de | 得德 | de | 得德 |
| | duo | 多奪躲惰 | duo | 多奪躲惰 | do | 多奪躲惰 |
| t | te | 牠　特 | te | 牠　特 | te | 特 |
| | tuo | 它馱妥唾 | tuo | 它馱妥唾 | to | 拖馱妥拓 |
| n | ne | 哪　訥 | ne | 哪　訥 | ne | 訥 |
| | nuo | 挪　諾 | nuo | 挪　諾 | no | 挪　諾 |
| l | le | 勒　樂 | le | 勒　樂 | le | 勒　樂 |
| | luo | 囉羅擄洛 | luo | 囉羅擄洛 | lo | 囉羅擄洛 |
| g | ge | 哥格葛個 | ge go | 哥格葛個 | ge | 哥格葛個 |
| | guo | 鍋國果過 | guo | 鍋國果過 | go guo | 鍋國果過 |
| k | ke | 科咳可課 | ke | 科咳可課 | ke | 科咳可課 |
| | kuo | 擴 | kuo | 擴 | kuo | 擴 |

續　表

| | 字　彙 | | 林　濤 | | 張　雁 | |
|---|---|---|---|---|---|---|
| x | xe | 喝禾賀 | he | 喝禾賀 | xe | 喝禾賀 |
| | xuo | 豁活火貨 | huo | 活火貨 | xo xuo | 活　貨 火獲 |
| zh | zhe | 遮折者這 | zhe | 遮折者這 | zhe | 遮折者這 |
| | zhuo | 桌濁 | zhuo | 桌濁 | zho | 桌濁 |
| ch | che | 車　扯撤 | che | 車　扯撤 | che | 車　扯撤 |
| | chuo | 戳　輟 | chuo | 戳　輟 | cho | 戳　輟 |
| sh | she | 奢舌捨社 | she | 奢舌捨社 | she | 奢舌捨社 |
| | shuo | 説　朔 | shuo | 説　朔 | shuo | 説　朔 |
| rh | rhe | 惹熱 | re | 惹熱 | rhe | 惹熱 |
| | rhuo | 若 | ruo | 若 | rho | 若 |
| z | ze | 責仄 | ze | 責仄 | ze | 責仄 |
| | zuo | 作昨左坐 | zuo | 作昨左坐 | zo | 作昨左坐 |
| c | ce | 策 | ce | 策 | ce | 策 |
| | cuo | 搓矬脞錯 | cuo | 搓矬脞錯 | co | 搓　錯 |
| s | se | 澀 | se | 澀 | se | 澀 |
| | suo | 蓑所 | suo | 蓑所 | so | 蓑所 |

## 二、元音的邊界

　　元音間的友情——各元音都富於友情,很容易和它所遇到的另一元音相結合。

　　兩個單元音結合成一個新音時，這新音叫"複合元音"。它
們結合的情形，可以依照音勢升降分成兩大類：

　　第一個元音音勢較大的叫"升複元音"——基本的：

**ai** 哀

| | | | |
|---|---|---|---|
| bai 掰 | pai 拍 | mai 賣 | dai 呆 |
| tai 胎 | nai 奶 | lai 來 | gai 該 |
| kai 開 | xai 海 | zai 災 | cai 猜 |
| sai 腮 | zhai 寨 | chai 柴 | shai 篩 |

**ei**

| | | | |
|---|---|---|---|
| bei 卑 | pei 呸 | mei 煤 | fei 飛 |
| nei 內 | lei 勒 | gei 給 | xei 黑 |

**ao** 熬

| | | | |
|---|---|---|---|
| bao 包 | pao 拋 | mao 貓 | dao 刀 |
| tao 滔 | nao 腦 | lao 撈 | gao 高 |
| kao 尻 | xao 蒿 | zao 糟 | cao 操 |
| sao 搔 | zhao 招 | chao 抄 | shao 稍 |
| rhao 繞 | | | |

**ou** 歐

| | | | |
|---|---|---|---|
| pou 剖 | mou 謀 | fou 否 | dou 兜 |
| tou 偷 | lou 摟 | gou 勾 | kou 口 |
| xou 齁 | zou 諏 | cou 湊 | sou 搜 |
| zhou 州 | chou 抽 | shou 收 | rhou 肉 |

**iu** 悠

| | | | |
|---|---|---|---|
| miu 謬 | diu 丟 | niu 妞 | liu 溜 |
| giu 究 | kiu 秋 | xiu 休 | |

第二個元音音勢較大的叫"降複元音"：

**ia** 鴉

gia 家　　　　kia 恰　　　　xia 蝦

**ua** 挖

gua 瓜　　　kua 誇　　　xua 花　　　zhua 抓　　　shua 刷

**io**（唷）

**uo** 窩

guo 鍋　　　kuo 闊　　　xuo 火　　　shuo 説

**yo** 藥

**ie** 耶

bie 憋　　　pie 撇　　　mie 苶　　　die 爹

tie 帖　　　nie 捏　　　lie 列　　　gie 解

kie 茄　　　xie 些　　　zie 節　　　cie 切　　　sie 寫

**ye** 月

gye 嘅　　　kye 缺　　　xye 靴　　　zye 絶　　　sye 雪

　　ai、ei、ao、ou、iu、ia、ua、io、uo、yo、ie、ye,這些個複合元音都是兩兩相結的,在這以外還有三個元音相結的,那是"三合元音"。它們之間的友情以第二個爲最大。

**iai**（崖）

**iao** 腰

biao 鷹　　　piao 飄　　　miao 妙　　　diao 刁

tiao 挑　　　niao 鳥　　　liao 撩　　　giao 交

kiao 敲　　　xiao 消　　　ziao 焦　　　ciao 瞧　　　siao 小

**uai** 歪

guai 乖　　　kuai 快　　　xuai 壞　　　zhuai 拽　　　chuai 揣　　　shuai 衰

**uei** 威（我們的新文字有記作 ui 的）

duei 堆    tuei 推    guei 圭    kuei 虧    xuei 灰    zuei 最

cuei 催    suei 雖    zhuei 追    chuei 吹    shuei 水    rhuei 瑞

記 ui 的，則寫成 dui、tui、gui、kui、xui、zui、cui、sui、zhui、chui、shui、rhui。

元音裹，舌的位置以 i、u、y 三個爲最高。若是把它們的舌位再向上翹起些，就對氣流發生阻礙，而起了摩擦。試品一品"也"和"列"兩音裹的 i，舌頭翹起的高度是不同的。"瓦娃娃"音裹的 u 和"最快壺"音裹的 u 是不同的；"雪"和"月"兩音裹的 y 也是不同的。

"也"、"幺"、"郵"等音的 i 都是在發音之初，而"別"、"漂"、"米"等音的 i 則是在發音的中間或末尾。在中間或末尾的還都是元音，打頭的卻超過元音的地位起了摩擦。我們區別這種不同，把打頭的 i 改用 j 來表記。

"也"不記作 ie 而作 je，"幺"不記作 iao 而記作 jao。

同理，"窩外圍瓦"和"圖畫快會"各音裹的 u 也是不同的。用 u 來打頭的音，記作 wo、wai、wei、wa，用 w 代替了 u，tu、xua、kuai、xui，則照舊用 u。

"月"、"雪"音裹的 y 也同樣有分別，不過現在還沒給它另一個記號。ye 和 sye 一樣的用了 y。

發音時，發音器官緊縮到很小，使氣流受了阻礙發生摩擦，和元音不同。像 j、w 和打頭的 y 三音，已經是"輔音"了。

## 三、輔音

什麼是"輔音"？

先念念下邊的短句。——要慢，特別注意開始發音的情形。

(1) 本 ben　班 ban　步 bu　兵 bing，　不 bu　避 bi　冰 bing
　　雹 bao，　背 bei　包 bao　爆 bao　堡 bao。

(2) 爬 pa　偏 pian　坡 po，　炮 pao　砰 peng　砰 peng，　劈 pi
　　破 po　棚 peng，　乒 ping　乓 ping　乓 pang　乓 pang　片 pian
　　片 pian。

(3) 媽 ma　媽 ma　忙 mang，　磨 mo　麥 mai　賣 mai　麪 mian；
　　妹 mei　妹 mei　忙 mang，　買 məai　米 mi　買 məai　煤 mei。

這三組字句，第一和第二兩組在開始發音時，一起頭，都是
先把上下兩唇閉上，阻塞住要出來的氣流，這緊閉的兩唇停留一
會兒，突然分裂，氣流迸出來，形成一種"破裂聲"。這兩組發聲
的方法雖然相同，仔細分析，當兩唇突然迸裂時，這斬關而出的
氣流，卻大有不同。第一組"步兵"之類的發聲，爆破兩唇的氣
流，仿佛張口含着似的，不向外走；第二組"偏坡"之類，卻覺得送
氣很重，有些像往外噴的樣子。我們若用手捏一張小薄紙片，舉
到嘴前，對着它説"本班步兵"，則紙片不動。若説"爬偏坡"，則
把紙片吹得紙振動。一個向外"送氣"，一個"不送氣"。

第三組"妹妹"和"媽媽"，發聲時閉嘴的方法和前兩組相同，
出氣的道路和方法卻不相同。"步兵"、"偏坡"是向外撞，氣流從
嘴裏撞開緊閉的雙唇，迸裂而出。至於"妹妹"、"媽媽"則不然，
她們不肯打開這緊閉的雙扉，索性攀下軟上顎。從小舌後面另
找出一條道路，把被堵塞的氣流，在開口之先送進鼻子裏去，成
一種"鼻聲"。捏着鼻子喊不出"媽"來，便是證據。

由兩唇相接，發出的破裂聲，不送氣的用 b 來記。送氣的用
p 來記。帶鼻聲用 m 來記。——這是"雙唇聲"。

再注意分析這幾句語音的注音。

(4) 夫 fu　　婦 fu　　發 fa　　奮 fen

　　反 fan　　復 fu　　負 fu　　販 fan

　　發 fa　　福 fu　　犯 fan　　肥 fei

　　仿 fang　　佛 fu　　廢 fei　　飯 fan

"夫婦"之類語音的發聲是把上牙的牙尖輕輕地落到下唇的裏緣上，氣流從這兩者之間的縫隙吹出去，發生"摩擦聲"。

這樣"唇齒聲"用 f 來記。

比較以下四組語音，品品它們發聲時的相同或相異情形。

(5) 弟 di　　弟 di　　大 da　　　膽 dan

　　奪 do　　短 duan　　刀 dao

　　到 dao　　道 dao　　東 dung

　　鬥 dou　　盜 dao

(6) 舔 tian　　糖 tang

　　糖 tang　　甜 tian

　　天 tian　　天 tian　　舔 tian

　　天 tian　　天 tian　　甜 tian

　　天 tian　　天 tian　　甜 tian

　　天 tian　　天 tian　　舔 tian

(7) 拿 na　　你 ni　　那 na　　　能 neng　　　耐 nai

　　濘 neng　　泥 ni　　內 nei

　　挪 no　　挪 no　　碾 nian

(8) 伶 ling　　伶 ling　　俐 li　　　俐 li

　　領 ling　　略 lyo　　理 li　　　論 lun

　　流 liu　　露 lu　　力 li　　　量 liang

　　這四組語音發聲時有一個共同的特點：都是把舌尖和上牙牀相接觸。

　　"弟弟"和"舔糖"兩組的語音，發聲時舌尖按到上牙牀，稍一停頓，就突然迸開，被閉住的氣流奪門而出，發出"破裂聲"。若把小的薄紙片放在嘴前試驗，則見"弟弟"一組是不吹紙，而"舔糖"一組則是吹紙顫動。前者是舌尖不送氣的破裂聲，用 d 來記；後者是舌尖送氣的破裂聲，用 t 來記。

　　"能耐"一組也是把舌尖按到上牙牀，所不同的，不是一觸即開，而是按住不放，使氣流從小舌之後爬上軟小顎走進鼻腔裏，發生鼻聲。這樣的舌尖鼻聲用 n 來記。

　　至於"理論"一組則是舌尖接觸上牙牀時，並沒有完全堵死，僅是把舌尖按在上牙牀中間，把口腔從中間隔成兩個縫隙氣流從翹起的舌尖兩旁溜出去。這種從舌尖兩邊溜出去的舌尖邊聲用 l 來記。

（9）徐 sy　　　三 san　　嫂 sao

　　　送 song　些 sie　　新 sin　　鮮 sian　　絲 s

　　　綫 sian　疏 su　　鬆 song　纖 sian　　細 si

　　　繡 siu　　繡 siu　　像 siang　西 si　　　廂 siang

　　這一組語音，都有些"絲絲"的。發聲時，上下門牙相切近，舌葉放平，舌尖前伸，正對上門牙的背面卻並不接觸，前舌葉接近上牙牀的前部，氣流從這窄窄的一條縫隙中擠出去，發摩擦音，這平葉摩擦聲用 s 來記。

（10）伸 shen　　手 shou　　拴 shuan　　繩 sheng

　　　順 shun　　繩 sheng　上 shang　　樹 shu

　　　叔 shu　　　叔 shu　　說 shuo　　爽 shuang　神 shen

誰 shui　　　上 shang　　樹 shu

樹 shu　　　上 shang　　霜 shuang　　濕 shi

這一組語音,在發聲上和上一組很有些相近。有一部分人"四十不分",説不清究竟是倆五的"十個",還是二二的"四個",便是例子。

説"上樹"時,上下門牙也是互相切近,這和前組相同,舌葉翹起,舌尖正對着上牙牀和硬顎正中交界的地方,雖没有接觸,卻是離得很相近了。舌葉碰到上牙牀靠後的部分,同時舌也微微升起,氣流從舌尖、舌葉和上牙牀之間摩擦出去,成了"屍──"的聲響。這是前組不同的。

這樣的翹葉摩擦聲,用 sh 來記。

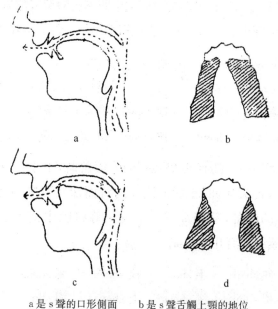

a 是 s 聲的口形側面　　b 是 s 聲舌觸上顎的地位
c 是 sh 聲的口形側面　　d 是 sh 聲的舌觸上顎地位

若是把説 sh 的舌尖更往上卷起一點,則會發出"日——"的摩擦聲。這樣的翹葉聲——有人管他叫捲舌聲,用 rh 來記。像:

(11) 若 rho　　仍 rheng　　然 rhan　　柔 rhou
　　弱 rho　　忍 rhen　　辱 rhu　　容 rhong
　　讓 rhang　惹 rhe　　人 rhen　　日 rh
　　日 rh　　嚷 rhang　嚷 rhang

這種翹舌葉聲,若是舌硬,翹得不對頭,反而把舌前凸起來,成了發舌前上升元音的舌位,結果變成了 i 或 j,"日頭熱曬人肉"説成了"一頭夜,曬銀又"了。(國際音標 sh 用 ṣ,rh 用 ẓ)

(12) 哥 ge　　哥 ge　　果 go　　敢 gan　　改 gai　　過 go
(13) 慷 kang　慨 kai　可 ke　　靠 kao　　困 kun　　苦 ku
　　快 kuai　開 kai　口 kou

"哥哥"一組裏的語音,發聲時,舌根上升和軟上顎相接,遮住氣流;略一停頓,突然迸開,迸開時,舌根剛好黏在軟顎上,往下拽,有一種黏着的感覺。舌根和軟顎分開時,氣流漲在口裏。這是一種不送氣的舌根破裂聲,用 g 來記。

"慷慨"之類的發聲,也是把舌根和軟顎的黏着掣開,不過在乍一掣開時,沒有黏着的感覺,卻有咳吐的情勢。這是可以吹動嘴前薄紙的送氣的舌根破裂聲。用 k 來記。

(14) 黃 xuang　河 xe
　　浩 xao　　浩 xao　　瀚 xan　　瀚 xan
　　黃 xuang　昏 xun
　　恍 xuang　恍 xuang　惚 xu　　惚 xu

"黃河"是舌根和小舌相接近,舌根兩邊隆起,接近軟顎,中間留出通道,氣流從通道裏摩擦出去。

這樣的舌根摩擦聲,用 x 來記。

在我們的語音裏,g、k、x 三種發聲,隨着它們所結合的元音而有變化。ga、ka、xa;gu、ku、xu 等沒問題,到了 gi、ki、xi 和 gy、ky、xy 時卻有了變化。

原因是 i 和 y 兩元音都是舌前上升,而 g、k、x 三種發聲的作勢地位都遠在舌後,它倆相結合時,由於元音的影響,g、k、x 即時放棄它們舌根和軟顎相接或相近的關係,前進牽就 i 或 y 的舌前位置,改成舌前和硬顎相接或相近的關係。

舌根摩擦聲 x 受 i 的影響,前進,變成舌前摩擦聲時,舌前凸起,兩邊接觸到硬顎,因爲它還是摩擦聲,中間並沒堵死,留出一條縫,讓氣流從這窄道擠出去。——隨着舌前凸到硬顎的行動,下巴把嘴閉上,上下牙互相切近;留氣道,舌尖向下垂。這樣的成阻部位,和原來完全不同,成爲一個新的發聲姿勢。

這樣的舌前摩擦聲,舊日就着它從舌根移進到舌前來講,說它是"曉"紐(就是 x)的齊齒(就是結合 i。i 的發音時嘴唇是扁平的,上下牙是閉着的)或撮口(就是和 y 結合,y 的唇形是鳩聚成圓形的)不單把它分開,另立記號。國際音標是用 ç 來記。我們用 xi、xy 直接記出它們發聲的新關係。

(15) 賢 xian　　兄 xyng　　閒 xian　　暇 xia

偕 xie　　行 xing　　下 xia　　鄉 xiang

學 xye　　校 xiao　　欣 xin　　幸 xing

"曉"、"旭"之類的發聲都分別地用 xi 或 xy 來記。

舌根破裂聲 g、k 受 i、y 的影響,改成舌前破裂兼摩擦聲。

　　g、k 移到舌前構成阻礙時，舌前凸起，舌尖抵到上牙牀剛好
像似要作 d、t 的破裂聲勢，隨即轉成舌前摩擦 xi 的聲勢，兩者混
合，完全變成了另外兩種新聲——舌前的破裂兼摩擦聲。這種
聲，不送氣的舊日説它是"見"紐的齊齒或撮口；國際音標用 t(我
們上面説過的 d)表示它的不送氣破裂聲勢，用 ɕ 表示它的摩擦
聲勢，合起來，用 tɕ 來記。我們則直接地使用 gi，gy。送氣的，舊
日説它是"溪"紐(k)的齊、撮，國際音標用 t'(我們上面説過的 t)
表示它的送氣，也用 ɕ 表示它的摩擦，合起來，用 t'ɕ 來記。我們
則直接使用 ki，ky。

(16) 九 giu　　　九 giu　　　佳 gia　　　景 ging

　　　娟 gyan　　　娟 gyan　　　金 gin　　　菊 gy

　　　錦 gin　　　姣 giao　　　鏡 ging　　　潔 gie

(17) 群 kyn　　　起 ki　　　強 kiang　　　去 ky

　　　輕 king　　　騎 ki　　　奇 ki　　　巧 kiao

　　　棄 ki　　　橋 kiao　　　搴 kian　　　旗 ki

　　我們的語音裏，兩個發聲作勢混在一起的，除方才所説的
gi、ki 兩種之外，還有兩個：

　　注意下面兩組語音：

(18) 姐 zie　　　姐 zie　　　漸 zian　　　漸 zian

　　　走 zou　　　進 zin　　　借 zie　　　尖 zian

　　　嘴 zui　　　剪 zian　　　子 z

(19) 青 cing　　　青 cing　　　村 cun　　　草 cao

　　　侵 cin　　　秋 ciu　　　千 cian　　　牆 ciang

　　　前 cian　　　淺 cian　　　淺 cian　　　清 cing　　　泉 cyan

這兩組語音，在發聲上是和前面例(9)"徐三嫂"的 s 有些關係，也和例(5)(6)"弟弟"和"舔糖"的 d、t 有些關係。也就是這兩組發聲作勢時，起初像是要發舌尖破裂聲，可是隨着又作成平葉摩擦聲。國際音標用 t(我們用 d)表示不送氣的舌尖破裂聲，用 s 來表示平葉的摩擦聲，結合起來，寫成 ts。又用 t'(我們的 t)來表示起初所擬的送氣的舌尖破裂聲勢，結合着摩擦聲 s 寫成 t's。我們用 z 來記這平葉的不送氣的破裂兼摩擦聲，比 ts 簡單；用 c 來記這平葉的送氣的破裂兼摩擦聲，也比 t's 簡單。

z,c,s，三者就平葉部分來説，是一系列的。

再注意這兩句語音：

(20) 張 zhang　　宅 zhai　　煮 zhu　　粥 zhou
　　　莊 zhuang　中 zhong　抓 zhua　豬 zhu
　　　輾 zhan　　轉 zhuan　斟 zhen　酌 zho
　　　照 zhao　　直 zh　　　追 zhui　逐 zhu

這些"知—知—"的發聲都用 zh 來記。

(21) 躊 chou　　躇 chu　　乘 cheng　柴 chai
　　　車 che　　處 chu　　處 chu　　吹 chui
　　　車 che　　塵 chen　　長 chang　春 chun

這些"吃—吃—"的發聲都用 ch 來記它。

在前面説過 z、c、s 的 s 若是翹起舌頭來讀，則不是勒得很細的 s，而是有些空聲空氣的 sh。z、c 兩個發聲也是如此。翹起舌來讀也不像以前那樣細，也有了氣流較寬的聲音，變成了 zh、ch。

分析地來説，zh、ch 兩聲在發聲時都是先作出要發舌尖 d 聲的樣子把氣流堵住；隨後不是迸裂而出，卻轉成 sh 聲變作了摩擦聲。因此説它們倆是破裂兼摩擦聲。

至於 zh、ch 兩個的分別,則前者是不送氣的,後者是送氣的。

以上二十一個發聲 b、p、m、f、d、t、n、l、g、k、x、gi(gy)、ki(ky)、xi(xy)、z、c、s、zh、ch、sh、rh 是北音常用的輔音。

在這二十一個之外,爲説明我們的語音,還有一個 ng 聲要記。

這一個發聲,北音,一般語音發聲時不使用它,收音時卻有使用。它是把舌後根升起,和軟顎相接觸,舌根和軟顎相黏,氣流從鼻孔出去,是舌根鼻聲。和 n 相對照,n 是舌尖鼻聲,ng 是舌後的鼻聲。ng 兩個符號排在一起,是説:把 n 的方法挪在發 g 的地位,也可以説把 g 聲的作勢轉成 n 的鼻聲。

北音裏找不出適當的語音,一般的都轉成了"鵝"。

它倒是和蘇州的"額"音發聲相同。

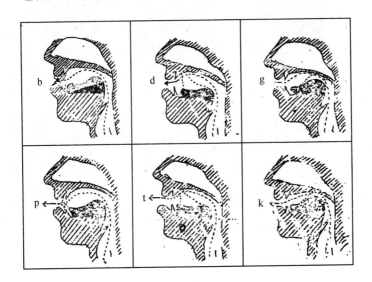

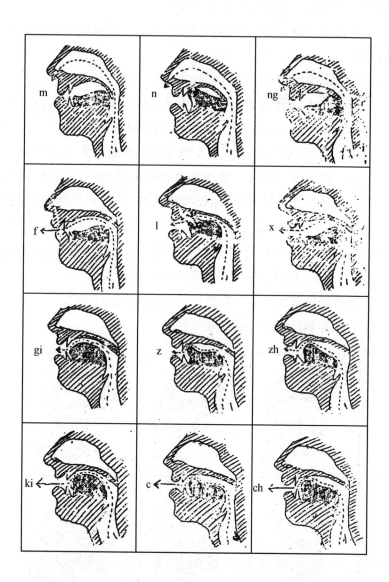

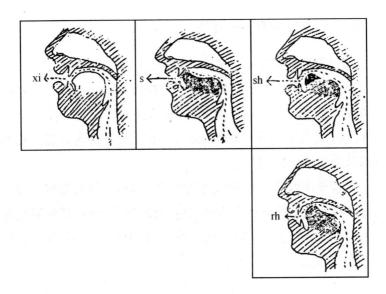

綜合以上二十幾個輔音的發聲情形來說：知道輔音是噪音,實際只是肺中的氣向外流出,經過口腔或鼻腔時受了何種的阻礙,不能自由自在地流,因而擠成了一種摩擦聲或是激成一種破裂聲。

## 第三節　元音和輔音的各種配合

### 一、輔音化的元音——r

輔音化的元音——r(兒)是舌中部半降元音 e(ə)舌尖微捲,所成的尖化元音。是由輔音類化作用影響而再略加演變的。是在"遼"時已經存在的語音。若是舌尖不能略微捲起,則這 r 音必變成 e(ə)。"二百二"有說成"餓不餓"的便是證例。

## 二、元音後面配輔音——聲隨

輔音若是緊跟在元音後面,這個輔音是——"聲隨"。

有聲隨的輔音,在漢語中現存六個,m、n、ng;p、t、k。而這六個在北音裏現在又只存兩個鼻聲,就是有在元音後面附帶上 n 的,也有此元音在後面附帶 ng 的。m 在北方拼入 n 裏。其他三個破裂聲都不使用。

元音後面附帶 n 聲隨的是"窄音"。因爲 n 是舌尖聲。發完元音之後舌尖即時向前上方硬顎處一按,按住不放,把氣流從鼻孔出去,成了鼻音。舌尖上抵口腔前部的就窄小,所以叫它做"窄音"。像:

$$a \longrightarrow n = an$$
$$e \longrightarrow n = en$$
$$i \longrightarrow n = in$$
$$u \longrightarrow n = un$$

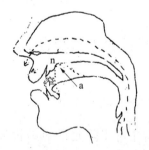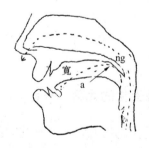

元音後面附 ng 的,是"寬音"。因爲 ng 是舌根聲。在發了元音之後舌根即時地向後上方軟顎處按去。按住不動,氣流從鼻孔流出去,成了鼻音。舌後部和軟顎相接,則舌前部低降,口腔前部就顯得寬綽了許多，和帶 n 聲隨的字音相比，依口腔的寬窄來説，説它是"寬音"。

a —⟶ ng ══ang　　　　e —⟶ ng ══eng

i —⟶ ng ══ing　　　　u —⟶ ng ══ung

其他四種，用廣東音作例：

收 m 的，例如：擔 dam(tām)　　　　北音作dan

任 iam(iɒm)　　　　rhen（ien）

收 p 的，例如：集 zap(tsāp)　　　　zi

合 xeb(hâp)　　　　xe

收 t 的，例如：發 fad(fāt)　　　　fa

達 ded(tāt)　　　　da

收 k 的，例如：學 xog(hok)　　　　xyo

則 zeg(tsɒk)　　　　ze

除 m 改變成 n 之外，其他 p、t、k 三種聲隨北音裏一概失掉。它們雖然都失掉了作用，卻和所謂"四聲"問題有關係，順便在這裏略略説一下。

### 三、輔音後面配元音──拼音

前面説的是輔音緊隨在元音後面的情形。

現在我們再説元音緊跟輔音後面的情形──"拼音"。這是語音的一般現象，輔音以作勢爲主，自己很少有獨立唱出的能力，常是在後面結合着一個或多個元音。這種配合，便是拼音。

高 gao　　第一音素 g 是輔音，第二音素 a 是主要元音，第三音素 o 是短弱的副次的元音。

梁 liang 　第一音素 l 是輔音,第二音素 i 是半元音,第三音素 a 是主要的元音,第四音素 ng 是聲隨(它實際借有半分作勢,並不完全發音)。

主要元音是"韻腹",韻腹之前的半元音是"韻頭",韻腹的後面副次元音或聲隨是"韻尾"。

"四呼"

| | |
|---|---|
| 開口呼 | 既無韻頭,而韻腹又不是 i、u、y。 |
| 齊齒呼 | 韻頭或韻腹是 i |
| 合口呼 | 韻頭或韻腹是 u |
| 撮口呼 | 韻頭或韻腹是 y |

四呼雖沒有什麼了不得的價值,但是在說明我國字音的變遷以及方言的異同時,有它,比較方便些。

舊日,沒有記音符號時候的拼音是很不容易,一般的是使用所謂"反切"。反切是什麼? 就是用兩個現成的字,前邊一個要它的輔音,後邊一個要它的元音,把前字的輔音和後字的元音兩下裏一拼,便得到新音。譬如:

東　　德紅切或都龍切。

德de
紅xong ｝dong 東　　　　都du
龍long ｝dong 東

北　　博墨切或必墨切。

博bo
墨mo ｝bo 北　　　　必bi
墨mo ｝bo 北

**大**　徒蓋切或度柰切。

徒tu
蓋gai ｝tai 大

度du
柰nai ｝dai 大

**學**　胡覺切或轄覺切。

胡xu
覺gyo ｝xyo 學

轄xia
覺gyo ｝xyo 學

**國**　古或切，或骨或切。

古gu
或xuo ｝guo 國

骨gu
或xuo ｝guo 國

**文**　無分切

無u
分fen ｝uen 文

**系**　胡計切

胡xu
計gi ｝xi 系

　　這是已經化石了的陳舊東西，毛病很多，現在已無應用價值。偶爾爲了尋找一兩個現在不常使用的僻字，查舊字典時可能遇到它。反切都是用兩個字，前一個叫"切語上字"，後一個叫"切語下字"。上字定聲，用它的輔音，棄它的元音；下字定韻，取它的元音，捨掉它的輔音，字調也以下字爲準。再用"年"字作例，解析一下：

　　年：寧田切。取"寧"的輔音 n 和"田"的元音 ian 相拼，合成新音 n－ian。"田"是第二聲，新字的字調也是第二聲。

　　我國漢語有古今南北的不同，因此古字典的反切，在今日常有拼不正確的字音，譬如上面所舉的"大"字，現在我們説 da，用第四聲，而反切卻得出來 dai 第四聲。是"大夫"的"大"，不是"大學"的"大"。

| 新字 | 年 | | | | | | |
|---|---|---|---|---|---|---|---|
| 反 | 切語上字 | | | 切語下字 | | | |
| 切 | 寧 | | | 田 | | | |
| | 輔音 | n | 元音 | ing | 輔音 | t | 元音 | ian² |
| 新字音 | 輔音 | n | | 元音 | ian² | | |
| | 拼成 | nian² | | | | | |
| | 年 nian² | | | | | | |

## 第四節　聲　　調

### 一、聲隨和陰、陽、入三聲

元音後面有附帶"聲隨"的和不帶"聲隨"的不同，語音便區別成三種：陰聲、陽聲和入聲。

元音後面不帶聲隨的，是陰聲。

元音後面帶有鼻聲的聲隨的，像：擔 dam，文 uen，東 dong 等帶有 m、n、ng 聲隨的是陽聲。

元音後面帶有破裂聲的聲隨的，像：合 xap，達 dat，則 zak 等帶有 p、t、k 聲隨的是入聲。

### 二、陰、陽、入三聲和"四聲"、"平仄"

從這陰、陽、入三種音類又區別出來四種音調，所謂"四聲"。

　　陰聲和陽聲發音較長,可以按它的高下程度分成三階:平聲、上聲和去聲。入聲因爲收在破裂聲勢上,聲音短促,自成一類。平、上、去加上這個短促的入聲,總括起來叫"四聲"。

　　四聲依着它們的長、短、高、下又可分爲兩大類:平聲較强較長。其他三聲較弱較短,都叫"仄聲"。這種平仄的不同的字音,在語句裏顯出來緩急輕重的節奏,使語句在聽覺上感到音調美。決定全句的輕重緩急主要的還是思想。

## 三、北音"四聲"

　　所謂四聲的區別既然和聲隨有關,而北音的聲隨僅有 n、ng,並沒有 p、t、k,四聲實在只有三聲。-m 併入 n, dam 變成 dan。-p、-t、-k,完全失掉,xap 變成 xo, dat 變成 da, zak 變成了 ze。

　　這剩餘的三聲,平聲在北方又分成兩類:陰平和陽平。平聲自己占了兩個數,第一聲和第二聲。上聲退到第三,去聲退到第四。這平上去三聲若按次序來數,第一聲、第二聲、第三聲以至第四聲形成了"四聲"。這個四聲是和當初所謂四聲是大不相同的。以下所用"四聲"是指北音的四個調子,並不是平上去入。

## 四、"四聲"和語意有關

　　四聲和語意有關係。同是一個音,而且用同一字形來記,因四聲不同,意思便也不同。

　　(一)有的是兩個聲調,表現兩種意思的,像:

好　　說第三聲時是好壞的好。

xao　說第四聲時是喜好的好。

（二）有三聲三意的，像：

那　　説第一聲時是那先生的姓。

na　　説第三聲時表示疑問。

　　　　説第四聲時是指示。

（三）有四聲四意的，像：

法　　"没法兒"的"法"是第一聲。

fa　　"没法子"的"法"是第二聲。

　　　"法律"的"法"是第三聲。

　　　"法國"的"法"是第四聲。

## 五、"四聲"常隨語音變化

四聲在語言裏並不固定，是有變化的。從老鄉們説話可以聽出來。

（一）在重音之後的語音，無論原來是第幾聲，一般説成"第一聲"。像：

"友"原是"第三聲"，"朋友"連在一起，"朋"字音重，"友"便説成第一聲。

"義"原是"第四聲"，"仗義"的"義"受前面"仗"的重音影響，説成了第一聲。

"錢"原是第二聲，説"價錢"時，"錢"受"價"的重音影響，也説成了第一聲。

（二）接尾字常説成第一聲。

"兒"是第二聲，作接尾字時，便是第一聲。

筆記本兒　　bigiber

"子"是第三聲,用作接尾時,便説成了第一聲。

槍桿子　　ciangganz

(三)同一聲調的複合音

1. 兩個第二聲的在一起連用,第二個第二聲字多説成第一聲。例如:

娃娃　　爺爺

2. 兩個第三聲的在一起連用,有的把第一個音説成第二聲。例如:

洗臉　　五百

有的把第二個語音説成第一聲的。例如:

姐姐　　想想

3. 三個第三聲的連着説,有把前兩個説成第二聲的。例如:

洗臉兒

4. 三個連用,頭尾是第三聲的,後兩個有時説成第一聲。例如:

想一想　　好不好

5. 第四聲的合在一起連用,後兩字常説成第一聲。例如:

換換　　看一看　　對不對

(四)在第四聲前面的,像"一"、"七"、"八"、"不"、"多"、

"只"等,常説成第二聲。例如:

一萬　　七號　　八月　　不對　　多大　　只要

　　從以上幾種情形,可以看出説話時每個語音的調子,並不是固定的,常是依着所要表示的思想而有緩急輕重,依着前後主從的關係,調節了口舌的運動,使語言輕快活潑,嘴上來得更方便一些。

　　調子,所謂四聲,應從語言上看,不可孤立的從單個語音,甚至於字音去找。拘泥于平上去入而忘掉了現存的生動的語言。若是用讀古文的"讀書腔"去説話,去讀書,那真是語言的災難。

　　在新文字和新字典還沒有完全建樹起來之前,漢字和當前已經出版的漢字字典有它一定的作用,舊時重視的單字四聲,尚不失爲一種常識。

　　我國地方大,人口多,歷史長,語音、音調也就各處不同。

　　北音四聲,第一聲的音最高,可是平的在收音的時候稍微低降,成 5554 的音調。第二聲的音調是由低而高,成 3——5 的音調。第三聲的音調,先低降而後高升,成 21114 的音調。第四聲的音調是由高而低,成 4321 的音調。

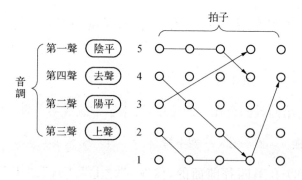

　　四個不同的調子是跟着元音走的，和輔音没有什麼關係，前面説反切字用"切語下字"定四聲，就是這個道理。

　　這四種調子用綫條記下來。第一聲是ˉ，第二聲是ˊ，第三聲是ˇ，第四聲是ˋ。

　　用次序標記的，把第幾聲的數位寫在記音符號或文字的角上。如：

gong¹　　lao²　　xian³　　zhu⁴　　（功勞顯著）

sheng¹　　ming²　　yan³　　zhen⁴　　（聲名遠振）

　　以上兩法，比較簡便。至於在四角畫圈或點點兒、在拼音時變換字母等法，不是失之混亂，便是過於繁瑣。就是這以上兩法，也只是在説明單一語音時的一種説明符號，並不是語句的"死釘"——到句子裏它常是有變化的。

## 六、輕重音

　　語音，在句子裏各個的高低不同，可區别出四聲。在句子裏它又依着所表示的思想不同而有所輕重，從着重點來講，又可區别出强弱，較强的語音，就是所謂"重音"。同樣的句子加重的地方不同，意思也就不同。先就句子説：

我們給他一個改過自新的機會。

　　這句話隨着發言的着重點不同而有不同的意思。

　　着重在"我們"時，則是説給他這個機會的是"我們"而不是别人。

　　着重在"給"時，則是説這一個機會並不是他"求得"，而是我們"給予"的。

　　着重在"他"時，則是説這一個機會只是給了"他一個人"而不是給了他以外的任何人。

　　着重在"一個"時，則是説只此一回，決不是一次不改再來一次，乃至好幾次。這機會只有一個。

　　着重在"改過自新的"時，則是説只給了他一個如此的機會，而不是其他的——除這以外我們並沒有給他別的。

　　着重在"機會"時，則是説給他的不是別的，不是給他改過自新的名字或獎勵，而是"機會"！

　　一般説來，句中表示主要事物的語言總是加重一些。

　　但是必須注意有些語詞隨着重音的變化而發生了不同意的。像：

| 大意 | 把"大"音加重，則是"不小心"、"不注意" |
| | 把"意"音加重，則是"梗概"、"大要" |
| 東西 | 把"東"音加重，則是"物品" |
| | 把"西"音加重，則是"方向" |
| lianz | 簾子 |
| lianz | 蓮子 |
| chuliu | 前音重，後音輕，則是"出溜"。 |
| chuliu | 前音輕，後音重，則是"初六"。 |

**接尾輕聲：**

laotou（老頭）—➘ laotor（輕聲：老頭兒）

budadian（不大點）—➘ budadiar（輕聲：不大點兒）

# 拼音參考表例

依照張雁編的《漢字新文字兩用檢字》(東北書店1949年版)排成。

這個表只是用作舉例,作爲拼音練習,其中有好些和我們的語音不一樣的地方,記音時可以自己改換。用元音記音時,一般的沒有改變。只是用 i 或 u 起頭的,要把 i 改成 j,u 改成 w。

　　　* iu——"有"作jou　　* in——單字作jen　　* ing——單字作jeng　　* un——單字作 wen　　*（ung）——一律作 ong

| | | i 衣 | u 烏 | y 迂 | a 阿 | o 堊 | e(ɔ) 惡 | ê | ai 挨 | ei | ao 嗷 | ou 歐 | an 安 | en 恩 | ang 昂 | eng | ia 呀 | io | ie 噎 | iai | iao 幺 | iu 幽 | ian 咽 | in 因 | iang 恙 | ing 迎 | ua 窪 | uo 我 | uai 歪 | ui 威 | uan 灣 | un 溫 | uang 汪 | ong 翁 | yo 岳 | ye 月 | yan 淵 | yn 允 | yng 擁 | r 兒 |
|---|---|---|---|---|---|---|---|---|---|---|---|---|---|---|---|---|---|---|---|---|---|---|---|---|---|---|---|---|---|---|---|---|---|---|---|---|---|---|---|---|
| b | | bi 逼 | bu 不 | | ba 八 | bo 勃 | | | bai 掰 | bei 卑 | bao 包 | | ban 班 | ben 奔 | bang 邦 | | | | bie 癟 | | biao 標 | | bian 編 | bin 賓 | | bing 兵 | | | | | | | | bong 崩 | | | | | | |
| p | | pi 匹 | pu 鋪 | | pa 怕 | po 坡 | | | pai 拍 | pei 呸 | pao 拋 | pou 剖 | pan 潘 | pen 噴 | pang 乓 | peng 抨 | | | pie 撇 | | piao 飄 | | pian 篇 | pin 頻 | | ping 乒 | | | | | | | | pong 朋 | | | | | | |
| m | | mi 迷 | mu 木 | | ma 媽 | mo 摸 | me 麼 | | mai 埋 | mei 媒 | mao 貓 | mou 謀 | man 漫 | men 捫 | mang 茫 | | | | mie 篾 | | miao 妙 | miu 繆 | mian 棉 | min 民 | | ming 名 | | | | | | | | mong 矇 | | | | | | |
| f | | | fu 夫 | | fa 發 | | | | | fei 飛 | | fou 否 | fan 翻 | fen 分 | fang 方 | | | | | | | | | | | | | | | | | | | fong 風 | | | | | | |
| d | | di 低 | du 都 | | da 搭 | do 多 | de 得 | | dai 代 | | dao 刀 | dou 兜 | dan 丹 | | dang 當 | deng 登 | | | die 爹 | | diao 刁 | diu 丟 | dian 顛 | | | ding 丁 | | | | dui 堆 | duan 端 | dun 墩 | | dong 冬 | | | | | | |
| t | | ti 梯 | tu 禿 | | ta 他 | to 托 | te 特 | | tai 胎 | | tao 滔 | tou 偷 | tan 貪 | | tang 湯 | teng 騰 | | | tie 帖 | | tiao 迢 | | tian 天 | | | ting 聽 | | | | tui 推 | tuan 團 | tun 吞 | | tong 通 | | | | | | |
| n | | ni 呢 | nu 奴 | ny 女 | na 吶 | no 諾 | ne 訥 | | nai 乃 | nei 內 | nao 腦 | | nan 喃 | | nang 囊 | neng 能 | | | nie 捏 | | niao 鳥 | niu 牛 | nian 年 | nin 您 | niang 娘 | ning 寧 | | | | | nuan 暖 | nun 嫩 | | nong 農 | nyo 虐 | | | | | |
| l | | li 利 | lu 盧 | ly 呂 | la 拉 | lo 羅 | le 勒 | | lai 賴 | lei 雷 | lao 撈 | lou 樓 | lan 藍 | | lang 浪 | leng 棱 | | | lie 劣 | | liao 了 | liu 溜 | lian 聯 | lin 林 | liang 良 | ling 令 | | | | | luan 亂 | lun 倫 | | long 弄 | lyo 掠 | | lyan 孌 | | | |
| g | | gi 基 | gu 姑 | gy 拘 | ga 疙 | go 鍋 | ge 哥 | | gai 該 | gei 給 | gao 高 | gou 勾 | gan 干 | gen 根 | gang 缸 | geng 更 | gia 家 | | gie 階 | | giao 交 | giu 曰 | gian 堅 | gin 斤 | giang 江 | ging 耕 | gua 瓜 | guo 郭 | guai 乖 | gui 歸 | guan 官 | gun 棍 | guang 光 | gong 公 | gyo 角 | gye 倔 | gyan 捐 | gyn 軍 | gyng 迥 | |
| k | | ki 期 | ku 哭 | ky 區 | ka 卡 | | ke 克 | | kai 開 | | kao 考 | kou 摳 | kan 刊 | ken 肯 | kang 康 | keng 坑 | kia 掐 | | kie 茄 | | kiao 敲 | kiu 丘 | kian 牽 | kin 欽 | kiang 腔 | king 輕 | kua 誇 | kuo 廓 | kuai 快 | kui 虧 | kuan 寬 | kun 昆 | kuang 筐 | kong 空 | kyo 卻 | kye 缺 | kyan 圈 | kyn 裙 | kyng 穹 | |
| x | | xi 兮 | xu 忽 | xy 吁 | xa 哈 | xo 活 | xe 喝 | | xai 駭 | xei 黑 | xao 浩 | xou 厚 | xan 憨 | xen 很 | xang 杭 | xeng 哼 | xia 蝦 | | xie 歇 | | xiao 梟 | xiu 休 | xian 掀 | xin 欣 | xiang 香 | xing 興 | xua 花 | xuo 火 | xuai 槐 | xui 灰 | xuan 歡 | xun 昏 | xuang 慌 | xong 烘 | xyo 學 | xye 靴 | xyan 玄 | xyn 燻 | xyng 兄 | |
| z（ž 子） | zi 脊 | zi 脊 | zu 租 | zy 聚 | za 匝 | zo 佐 | ze 責 | | zai 災 | | | zou 鄒 | zan 簪 | zen 怎 | zang 藏 | zeng 增 | | | zie 接 | | ziao 椒 | ziu 鷲 | zian 尖 | zin 津 | ziang 將 | zing 精 | | | | zui 最 | zuan 鑽 | zun 尊 | | zong 踪 | zyo 爵 | zye 絕 | zyan 鐫 | zyn 俊 | | |
| c（c 次） | ci 七 | ci 七 | cu 粗 | cy 趨 | ca 擦 | co 錯 | ce 冊 | | cai 猜 | | cao 操 | cou 湊 | can 參 | cen 岑 | cang 倉 | ceng 曾 | | | cie 切 | | ciao 悄 | ciu 秋 | cian 千 | cin 親 | ciang 鎗 | cing 青 | | | | cui 摧 | cuan 竄 | cun 村 | | cong 匆 | cyo 鵲 | | | | | |
| s（s 思） | si 夕 | si 夕 | su 蘇 | sy 須 | sa 卅 | so 梭 | se 澀 | | sai 腮 | | sao 騷 | sou 搜 | san 三 | | sang 桑 | seng 僧 | | | sie 些 | | siao 銷 | siu 修 | sian 先 | sin 心 | siang 箱 | sing 星 | | | | sui 綏 | suan 酸 | sun 孫 | | song 松 | syo 削 | sye 雪 | syan 宣 | syn 巡 | | |
| zh（zh 知） | | | zhu 朱 | | zha 紮 | zho 桌 | zhe 蜇 | | zhai 寨 | | zhao 召 | zhou 周 | zhan 毡 | zhen 真 | zhang 張 | zheng 爭 | | | | | | | | | | | zhua 抓 | | zhuai 拽 | zhui 追 | zhuan 專 | zhun 准 | zhuang 莊 | zhong 中 | | | | | | |
| ch（ch 吃） | | | chu 出 | | cha 叉 | cho 戳 | che 車 | | chai 釵 | | chao 抄 | chou 抽 | chan 攙 | chen 沉 | chang 昌 | cheng 撐 | | | | | | | | | | | | | chuai 踹 | chui 垂 | chuan 川 | chun 春 | chuang 窗 | chong 充 | | | | | | |
| sh（sh 矢） | | | shu 書 | | sha 沙 | | she 涉 | | shai 晒 | | shao 梢 | shou 收 | shan 山 | shen 身 | shang 商 | sheng 生 | | | | | | | | | | | shua 刷 | shuo 說 | shuai 摔 | shui 水 | shuan 拴 | shun 順 | shuang 雙 | | | | | | | |
| rh（rh 日） | | | rhu 如 | | | rho 弱 | rhe 熱 | | | | rhao 繞 | rhou 肉 | rhan 然 | rhen 人 | rhang 嚷 | rheng 仍 | | | | | | | | | | | | | | rhui 銳 | rhuan 軟 | rhun 潤 | | rhong 戎 | | | | | | |

編者按:　本表是依據瞿秋白等在1930年代初制定的"拉丁化新文字方案"編製的,有些具體標音和拼法與後來公佈推行的"漢語拼音方案"有所不同。
　　　　　本書中對漢字的標音,除少量的國際音標外,都屬於這一音標體系。本表所反映的標準讀音,後來也作了調整。

# 第二章　我們的語言

## 第一節　漢語的親族關係和它的方言分類

### 一、中國語言的親族

中國語在世界語言裏是屬於印度支那語族的漢藏語群裏。

原來印度支那語族分兩大系，一個是漢藏語群，一個是南亞語群。前者包括中國語、西藏緬甸語系（西藏、青海、緬甸等語，西夏語、暹羅語也屬於這系）和臺、苗語系（以暹羅語爲代表，緬甸的東北一小部分，越南的西北部的語言也屬這系，苗、瑤語散佈在湖南、四川、雲南、貴州、廣西、瓊州一帶）後者包括高棉語系，越南語系和捫達語系。

"中國語"這一個名詞一般使用過於狹義，不包括藏、苗、暹羅等語言。我們嚴格去説應該是"漢語"，是中國語言裏一大部分，而不是全部分。

### 二、漢語方言系統

我國因爲歷史長，地方大，漢語同一詞在發音上也不一致。

　　現在方言調查工作還未展開,情況雖瞭解得不夠全面,大體可能分出五個系統:

　　(一) 官話
　　冀魯系　　　包括河北、山東、東北等地的語言
　　晉陝系　　　包括山西、陝西、甘肅等地的語言
　　豫鄂系　　　包括河南、湖北等地的語言
　　湘贛系　　　包括湖南東部,江西西部等地的語言
　　徽寧系　　　包括徽州、寧國等地的語言
　　江淮系　　　包括揚州、南京、鎮江、安慶、蕪湖、九江等地的語言
　　川漢系　　　包括四川、雲南、貴州、廣西北部,湖南西部等地的語言

　　(二) 吳語
　　蘇滬系　　　包括蘇州、上海、無錫、崑山、常州等地的語言
　　杭紹系　　　包括杭州、紹興、湖州、嘉興、餘姚、寧波等地的語言
　　金衢系　　　包括金華、衢州、嚴州等地的語言
　　溫台系　　　包括溫州、台州、處州等地的語言

　　(三) 閩語
　　閩海系　　　包括福州、古田等地的語言
　　廈漳系　　　包括廈門、漳州等地的語言
　　潮汕系　　　包括潮州、汕頭等地的語言

瓊崖系　　包括瓊州、文昌等地的語言

海外系　　指華僑的閩語,如住在新加坡、暹羅、馬來半島等地的海外華人

（四）粵語

粵海系　　包括番禺、南海、順德、東莞、新會、中山等地的語言

臺開系　　包括臺山、開平、恩平等地的語言

高雷系　　包括高州、雷州等地的語言

欽廉系　　包括欽州、廉州等地的語言

桂南系　　包括梧州、容縣、鬱林、博白等地的語言

海外系　　指華僑的粵語,如僑居在美洲、新加坡、越南、南洋諸島等地的華人

（五）客家語

嘉惠系　　包括嘉應州、惠州、大埔、興寧、蕉嶺等地的語言

粵南系　　散佈在臺山、電白、化縣等地的語言

贛南系　　江西南部的語言

閩西系　　福建西部一帶的語言

廣西系　　散佈在廣西東南部各縣的語言

川湘系　　散佈在四川、湖南等地的語言

海外系　　指華僑的客家語,大部分爲僑居於印尼的海外華裔

細分方言,現在還是未完的事,這只是大概的輪廓。從這粗

枝大葉裏可以看見我們東北語音是屬於哪一個系統。

## 第二節　東　北　方　言

### 一、東北方言的音素特點

東北方言是屬於冀魯系的官話。

漢語在東北因爲人們出關（山海關）的年代遠近不一，冀魯同胞在關外集散的地域疏密不一，語音上也略有差別。像遼河流域和松花江流域的語音便是其例，南滿的漢族文化歷史較早，北滿的漢族文化較晚。前者已經形成了一種特有的風格，後者還保持着冀魯情味；現在東北各地語言調查工作尚未展開，各種區分雖不明確，大體說來，在發音上和北京音相比，在某些地區有以下幾種不同：

（一）翹葉聲和平葉聲（即平捲舌）不分

1. 把"髒水"寫成"瘴水"

　　"髒"zang 是平葉聲，

　　"瘴"zhang 是翹葉聲——z、zh 不分

2. 把"單純"説成"單存"

　　"存"cun 是平葉聲，

　　"純"chun 是翹葉聲——c、ch 不分

3. 把"誰是誰非"寫成"雖是雖非"

　　"雖"sui 是平葉聲，

　　"誰"shui 是翹葉聲——s、sh 不分

（二）平葉聲和舌前聲不分

1. 把"節目"寫成"結目"，"環節"寫成"環結"

　　“節”zie 是平葉聲，

　　“結”gie 是舌前聲──z、gi 不分

2. 把“口前”説成“口欽”

　　“前”cian

　　“欽”kin──c、ki 不分

3. 把“明顯”寫成“明鮮”

　　“鮮”sian 是平葉聲，

　　“顯”xian 是舌前聲──s、xi 不分

（三）j 和 rh 不分

把“忍痛譯出”寫成“隱痛譯出”，“不忍”説成“不隱”

“隱”jen　“忍”rhen──j、rh 不分

　也有某些地區的語言是在 a 前着 n 的，如：

把“安”an 説成“喃”nan

把“骯髒”angzang 説成“囊髒”nangzang

把“愛”ai 説成“奈”nai

把“棉襖”説成“棉腦”mianao──miannao

　在語彙上也比較複雜，例如：

ni ba guluma zai wangcian tui i tui genem ba
widaluo gei wo shaolai。

　這一句話裏 widaluo 是俄語 ведро（桶）的音變，guluma 是日本語クルマ（車、汽車）的音變，genem 則是“滿洲語”的殘餘。

## 二、東北方言的語彙特點

　東北漢語涉及了很多外來語，使這語言更爲充實，更爲生

動,更爲有趣。其中俄語、日語,還容易覺察,如:

糖井 saxali(caxap) 　　　　坏 bulaoxao(плохо)

黑列巴(面包)xeilieba(хлеб) 　　好 xelosho(хорошо)

不 niedu(нет)

至於殘存的"滿洲語"已經很難覺察了。這種語彙在農村保存得較多,滿語例如:

農村小姑娘的玩具,豬、羊、狗等動物的腕骨,galaxa;

用泥草繩編牆,叫"掛 laxa";

獨木舟 weixu 　　　　　　　哈什螞 xasima

赫哲語像:

(土塊)tuka 　(鮭魚)dau imaxa(現在説成 damxa)

## 第三節　音　　變

### 一、音變的原因

語言是用語音表示思想的,音讀是它的形式,意義是它的内容。語言的變化有的單是音讀形式上的變化,不關意義;有的單是意義内容的變化,不關音讀;更有的由於意義上類比的關係使語音也演變成相似的形式。

語音變化的原因不外省力、省時,在勢力和時間上極力使它經濟,或者是把冗長的縮短,化成簡單,或是把難讀的調整使它容易上口,總之是使語言"單純化"、"簡易化"。

音讀簡化,這裏我們再把 g、gi 舉例説明一回:

"古"、"公"、"過"、"各"——都是屬於舌根聲 g 的

"居"、"久"、"見"、"吉"——是屬於舌前聲 gi 或 gy 的

g 和 gi 或 gy 在舊字母裏都屬於"見"組，都應當是舌根聲 g。因爲後一類"居"、"久"、"見"、"吉"音裏包括 i 或 y 的前元音——就是所謂"齊齒"。"撮口"——使舌根聲歸到舌前化而變成 gi、gy。

g ——→ gi、gy　　k ——→ ki、ky　　x ——→ xi、xy

疆 gang　　　　傾 keng　　　　行 xang

　　giang　　　　　　kieng　　　　　　xiang

　　　　　　　　　　　　　　　　　　xieng

原來同是一種聲音的，因爲在許多語詞裏受了前元音 i、y 的同化作用，就變做兩種音，這便是語言的簡化促成了某種發音習慣。

## 二、音變的種類

語言的單純化或簡易化又可分成以下幾種：

（一）音素和音綴的失落——節縮作用

1. 聲隨的失落（用廣東音和北京音作例）

答 dap——da　　　　匣 xap——xia

納 nap——na　　　　接 zip——zie

逸 iat——i　　　　　刮 guat——gua

法 fat——fa　　　　列 lit——lie

讀 duk——du　　　　百 bak——bai

歷 lik——li　　　　閣 gok——go

2. 音素或音綴的失落

如今 rhugin，略去 u，變成 rhgen

喜歡 xixuan，略去 u，變成 xixan

貨郎 xuolangr，略去 u，變成 xolangr ⟶ xelangr

誰 shuei，略去 u，變成 shei

當間 danggian，輕音略去後 n 變成 danggiar

指甲草（鳳仙花）zhigiacao，略去中間 a 變成 zhigicao

幹什麼 ganshenme，中間 n 被 m 同化變作 ganshema，再略去 em 變
　　成 gansha，若更略去翹葉舌則變成了 ganha。也有略去 shen
　　變成 ganma 的。

## （二）鄰近的趨同——同化作用

兜肚 doudu，後音受前音影響變作 dou，成爲 doudou。

花紅柳綠 xuaxongliuly，二、四音節受一、三影響，也變作 xua、liu，
　　成爲 xuaxualiuliu。

箭幹 ziangar，an 受舌根 g 的影響轉成 ang，變作 zianggar。

棉花 mianxua，an 受舌根 x 影響轉成 au，變作了 miauxua，mianxua 輕
　　音脫落末後 a 音，變作 miauxu，收音時下巴稍松則説成 miauxo。

暖和 nanxe，舌根聲 x 影響了它的前後音，把 n 和 e 都轉成 u，則變
　　成了 nauxu。

脊梁 ziliang，l 受它前後的舌前上升元音的影響轉成 n，變成了
　　ziniang。

喧嚷 syanrhang，rh 受 n 影響轉成 j 變作 syanjang。jang 更影響了
　　前音變 yan 爲 ing，説成 singiang。

## （三）音素增加——流音的發展

扯誕 chedan，an 音曼聲長念由 a 到 n 中間流音形成 l 聲變作
　　chedalan。

厲害 lixai，由 i 到 x 勢時，有流音 e，變成了 liexai。

喜歡 xixuan，xixan，i、x 中間也由曼聲帶出 e 來，變作 xiexan。

不理 buli，l 到 i，曼聲長念，中間也帶 e 音，變作了 bulei。

玩藝 wani，最末的 i，舌前上升，筋肉很緊張，收勢時易帶 e 音，變成 wan'ie，轉成輕音 wanir，收時若氣從鼻出，則變成 wanjeng，嘴大張些，則成 wanjang。

## 三、四呼和音變

音變和四呼也有關係：

六　lu，齊齒説 liu。

緑　lu，齊齒説 liu；i 舌 u 唇相合時説成 ly。

一縷麻　iliuma，也説成 ilyma。

取東西　ciudongsi，也説成 cydongsi。

睡一宿　shuiixiu，也説成 shuiixy。

妞　niu，就是女 ny。

鳩工　giu，就是聚工 gy。

九花　giuxua，就是菊花 gyxua。

三綹鬍鬚的綹　liu，作了剪竊的名字則是小綹 siaoly。

$$i \longrightarrow y$$

齊齒音，舌位不變，把唇變成撮口，i 變成了 y。

險　xian，轉成撮口呼成為 xyan，xaoxyan 就是 xaoxian。

現　xian 轉成 xyan，xyanshbao 就是 xianshbao，簡單説就是 xyansh，變成名詞則是 xyanshdi。

漆　ci，轉成 cy，cyxei 就是 cixei。

津　zin，轉成 zyn、gyn，因而天津便説成 tiangyn。

尋　syn,轉成齊齒則是 sin,sins-sins 就是 syns-syns。

俗　sy,説成 su。

有些地方把 i 説成了 rh,正像把 rh 説成了 i 似的,y 的撮口變成齊齒時卻不是 gi、ki;zi、ci 而是 zh、ch 了。

中國人民解放軍　zhongguorhenmingiefanggyn 的"gyn",有説成 zhun,於是"軍人"説成"尊人"——"尊"翹舌。

完全勝利　wancyanshengli 的"cyan",有的説成 chuan,"完全"説成"完船","全體"説成"船體"。

閉口變成齊齒的:

瘡痂　chuanggazr 的痂"ga",在字典上都念成 gia。

來客　字典上的客 ke,齊齒説去,則是 kie,説 laikie。

秫稭　shugie,有説 shugai 的。

給　gei,有説 gi 的。

乾　乾燥的乾 gan 和乾坤的乾 kian,原是一音,開口的 gan 變成齊齒的 gian(正像干 gan 和從干得聲的奸 gian 一樣),更由 gian 變成送氣的 kian。

如今　rhugin 有説成 rhgen 的,in 和 en,也是開合的關係。

打筋斗　dagentou 的"gen",舊書有寫成"筋"gin 的,有寫成"金"gin 的,也有寫成"跟"gen 的,説 gin 的,都是齊齒。

打更的　更 geng 齊齒音則變成了 ging,説 dagingdi。

麻綆　綆 geng,若變齊齒音,則説 maging。

脖頸　begeng 的 geng,在字書上念 ging,則是齊齒音。

客　字書上念 ke,説話則是 kie,kie 是 ke 的齊齒。

抗　抗 kang,齊齒説成 kiang,kiangbuzhu,就是"抗不住",goukiang,liangkiang 都是 kang 的齊齒。

## 四、元音音變

音變情形雖多,總離不開舌的前後升降。我們就舌頭來説説音變。

（一）

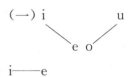

i——e

**起 ki**　收 i,舌前上升很覺用力,若在説話時把舌頭很快向下鬆弛一下,則成了 kie。kilai,於是有説成 kielai 的。

**液 je**　收 e,舌前半升,若用力稍緊,舌前上升改收;則説成 i、jeti 有説 iti 的。

o——u

**模 mo**　收 o,舌後半升,若用力稍緊則成了 mu,"模樣",常説 mujang。

**嚕 lu**　收 u,舌後上升,"嚕蘇"lusu,若是稍稍松些則説成 loso "囉嗦"。

（二）e　　　　　o

　　　　a a

e——a

**斜 sie**　收 ie,舌的前部上升降到半升,念 sia 則是舌前由上升降到下降,嘴從半閉變全開(çie→çiɛ→çiɑ)。

**嚇 xia**　收 ia,開口,舌後下降,xiaxuxiaxu,若是下巴稍收斂,嘴半閉,舌前半升,則説成了 xiexuxiexu。

o———a

**剥 bo**　收 o,舌後半升,若是稍稍鬆弛,張嘴降舌,則説成 ba,"剥皮"就是 bapi。

**他 ta**　收 a,舌後下降,若是把舌後半升,口半閉,則説成 to。

（三）i　　　　　u

ei　ou

i———ei

**給 gi**　收 i,舌前上升,鬆弛些變成了舌前半升,收 e,則説成 gei。

**坯 pei**　收 ei,舌由前部半升到上升,更緊些直用上升舌位,則説成"pi","脱坯"tuopi。

u———ou

**謀 mu**　收 u,舌後上升,稍松,舌後由半升到上升,則説成 mou。

**蚪 dou**　收 ou,舌後由半升到上升,若是直説成舌後上升 u,則是du。"蝌蚪"kedou 就是 kudu,gudu。

（四）ei　　　　ou

a　a

a———ei

**廢 fei**　收 ei,舌前半升到上升,若下降開口,則成 fa。廢貨説faxuo,廢茶葉説 fachaje。

a———ou

**罷 ba**　"來罷"laiba 的 ba 開口收 a,有時隨着語氣轉成半閉到閉的舌後 ou,則説 laibou。

啦(了)la"來啦"也有時説成"lailou"。

（五）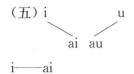

i——ai

**齊** ci　ci 是舌前上升的齊齒音,有時也説成下降到上升的 ai 韻,像：從"齊"得聲的"儕"chai 就是例子。古代"齊"和"儕"是同音的。

u——au

**告** gau(gao)是舌後下降到上升的,有時説成上升元音收 u,像從"告"得聲的"鵠"gu 便是它的例子。"告"和"鵠"當初是同音來的。

（六）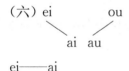

ei——ai

**塞** sai　收 ai,是舌前從下降到上升的元音。嘴由大開退到半閉,把 ai 説成 ei。於是"塞"sai 在語音上轉 sei："塞子"sai 説 seiz,"塞住"説 seizhu。

**得** de(dai)　得,舌中半開元音變成舌前下降到上升的 dai;更由 dai 的下降到上升變成半閉到上升,説成 dei。"得着"有説成 daizu,也有説成 deizu 的。

ou——au

**剖** pou　收 ou,是舌後由半升到上升的。下巴大開轉成舌後由下降到上升的 au，則説成 pau。

（七）ai　　　　au

　　　　　 a  a

a——ia

踩 xua　讀音是收 ua。而語音則是收 uai，説 xuai，不説 xuazgu，卻
　　　　説成 xuaizgu。雖韻頭韻腹都是收 u，韻尾卻有有無收 i
　　　　的差別。

灑 sa　語音收 a，字典上記音卻是收 ai，讀 sai。

a——au

剝 ba(bo)　“剝”在語音上有説 bau 的，也有説 ba 的。bapir（音同
　　　　　八皮兒）的 ba 收 a；而 baupir（剝皮兒）的 bau 則是舌
　　　　　在説 e 後又上升收 u。

拉 la　張口收 a，“拉過來”有時説成 laugolai，在説 a 之後舌又上升
　　　　收 u。

（八）n　　　　　ng

　　　　　 a  a

a——an

三 san　有時説 sa，去掉“聲隨”n。

散 san　用作散佈的意思時常説成 sa，——sazr“撒籽兒”。“別弄
　　　　散了”常説成 bienongsala。以後單造了個從手散聲的
　　　　“撒”來代替 sa，“柵欄”sanlan 是字典上的記音，在語言上
　　　　則説成 zhala。

a———ang

**兩** liang　有時說成 lia。没有"聲隨"ng。爲了區別,單造"倆"字
　　　來記它。

**奞拉** dala　開口收 a。若附上"聲隨"ng,則轉成鼻音 danglang
　　　（當郎）。

**乒乓** pingpa　轉成 pingpang,pa 變 pang。

（九）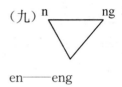

en———eng

**稱** cheng,作爲一個計器的名字,收 eng。若是用到"適稱"、"對稱"
　　　等語彙時,則不收帶舌後鼻聲的聲隨 ng,而移前改收舌
　　　尖鼻聲 n,説成 shchen,duichen。

"怎麼的"zen,我們現在是收在 e,帶了 n 聲隨,也有的改收在舌
　　　後,帶 ng 聲隨收 eng。"怎忍",他們寫"爭忍"。

**門** men,收 en;有些老鄉説成 meng 的。

天冷 tianleng 説 tianlen;"冰"bing 説 bin,都是這類的音變。

以上是元音變化。

## 五、輔音音變

輔音方面,有由於"送氣"和"不送氣"而生出音變的。像:

（一）b———p

**培** pei　這一字,在字典上念 pei,在我們語音裏有時念 bei,像:
　　　往壟上培土叫"beilong"。

**便** bian　字典上念 bian 的便,在語音上有時説成 pian,像"便宜"

有時説 pian'i。

**膀** pang  "膀胱"pangguang 的"膀"有時變作 bang，像"膀臂"、"肩膀"、"膀子"。

**堡** bao  "碉堡"diaobao 的"堡"，有念成 pu 的。

**琶** ba  "琵琶"pipa 的"琶"，有念成 ba 的。

（二）d——t

**囤** dun  名詞説 dun，"囤子"。動詞説 tun，"囤糧"。

**彈** dan  "子彈"zdan 的"彈"和"彈弦兒"tanxiar 的"彈"不同。

**突** tu  "衝突"chongtu 有説成 chongdu 的。"凸出"tuchu，有説 duchu 的。

**調** diao  "調查"diaocha 的"調"和"調和"tiaoxe 的"調"，前者不送氣，後者送氣。

（三）g——k

**扛** gang  "抬扛"taigang 的"扛"，説作背負的意思時，是 kang。

**括** kuo  "包括"baokuo 的"括"有説成 gua 的。

**劊** gui  "劊子手"guizshou 有説成 kuaizshou 的。

**礦** kuang  "開礦"kaikuang 有説 kaigong 的。

（四）z——c

**攢** zan  "攢東西"zandongsi，"攢"不送氣是積攢的意思，"攢堆"cuandui 的"攢"，送氣。

**藏** zang  "西藏"sizang 的"藏"，不送氣。"藏起來"cangkilai 的"藏"則是送氣。

**曾** ceng  "曾經"cengging，"曾頭市"zengtoush，前者是送氣的，後者是不送氣的。

（五）zh——ch

**長** zhang　"長幼"的"長"説 zhang，"長短"的"長"説 chang。

**朝** zhao　"朝夕"的"朝"説 zhao，"朝代"的"朝"説 chao。

**重** zhong　"重要"的"重"説 zhong，"重複"的"重"説 chong。

**傳** zhuan　"轉圈兒"的"轉"和"傳記"的"傳"都説 zhuan，"傳説"、
　　　　　"真傳"的"傳"則説 chuan。

輔音也有由於發聲作勢部位的相近或相似而變化的，像：

p——f　**仿** fang　"仿佛"fangfu 的"仿"是用 f，"彷徨"pangxuang
　　　　　　　　的"彷"是用 p。

b——f　**孵** fu　"孵小雞"fusiaogi，我們説 baosiaogir。

b——m　**秘** mi　"秘書"mishu，有説 bishu 的。

p——t　**魄** po　"落魄"lopo 的"魄"應該是 to，説 loto。

d——n　**鳥** niao　"鳥"niao，輔音用 n，在説"了鳥"liaodiao 時，
　　　　　　　　"鳥"的輔音用 d。

d——zh　**翟** di　"墨翟"midi，有説 mizhai 的。

d——ch　**澄** cheng　"澄清"chengcing 是字典音，我們常説
　　　　　　　　dengcing，用 d 作輔音。
　　　　　　　　"澄沙包"不説 chengshabao，而是説
　　　　　　　　dengshabao。

zh——n　**輾** zhan　"輾轉"zhanzhuan，"輾"有時説 nian。
　　　　　　　　粘（黏）nian"粘米"nianmi 的粘，有時用作動詞
　　　　　　　　説 zhan。

zh——sh　**折** zhe　"折"zhe 我們説 she。"折了"不是 zheliao，而
　　　　　　　　是 sheliao 或 shela。

ch——sh　**沈** shen　"沈"説 shen，是姓；説 chen 是"沈没"，有寫作

"沉"的。

| | | | |
|---|---|---|---|
| ch——c | 差 cha | "差錯"chaco 的"差",在"參差"連用時,則説成 canc。 |
| s——c | 伺 s | "伺候"sxou,説成 cxou。 |
| g——x | 虹 xong | "虹"我們説 gang,和"杠"、"缸"、"肛"等字同音;但字典上念 xong。 |
| | 和 gen | "誰和誰"的"和"xe,附舌尖鼻聲 n,説成 xen;x 變成 g,則説成 gen。 |
| k——x | 會 xui | "會"一般説 xui。説"會計",則是 kuaigi,輔音卻用了"k"。 |
| | 咳 ke | 有兩個念法:"咳嗽",用 ke;嘆氣用 xai。 |
| g——xi | 港 gang | "港"是從"巷"得聲的。"巷"字典上念 xiang。 |
| k——xi | 限 xian | "限"字典上念 xian。我們説"門限"menkan,menkar。把"限"説成 kan。 |
| gi——xi | 械 gie | "機械",有説 gixie 的。"解開",有説 xiekai 的。 |
| ki——xi | 棲 xi | "棲"有説 xi 的,也有説 ki 的。 |
| x——xi | 嚇 xe | "嚇一跳",我們説 xia-i-tiao。 |
| s——xi | 宿 sy | "宿",有説 sy 的,有説 xiu 的。"睡一宿"shui-i-xiu,"找宿"zhaoxiu。 |
| ch——xi | 臭 chou | "臭"chou,也念 xiu。 |
| sh——xi | 省 sheng | "吉林省"的"省",説 sheng。"反省"的"省",説 xing。——説 sing。 |

## 六、複音詞的音變

複音的語詞也一樣的有變化。有人就着它的不同聲、韻,寫出了不同的漢字。實際這漢字乃是同一人物的不同衣帽。不熟悉它性質的人，常常因爲衣帽的不同，把它看成了許多不同人物。這樣，我們身邊的語音和手頭文字常發現些說不出區別而覺得總有區別的語文。

譬如：dese 和 duosuo，"哆嗦"和"縠觫"有什麼區別？dousou 和 diesie，"抖擻"和"蹀躞"有什麼區別？

有區別：音素不同，字形不同。——它們的衣帽不同。

它們實際是一個：是一個語詞的"音變"。無論漢字寫出多少種不同的形體（《別雅》一書，所記的"委蛇"一詞，就有三十三種不同的寫法），音素上有用 u，用 a 等等的外貌上的區別，若是就着它聲、韻變化的道路去找，可以發現它的本體，就像希臘神話赫爾古列士 Hercules 抓住海老人尼留士 Nereus 一樣，無論它變樹、變鳥，始終是逃不出去的。

清楚了自己的口舌運動，熟悉了音變的情況，我們可以看清了許多言詞的族類，可以"以簡馭繁"地解決一些普通字典所不能告訴給我們的問題，也可能使我們讀文章的字音更容易接近農工兵。

就用"哆嗦"作例：

"哆嗦"duosuo，就是"縠觫"xusu。（字也寫作"殰㑒"，集韻念dusu，前一字"徒縠切，音牘"）收舌後上升元音 u，下巴是向上兜着的合口；說完 u，下巴往下稍稍鬆弛一下，變成了 uo。dusu 變成了duosuo。反過來說，duosuo 的下巴若是向上緊兜些，則說成 dusu。

若是 dusu 收 u 之後舌後上升轉到舌前，先圓唇後平唇齊齒，則說成 duisui。"都嚇 duisui 了！"

若是用舌中元音 e，則說成 dese。

dese、duosuo、dusu、duisui 等語詞常用來形容"受凍"或"害

怕"時,身體戰慄的樣子。它們音的不同、漢字字形的不同,都不妨礙它們的原意。

這一系語音也常用來形容身體顫動,雖然並不一定是"凍"的"嚇"的。像:

dousou　抖擻　　doudousousou　抖抖擻擻
diesie　蹀躞　　diediesiesie　　蹀蹀　躞躞
dese、diansian；dedesese、diandiansiansian。

過去的時代,我國是還沒有使用拉丁字母記音的時代,同一語詞隨着它的音變寫出了許多不同的漢字。譬如:

徘徊　俳個　俳回　裵回　裵徊　裴回

這六種不同的寫法都是記 paixuai 的。

彷徨　仿偟　彷徉　仿佯　彷佯　仿洋　方羊　望羊

這八種不同的寫法都是記 pangxuang 的(仿佯 fangxiang 是 pangxuang 的音變)

盤桓　磐桓　般桓　泮桓　槃桓　畔桓

這六種不同的寫法都是記 panxuan 的。

paixuai、panxuan、pangxuang 不管它用漢字能寫出多少樣子,從語音上來理會,我們說都是同一意思的一音之轉。

再舉一例,譬如:masa、moso 的語詞,在字典上也有許多不同的寫法,我們不管它是摸索、摸搎、摹索、摩抄、摩莎、摩娑、抹搬、抹殺、末殺、末粲、蔑殺、潷拭,以至於捫搎,從語音上說,它們都是 masa 的音變。

paixuai 和 masa 一個是收在 ai‑ai 的,一個是收在 a‑a 的,

這兩個都是"疊韻連語"的例子。

就"雙聲連語"來説,也是這樣。

物體相打、相碰的聲音,我們有時説成 pipa 或 pingpa、pengpa。這種聲音用漢字來記的,除常用"乒乓"之外也有許多不同字體,像澎湃、彭湃、滂湃、泙湃、澎靐、滂濞、澎濞、砰磅、砏汃……這些使人眼花的東西,都和"乒乓"是一家,都和 pingpa,或 pingpang 是同義音轉。

"不清楚",有時説"xuangxu"。音變,説 fangfu。

記 xuangxu 的,曾有不同的漢字:恍惚、怳忽、洸忽、荒忽、慌忽、芒芴、茫忽。

記 fangfu 的,也曾有不同的漢字:髣髴、仿佛、彷彿、妨沸、肪胇、俩佛、俩彿、方物、放物、荒昒。

xuangxu 也有説 xuxuang 的——正像 danglang 有説 langdang 似的,把前後音顛倒來説——漢字的惚恍、忽恍、忽怳、惚怳、忽慌、昒怳、忽荒、芴芒、勿罔、耗荒、洪荒、鴻荒、鴻黃、昏黃、曛黃、纁黃,不管它是用了什麼形狀,都是和 xuang-xu 一息相關。

pingpang 和 xuangxu 都是"雙聲連語"的例子。

重音字,舊日所謂"重言",也是這樣。只要知道 maomaoy 就是 mengmengy 語音之變,知道 maomao 和 mengmeng 的關係,那麼不論漢字是記的茫茫、芒芒、漠漠、濛濛、毛毛、脈脈、惘惘、夢夢、望望,從語音上可以聽出它"模糊不明"的意思。若是拘於字形反倒説不清它的意思。

suasua、sousou 常用來説明風聲或水聲,漢字用颯颯、蕭蕭、瑟瑟、颼颼、飂飂、索索、槭槭、摵摵、霎霎、爕爕、溲溲、叟叟、滶滶、騷騷……記它,形形色色,反使人不易瞭解。若從音聲上來

聽,不管它是 sasa、sese、saosao、siaosiao、sousou 沒有種種的部
從來混淆,是容易聽懂,何況我們活生生的語音裏同時並不使用
那麼多的聲音,通常只不過説 sousou、suasua。

mangmang 和 sousou 都是"重言"語例。

## 七、研究音變的意義

研究"音變"對於文學的語言有很多幫助。"文學的第一
要素是語言。""學習各種語言中,特別是人民的語言要用功學
習,人民語言中,又特別是工農兵群衆的語言要用功學習。"文
學的語言是從勞動大衆口頭上採取來的,但和它最初的來源,
已經顯然不同。因爲它在作敘述的描寫時,從口頭語的原素
中,捨棄了一切偶然的、一時的、不確定的、紊亂的、發音學上歪
曲了的,因種種原因和根本的"精神"——即和一般民族語言構
造不一致的部分。不消説,口語在文學者描寫人物的對話中,還
依然保留着,但保留的量是很少的,只是爲了使被描寫的人物的
特徵更造形化,浮雕化和使人物顯得更生動靈活時才用着。這
一切偶然的、一時的、不確實的、紊亂的、發音學上歪曲了的和民
族語言構造不一致的部分,在文法語彙上比較容易把握,在語音
上有時比較困難,解決語音上問題,"音變"是不可不深加注
意的。

音變,究竟哪一音應該在前,問題涉及了"音史"。關於
我國語言音史的分期和各期的"音值",現在還沒有定論。問
題複雜,説來話長,因爲它不是本講義的重點,在這裏只介紹
黃侃的古音二十八部和古聲十九紐,作爲研究"音變"的
參考。

## 古韻二十八部和現在北音對照表

| 古 韻 二 十 八 部 | | | | | | | 現在北音 |
|---|---|---|---|---|---|---|---|
| 平聲十八部 | | | | 入 聲 十 部 | | | |
| 陰聲八部 | 一 | 歌 | −* ɑ | 1 | 曷 | −* ɑt | ɑ o (e) e |
| | | | | | 末 | −* uɑt | |
| | | | | 2 | 屑 | −* iet | |
| | | 戈 | −* uɑ | 5 | 鐸 | −* ɑk | |
| | | | | 8 | 德 | −* ək | |
| | | | | 9 | 合 | −* ɑp | |
| | | | | 10 | 帖 | −* iep | |
| | 二 | 灰 | −* uɑi | | | | ei |
| | 三 | 齊 | −* iei | 4 | 錫 | −* iɑk | i r |
| | 四 | 模 | −* uo | 3 | 沒 | −* uək | u iu |
| | | | | 6 | 屋 | −* iuk | |
| | | | | 7 | 沃 | −* ɑuk | |
| | 五 | 侯 | −* əu | | | | ou |
| | 六 | 豪 | −* ɑu | | | | ɑo |
| | 七 | 蕭 | −* iɑu | | | | |
| | 八 | 咍 | −* ɑi | | | | ɑi |
| 陽聲十部 | 九 | 寒 | −* ɑn | | | | ɑn |
| | | 桓 | −* uɑn | | | | |
| | 十 | 先 | −* ien | | | | |
| | 十七 | 覃 | −* ɑm | | | | |

**續　表**

| 古　韻　二　十　八　部 | | | | 現在北音 |
|---|---|---|---|---|
| 平聲十八部 | | | 入聲十部 | |
| 陽聲十部 | 十八 | 添 | –* iem | ɑn |
| | 十一 | 痕 | –* ən | en |
| | | 魂 | –* uən | |
| | 十三 | 唐 | –* ɑng | ɑng |
| | 十四 | 東 | –* ung | ung |
| | 十五 | 冬 | –* ɑung | |
| | 十二 | 青 | –* iɑng | ing |
| | 十六 | 登 | –* əng | eng |

＊ 假定音值

## 古聲十九紐和現在北音對照

| 古聲 | 現在北音 | 古聲 | 現在北音 |
|---|---|---|---|
| 見 k | g(gi) | 精 ts | z |
| 溪 kʻ | k(ki) | 清 tsʻ | c |
| 曉 x | x(xi) | 從 dzˎdzʻ | |
| 匣 ɣ | | 心 s | s |
| 疑 ng | (ng) | | |
| | | 幫 p | b |
| 端 t | d(zh) | 滂 pʻ | p(f) |
| 透 tʻ | t(ch　sh) | 並 b bʻ | |
| 定 d dʻ | | 明 m | m(v) |
| 來 l | l | | |
| 泥 n | n(rh) | 影 | |

## 第四節 語 彙

### 一、語言是從勞動中產生出來的

（一）在勞動發生之前沒有語言

在勞動發生之前，我們的祖先還是和類人猿相似的動物。他們雖然已經會喊出幾十種不同的叫聲，以表示片刻的情緒；然而這些叫聲只是用相同的單個的聲音來交換意見，缺乏有聯繫的思想和相互間的談話，這片面的活動，還不是真正的人類言語。

（二）言語是從勞動產生的

直到人會故意用人工製造常用的工具：用非常簡單的石器、木器以及尚未十分發達的頭腦，盡他最大的體力和智力去完成工作時，思想是直接和共同勞動過程聯繫着。就在這共同的勞動過程中，也只有在這時候，他們就由於這工作的動作和需要隨着運動中的軀體活動，口被派生了和工作相聯結的聲音。呼聲和動作相結合，在共同勞動中，交通了彼此的心意，開始了語言。而這種語言只能使用在共同勞動中。

1. 最初的語言是"音句"

這種隨着勞動的出現而發生的原始的人的語言，是音句的語言，是由各個叫聲所組成的，而每一個這樣的叫聲，具有完整的意思，是整個的"句子"。這種語言既沒有像我們現代語言的音節，也沒像現代清晰的概念，是粗糙的，含糊的，它所表現的思想也是同樣的模糊，是未加工的"混合語"。這種語言常和手勢動作、物體的使用相聯，是帶聲的運動語言。

2. 在社會勞動的新條件下分出了單字

音句，帶聲的運動語言，由於勞動的熟練和改進，逐漸地脫掉了連喊帶叫的聯着複演、模擬的運動，走向擬勢語，用比較簡化的動作，代替了模擬複演。不可分開的音句隨着擬勢語的進步，從口勢所派生的聲音，比較清晰地分別出了音義。

原始人類社會的逐漸發展，漸漸出現了狩獵，並且把狩獵作爲採集以外的獨立業務。發展程度較高的古代人已經按照性別和年齡進行萌芽的勞動分工。在分配獲得的食物中，發生了勞動過程以外的言語需要。在社會勞動的新條件下所提出的這種需要，大大刺激了原始的思考和語言的發展，它們不再牢不可破地交織在勞動過程本身中。表現抽象思想的才能發展起來了。言語開始不光是在勞動動作時間內發生。同時，由於熟識了日益新奇的豐富起來的生產現象，就出現了分出單字——概念的要求。

從前本身不可分開的音句，現在第一次開始分爲音字，而完整的思想——分成概念。這些單字——概念本身還是沒有區分的，僅由一個音組成的，按它的概念義來說，和我們的單字比較，還是發展得很不健全，是模糊不明的。它們能標誌物體，也能當作動作，從用法來說，等於我們的名詞，也像我們的動詞。然而這時期的句子本身已能分開，至少分成兩個單字——概念。

因此，同時人類思想也破天荒第一次開始成爲分節的。

這個時期應當屬於野蠻時期的最低階段。而分節的言語是這一時期的最高成就。

到野蠻中期，像澳大利亞的土著人，當他們第一次被歐洲人發現時的原始生活，語言中已有分成詞根、音節、接頭語、詞尾的單詞，而音節已由兩個以上的音組成。思考中已經形成分開的概念。

## 二、我國現在已知的最古的語彙的約數

我們的原始語言究竟是怎麼個情形，將在第六節講"語原"時，分頭去説，這裏暫不細講了。在這裏我們只指出有直接的"地下史料"可證的中國已知的最古語彙的約數：迄殷代的末期爲止，已經使用文字就有兩千多。——據孫海波《甲骨文編》所錄能認識的甲骨文有 1 006 文，有疑問或不認識的甲骨文有 1 110 文，一共 2 116 文，這個數字不包括 1934 年該書出版後續得數目。——這個數目説明遠在公元前 1200 年前後，我國社會還在奴隸社會時代，操在奴隸主和他的巫史們手裏的文字，單就"貞卜"的用途上已經有這麼多，實際説在嘴上的語彙的數目恐怕是要遠超過很多呢。

## 三、隨着生産力和生産關係的向前發展，語彙在不斷地增長

隨着生産力和生産關係的發展，社會上出現了好多新鮮的事物，這些新鮮的事物給人們增加了新鮮的語彙。新語彙的增長有幾種情形：有的是在自己生活環境裏發生、發現或發明的，有的是從外面傳進來的。

（一）身邊新出的事物
就本物或本事定名的，像：

火　就着它 xuxu 的燃燒聲給定名。
八　就着它分開的事象定名——八是分、別的最初説。

有比附舊事物,組織舊語彙構成新名的,像:

火盆　　火和盆都是舊日已有的東西,這個專爲盛火而造的盆,只
　　　　用它本質屬性的這兩點的舊名組織在一起便夠説明了。

扇車　　這個可以吹糠的農具,主要的特點是在箱子裏有一個輪轉
　　　　的扇風板,這個東西是在發明之前所没有的,然而和它相
　　　　似的東西卻有:用一片東西撥動空氣使它生風,是"扇";在
　　　　一個軸上有同長的輻條,可以旋轉輪動,仿佛像車。於是把
　　　　"扇"和"車"兩個舊名,比附到這新的農具上,叫它"扇車"。

(二)外來的事物,也有幾種定名的方法:

和自己原有的事物同類相似的——就在自己舊有的事物名
上,加上區別。像:

洋取燈(洋火)　"取燈"是我國原有用麻稈醮硫黄的引火生苗(火
　　　　　　　　燄)的東西。match 傳到中國來,它的形狀和用
　　　　　　　　途,和"取燈"差不多,於是就用"取燈"叫它,爲了
　　　　　　　　分別,加上了一個"洋"字。

自己原來没有的。

依照事物的性質、形態、意譯新名。像:

電話　(telephone)　　原子能　(atom)
上層建築　(super-structure)

有的依照原名音譯的,它原音叫啥,我們也叫它啥:

葡萄　　未大羅

有的半音半義的譯成新名:

普羅文學　(Proletarian literature)

啤酒　（beer）

也有音義兼顧的：

引擎　（engine）　　乌托邦　（utopia）

更有採用原形使用己音的：

場合　　景氣

## 四、隨着社會發展，舊語詞被改進或消滅

隨着語法的進步，廢棄了許多不適用的語彙。

生産力和生産關係的發展直接影響了語言，語音、語法都更清晰綿密。新的語法改造了舊的語彙，因而有好多事物，東西雖然依舊，名字卻不同了。《説文解字》所記的古字中，對於"豬"、"馬"、"羊"等按照它們的年齡、性別，各有專字，像：

馬冏——馬一歲　　　駒——馬二歲

駣——馬三歲〔1〕　　馴——馬八歲

牬——二歲牛　　　　犙——三歲牛

牭——四歲牛

羔——羊子　　　　　䍮——五月生羔

羍——六月生羔　　　羍——小羊

羜——羊未卒歲

公豬叫"豭"，母豬叫"豝"。

公羊叫"羝"、"羘"、"羒"；夏羊牡叫"羭"，夏羊牝叫"羭"。

---

〔1〕　編者按：此義出《周禮・夏官・廋人》鄭玄注引鄭司農語。

公牛叫"犅"、"特"。

公馬叫"騭"。

公鹿叫"麠",母鹿叫"麀"。

這些名色非常之多。有些是看着好像有分別,像馬八、㒸、牭,在語音中實在是毫無分別,只是 ba、san、s 和數位同聲。不如說"八歲馬"、"三歲牛"來得清晰。其中雖有現在還在應用的,但說起來已經變成複音詞了,譬如:"犅"從牛、岡聲;而"岡"則是從山、网聲。本字所代表的聲音應該是 * mang——並不是 gang。我們現在還在使用它,不是單說一個 mang,而是複音化了的 mangniu 或 mangz。有人特造個從牛、莽聲的"犇"來記"犇牛"或"犇子"。因爲"岡"後來念成 gang,把"犅"變成 gang,注上"古浪切",文字脱離了語音。而 mang 又不單獨使用,於是這"公牛"的"犅"mang,在形聲字上,在口語上,都成了被人拋棄不用的死語。

也有因爲概念越來越清晰,依着它特有的本質的屬性別立新名廢置舊名的,像"鰈",《説文解字》"猰"字解云:"讀若'比目魚鰈'之'鰈'。"比目魚,三字一詞把這種魚兩眼靠近長在一面的特點完全説出,使聽話的人一聽就懂,比起鰈來更具體得多。"比目魚"現在還在使用,而"鰈"——這個晦澀的古語,就早已退出活生生的口語。


社會是不斷地向前發展,新事物是不斷地湧現,舊有的語彙對於新的事物不夠説明,有的是製造新語,有的是改變舊語,新鮮的事物在催生着語言。

舊語彙怎樣適應新事物? 一般不出這幾種方法:

（一）從語詞涵蓋的範圍看

1. 擴大

擴大原有的概念，原來它是專指某一個特殊事物，把它的意義向外擴充，使它代表同性質的新內容——多半是些抽象的新概念。這種概念一時難造新名，引申了某一具體事物正好比譬了它，這被引申的舊名，遂賦有了新義，舊語便變成了新語。如：

**夾生飯** 鍋沒有"開"到，米有熟的還有生的，這樣飯叫"夾生飯"。事情辦不徹底，事先沒醞釀好，有的瞭解了，有的全未瞭解；有的伸手了，有的還沒動手；好人有的被表揚了，有的還不知道；壞人懲辦了，有的依然無事，這半生半熟的事態正像一鍋"夾生"了的"飯"。於是這一個具體的飯名便被擴大了範圍，代表了一種抽象的事態。

**啃住** "啃"ken用牙咬住向下攀的動作（不是《玉篇》書上音澀的"咠啃，口聲"。）像"啃苞米"、"啃青"。只是一種吃法。但是在工作上，抓住事物的一點使力扼住不讓它脫漏，正像用牙"啃"住了食物一樣，這種動作也叫"啃"，說"啃住"。戰士奪得敵陣地的一角，死守不放，也說"啃住"。吃飯和作戰不同事實卻使用同一的語詞，是把"啃"擴大了的緣故。

**雙** 本是兩隻雀，字形象用手拿着兩隻雀似的。現在把它用作"一對"的意思，便是擴大了原意。兩隻雀已不能專用這個語詞了。

大抵極狹義的語詞若不是變成意義更爲清晰的複合詞，或擴大它的範圍，常是被失用而消滅。兩歲牛的"牰"，已成死去的古語，而兩歲馬的"駒"卻因爲擴大了它的意義，承擔了小馬的名字，直到今天還在使用。

## 2. 移動

這一種變化很特別。把一個已經有確定的意義的語詞，挪給和它全不相同的事物上去。有的挪用得很不合適，到使用習慣了，説出來並不覺得稀奇。如：

**聞聽** 本來都是屬於聽覺的，可是語句裹，我們常把它們用到嗅覺上。嗅氣味，常是説"聞味"。讓誰用鼻子去嗅某種氣味，常是説"你聞聞"或"聞一聞"。"聞"同義異名也有時説"聽"，在聽覺上如此用，挪到嗅覺上也是這樣。聞味有的地方説"聽"，"你聞聞這飯真香"説"你聽聽這飯真香"。把耳朵上的感覺名字，借給鼻子的嗅覺去用，這種近似"五官錯位"的遊戲似的用法便是語彙的轉義性。

**媳婦** 這個名字在宋朝已經有了，寫作"息婦"。"息"是"子"，息婦原是子婦——兒子媳婦。由於階級關係，奴才向主人説話，隨着主人語氣，説自己的妻也用息婦，後來"媳婦"遂由"兒子的妻"變成了"自己的妻"，意義大不相同。爲了分別用"兒媳婦"和"媳婦兒"去説，但是"媳婦兒"現在還照舊混淆。[1]

**吃(喫)** 飲、食的嘴上行爲都可以説"吃"，字也可以寫"喫"。"吃飯"、"吃酒"，引申一下，用嘴"吸"煙有不説"抽煙"而説"吃煙"的，這還可以説是擴大。至於"受驚"説"吃驚"，"受損失"説"吃虧"，則不關嘴事，和咀嚼吞嚥相去很遠，與其説由飲食引申到享用，由享用引申到身受，不如説它已改變了意義，和就原意擴大範圍的情形已經不同，已經超過限度了。再像"喫力"、"喫緊"更是和口腹享用無關。

―――――――――

〔1〕 宋吳曾《能改齋漫録》引王彦輔《塵史》："今之尊者斥卑者之婦曰'新婦'。卑者對尊，稱其妻；及婦人自稱，則亦然。……而不學者輒易之曰'息婦'，又曰'室婦'。"

語彙有移動性很大的,如:

**得**　原字是在路上伸手拾貝,寫成*得*。是求得、取得的意思。若
　　　說"你得 dei 來一次","得"是"應該"或"必須"。"飯得 de 了
　　　麼"則是"用完了"的意思。"懂得"是聽或學明白、學會了。

**打**　除去"打擊"意義之外,有好多地方用它,像:

| | | | |
|---|---|---|---|
| 打這兒 | 打:從 | 打槍 | 打:放 |
| 打飯 | 打:煮、盛 | 打扇 | 打:搖 |
| 打傘 | 打:支撐 | 打算盤 | 打:撥 |
| 打酒 | 打:買 | 打電話 | 打:説 |
| 打水 | 打:汲 | 打頭的 | 打:領 |
| 打魚 | 打:網 | 打雜的 | 打:做 |
| 打刀 | 打:造 | 打緊 | 打:要 |
| 打包 | | 打扮 | |
| 打盹 | | 打點 | |
| 打量 | | 打疊 | |
| 打尖 | | 打礆 | |
| 打算 | | 打官司 | |
| 打啞號 | | 打頭風 | |
| 打哈哈 | | 打觔斗 | |
| 打諢 | | 打岔 | |

"打"的意義轉移最多,如果把這些不同的意義合起來,看做空泛
的"動作",則這種轉義的結果真是擴大了。

3. 縮小

　　有的語詞由於生活習慣側重了概念的某一部分,使用上,這部
分專有了整個語詞,而遺棄了這語詞所應包括其他部分。例如:

肉　　本是指一般的肉,不分鳥獸,字形也象一塊切開的肉段,寫作𠕎。但是在習慣上,除去一部分因宗教的束縛或生理的特異而外,多數是指"豬肉"。説"買肉去",如果"肉"前不加限制,大家或知道他是"買豬肉"去。把"肉"當作"豬肉"來用,這是縮小。

禮拜　本是舊社會佛教的雜語,從梵文 Vandana 意譯過來的,在六朝已經流行。後來擴大了,一般信别的宗教的人拜神也叫禮拜。基督教七天行一回,所以他們把行禮的日子叫"禮拜日"。一個"七天"也因爲這種宗教習慣叫"一禮拜"。我們歷史唯物論者不信宗教,然而在辦事情的時候,爲了便於説明時間,是還在使用,然而在意義上卻縮得很小,把所有行禮拜神的部分完全消浄,只單純地使用它"一個七天"的意思。

(二) 從語詞聲音和意義看

語音是受它發音器官的限制的。用語音所表示的事物是非常雜多的,人們把這些數不清的,日新月異的,不斷和生活發生關係的事物,按照它們的性質、形態、數量、運動或關係等等,類化成許多以簡馭繁,可以作爲代表的語彙。單就常用文字符號,僅以單音語詞而論,《國音字典》一書約收 7 500 多字,内中相同的聲音才 448 個。實際的活生生的語言把單音的和複音的語詞都收上,數目一定很多,而它的聲音卻依然是 450 左右。這樣語彙的"音"、"義"關係一定會有重複交互的現象。我們就它們"同音"和"同義"分作兩項來説:

1. 同音的——這裏再分兩類:

(1) 同音的(異形異義語)——這一類的語彙是語音相同,

語意相異,寫出字來,字形也是不同。如:

zhuang 可以有"莊"、"裝"、"妝"、"樁"、"狀"、"壯"、"撞"等不同的字和意。

dadi 一詞可以有"大的"、"大抵"、"大敵"、"大弟"、"大帝"、"大地"等不同的形意。

zhxui 可以聽出"指揮"、"智慧"、"支會"、"紙灰"、"知悔"、"置喙"等不同的形和意。

(2)同音同形的(異義語)──這一類的語彙只是語意不同,語音和字形全同。如:

經濟 ginggi    這個同音又同形的語詞,有三種不同的意思:

一個是指社會的經濟機構的"經濟"。決定一個社會制度的物質財富的生產方式。

再一個是儉約節制,事情辦得省時、省力或省物、省錢。

第三個,我國的舊意是經國濟民的意思。

師長 shzhang,可有兩種不同意義:

對學生說,"師長"是指學校的先生;

就軍隊來說,則"師長"是指部隊裏一個官級。

2. 同義的(異形、異音語)──這是說有好多詞,雖是在某一點上,它們所代表的概念相同;不過寫出來則字形不同;說起來語音也各不相同。像《爾雅》書上所記的"初"、"哉"、"首"、"基"、"肇"、"祖"、"元"、"胎"、"俶"、"落"、"權輿",這些字都是有"始"的意思。現行的口語裏,像:

| | | | |
|---|---|---|---|
| zuowo | (坐窩) | kaitou | (開頭) |
| zaba | (乍把) | kishou | (起首) |

| | | | |
|---|---|---|---|
| kiger | （起根） | xiantou | （先頭） |
| diki | （地起） | diger | （地根） |
| kixian | （起先） | kichu | （起初） |
| kitou | （起頭） | yanxian | （原先） |
| dangchu | （當初） | yanki | （原起） |
| dangxian | （當先） | xiancian | （先前） |
| yanlai | （原來） | benlai | （本來） |
| kaish | （開始） | | |

上面一、二兩類，一個是"一詞多義"，一個是"一義多詞"。

一詞多義的是用同一語音表示許多不同的概念。不論它是僅僅同音或也更同形，在孤立的存在時，它們是"曖昧"的，我們不可能判定它是在表示什麼意義。只有在語句裏，從上下文的關係，才能聽出來。

一義多詞的所謂"一義"，只是在某種情形裏，它們這些不同音不同形的詞，是代表同一的意思；不等於這些詞義是無論到哪裏都相同的。也還是要從語句裏來確定，要靠那句子的思想和說那句子的習慣來定。

（三）從語彙的地區看

語彙隨着各地生活習慣也有幾種不同：

1. 用同一語詞的

（1）同詞同義，只是語音不同的。——這只是聲韻差異，和語彙無關。

（2）同詞異義，只是語意不同的。——這樣的語詞容易發生誤會。像：

**娘娘** 我們聽這兩個字可能兩種想法：不是封建帝王的老婆，就

是封建會門的神像。但是在蘇州"娘娘"是叔伯母，常州
"娘娘"是母親。意義和我們不同了！

**兄弟**　我們所說的"兄弟"是文言裏"兄弟"的"弟"，並不包括
"兄"；如果要把"兄"也包括進去，則是說"弟兄"。粵語和
客家語的"兄弟"和文言是一致的。我們說"兄弟"意思是
單指弟弟，他聽了"兄弟"會把哥哥弟弟都想起來。

2. 用不同的語詞的，同義異詞的

(1) 用詞不同，用處全同

北京的"等會兒"＝蘇州的"晏歇"＝紹興的"等歇"。

北京的"妻子"、"媳婦兒"＝蘇州的"家小"＝廣州的"老婆"＝東北
的"燒火的"、"屋裏的"、"家的"。

北京的"摔交"＝蘇州的"跌跟斗"＝廈門的"跋倒"＝客家的
"跌倒"。

(2) 不同詞上又有使用上廣狹

北京的"這麼"＝上海的① "介"（表程度）
　　　　　　　　　　② "實介能"（表方式）

北京的"這麼大"能譯成上海的"介大"，不能譯成"實介能大"。北
京的"這麼辦"能譯成上海的"實介能辦"，不能譯成"介辦"。

上海的"交關"＝北京的① "很"（形容詞前）
　　　　　　　　　　② "多"（形容詞後）

上海的"交關大"可譯成北京的"很大"，不能譯成"大多了"。
上海的"大交關"可譯成北京的"大多了"，不能譯成"很大"。

地方語彙，因爲產物和風俗的特異，有不能相通的，不能找
出同義的譯語的。例如：北京的"窩窩頭"，東北人聽了能懂，因

爲我們也有。江、浙、閩、粵地方没有它，没有和它同義的名字可
譯。照原來的聲音説給他們，"窩窩頭"究竟是怎樣個食物，就是
經過解釋之後，這個名字所代表的食物到底是啥樣的形、色、香、
味，多少總還是想像的、類比的。

這種地方性的語彙，就東北來説也有些不容易使外人瞭然
的。我們從《東北日報》(1949 年 5 月 25 日第 4 版)李侃同志的
文章上引幾個例。他舉出的事實裏，有：

興洋乍翅──翻把

　"不許地主興洋乍翅"(原意：不許地主翻把)

婦道──婦女

包渣──消滅

打定盤星──打主意

　"各打自己的定盤星"(原意：各打自己的主意)

大肚子──大資産階級

打一條龍的幺──掌權

　"大肚子當權在國裏打一條龍的幺"(原意：英國是大資産階
級掌權的國家)

净意──故意

半勾──半數

　"半勾的婦女"(原意：半數的婦女)

這些雖不同於"烏拉草"的特産，然而寫出來有些是要加上注腳
的。而且像"打定盤星"、"打算盤"、"婦道"、"老爺們(男子)"，表
現着封建剥削意識的語詞，一定要和它的階級一樣，被我們把它
徹底消滅！

(四) 從語彙的構成形式看

1. 直成的

(1) 單詞——直用單音來表示概念的

① 一般的——一音一意

② 加上尾音的——在單音詞後加上"輕聲"尾音的

| 一子 | 房子 | 桌子 | 茄子 | 鏡子 | 胖子 |
| 一兒 | 罐兒 | 坐兒 | 道兒 | 天兒 | 邊兒 |
| 一頭 | 石頭 | 枕頭 | 骨頭 | 天頭 | 年頭 |

③ 加頭音的

| 老一 | 老李 | 老大 | 老弟 | 老虎 |
| 阿一 | 阿大 | 阿姐 | 阿哥 |

(2) 複合詞

| 名＋名 | 火車 | 粉筆 | 雨傘 | 牛肉 |
| 動＋名 | 開水 | 動身 | 出口 | 行李 |
| 形＋名 | 窮人 | 快板兒 | 小米 | 紅旗 |
| 形＋動 | 近視 | 新聞 |
| 動＋動 | 發燒 | 招考 | 攻打 |
| 動＋形 | 跳遠 |
| 名＋數 | 禮拜一 | 星期五 |
| 動＋數 | 數九 | 破五 |
| 名＋動 | 口試 | 面談 | 血戰 | 蜂湧 | 秋收 | 路過 | 刀劈 | 手創 |
| 副＋動 | 再會 | 都是 | 卻說 | 只要 | 沒有 | 不是 |

相反的語詞的複合

兩個相反的動詞複合在一起的,像：買賣、來往

兩個相反的名詞複合在一起的，像：夫婦、早晚

兩個相反的形容詞複合在一起的，像：深淺、好歹

單音語詞重音的

走走　看看　打打　想想　洗洗　縫縫

弟弟　姐姐

常常　慢慢　緊緊　偏偏

短短　小小　高高　淡淡

　　這類語詞單用和複用意義不變。但是那單音詞若有兩個意義，像："月月"連用的"月"和單用的"月"可能不同。一個"月"字有兩意，可能是"月亮"，也可能是一月二月的"月"。至於"呼呼"兩音一意和它單詞連用不同，它不是單語詞的重音而是複音語詞了。

　　（3）重音詞

　　① 重一音的

　　a. ABB

| daixexe | zeilala |
|---|---|
| geshengsheng | ingzhengzheng |
| cueishengsheng | ingbangbang |
| chubaibai | liangzhazha |
| chanuiui | zhenguaiuai |
| shuangigi | xialele |
| kuanchaochao | mianxuxu |
| naochaochao | xydaodao |

　　b. AAB

| memediou | lalagu |

gigiga

memezhar

nangnangchuai

xixixar

c. ABAC

tutoutunao

damudajang

ciaoshouciaogiao

xyantianxyandi

② 重兩音的

a. ABAB

zabazaba

samasama

liudaliuda

zhaguzhagu

fuliarfuliar

tonggutonggu

chanxuochanxuo

guailaguaila

xabaxaba

xyemexyeme

b. AABB

gougoubaba

kekebaba

memesuosuo

dudunangnang

giagiagugu

popogiagia

kengkengzhzh

shuaishuaidada

lalacheche

suisuitangtang

lenglengshengsheng

(4) 複音詞

① 帶 la 的

a. 雙聲連語有在每一音後帶上 la 的：

| | |
|---|---|
| tita | tilatala |
| pipa | pilapala |
| dita | diladala |
| zizua | zilazuala |

b. 疊韻連語第一音重複一次，中間夾用 la 的很多：

| | |
|---|---|
| luosuo | luolaluosuo |
| xuangzhang | xuanglaxuangzhang |
| maitai | mailamaitai |
| dousou | douladousou |
| gada | galagada |
| guangdang | guanglaguangdang |

普通

| | |
|---|---|
| tubie | tulatubie |
| xiedai | xilaxiedai |
| gudong | gulagudong |
| mengsh | menglamengsh |

② 帶 labagi 的

| | |
|---|---|
| 澹 labagi | danlabagi |
| 賤 labagi | zianlabagi |
| 鬆 labagi | songlabagi |
| 黏 labagi | nianlabagi |
| 軟 labagi | rhuanlabagi |

③ 帶 laba 的

xudu                              xulabadu

kechen                            kelabachen

④ 帶 laguanggi 的

刺 laguanggi                       crlaguanggi

稀 laguanggi                       xilaguanggi

⑤ 帶 lagu 的

nianlagudai                       nianlaguzhua

rhuanlagunang

⑥ 帶 bacha 的

喜歡(xixan)bacha                   xixanbacha

眼淚 bacha                          ianleibacha

⑦ 帶 balousou

賤 balousou                        zianbalousou

甜 balousou                        tianbalousou

"重音的"以下十幾種語彙,有的是已經有了記音的本字或借字,有的直到現在還沒有定字——甚至於就沒曾記過漢字。譬如:

"眼睁睁",有字可用。"賊拉拉",寫出來,令人難懂。

"磨磨丟",還大半可懂。"及及夏",則看了文字,反倒不易思索。

"大模大樣"、"尋思尋思",語文一致;xabaxaba 則難於着筆。

"踩踩躂躂"、"抖拉抖擻",有字可寫,kengkengchch、lailalaisai 可寫啥是好?

"提拉拖拉",可以找字記出,gilazhuala 可找出什麼字?

至於 nianlabagi 記成"薦拉巴吉"，xulabadu 記成"胡拉巴塗"，
xilaguanggi 記成"希拉光吉"，nianlaguzhua 記成"黏拉古抓"，眼淚
bacha,記成"眼淚巴擦"，賤 balousou 記成"賤巴婁搜"。這些—
labagi—,—laba—,—laguanggi—,—laguzhua, —bacha, —balousou
等活潑潑的語音在使用漢字的時代，是甚難着筆的，到了未來，
到了新文字時代可能會手口一致運用自如了。

（5）數量語彙

一

一五一十

一心一意　　一朝一夕

一年半載　　一半天　　　一整天　　　一星半點

一來二去　　一刀兩斷　　一舉兩得　　一誤再誤

一板三眼　　一日三秋　　一國三公

一目十行

一順百順　　一呼百諾　　一了百了　　一妥百妥

一刻千金　　一諾千金　　一落千丈　　一髮千鈞

一本萬利

一毛不拔　　一絲不掛　　一竅不通　　一成不變

一點不行　　一天不差　　一村不落　　一聲不吱

一心樸實　　一木難支　　一網打盡

一勞永逸　　一敗塗地　　一鳴驚人　　一點就犯

一團和氣　　一場春夢

二

二百五　　　二五不知一十

二五眼　　　二把刀

二虎巴吉　　二意思思

三

三三兩兩　　三三五五　　　三七二十一
三下五除二
三五天
三不知　　　三不管
三心二意　　三言兩語
三五成群　　三年五載　　　三天五日　　　三番五次
三親六故　　三姑六婆　　　三吹六哨
三教九流

四

四不像　　　四面斗
四四方方　　四六不懂
四平八穩　　四分五裂　　　四捨五入
四楞子木頭

五

五更半夜　　五把操
五花八門　　五光十色　　　五風十雨
五體投地
五馬亂管　　五馬長槍

六

六一下加四（下傢什）
六親不認

## 七

七三八四的　七大八

七淌八漏　　七高八低　　七長八短　　七拼八湊

七折八扣　　七叉八叉　　七抓八撓　　七大八小

## 八

八九不離十兒

八成新

## 九

九牛一毛　　九死一生

九子十成

## 十

十個頭的　　十樣雜耍　　十年樹木　　十有七八　　十萬火急

十之八九　　十裏挑一　　十拿九準　　十三太保

## 百

百八十個　　百十來樣　　百般不依　　百發百中　　百戰百勝

百依百順　　百折不撓　　百年不遇　　百裏挑一

## 千

千千萬萬　　千萬千萬　　成千成萬　　千篇一律　　千載一時

千慮一得　　千方百計　　千了百當　　千錘百煉　　千變萬化

千呼萬喚　　千秋萬歲　　千里鵝毛　　千山萬水　　千人所指〔1〕

———————————

〔1〕　作者自注："千人所指，無病而死"，漢代的里諺，是説群衆力量的偉大。

萬

萬古千秋　　萬紫千紅　　萬無一失　　萬般無奈　　萬全之計
萬不是人

數量語彙的組合：

| 數數數數 | 兩兩三三 | 一五一十 |
| 數數數× | 百八十遍 | 千八百里 |
| 數數×數 | 十七大八 | 三三見九 |
| 數數××數 | 八九不離十 |  |
| 數數×× | 四六不懂 | 百十來斤 |
| 數××× | 一竅不通 | 二虎巴吉 |
| ×數數數 | 裝二百五 |  |
| ××數數 | 浄説三七 | 略知一二 |
| ×××數 | 立冬數九 | 全場第一 |
| 數××數 | 三下歸一 | 一星管二 |
| 數×數× | 一年半載 | 萬古千秋 |
| ×數數× | 亂七八糟 | 每十八遍 |
| ×數×數 | 不三不四 | 裝五作六 |
| ×數×× | 無千待數 | 無一不可 |

2. 曲成的——把不易説明的抽象概念用具體事物形象化

（1）口頭成語

① 比擬法：

a. 明比

放羊（無組織、無計劃的大撒手，任其四散，像放羊似的。）

磨豆腐（已經説清楚了的事，又説過來説過去，好像拉磨磨豆腐似的,一圈又一圈地重複不停。)

小店兒("錙銖必較",小小器兒,好像開小店兒向店客算賬似的。)

找岔兒(没事找事,硬尋事端,專找破綻,好像銅盆的尋找裂璺似的。"銅鍋的戴眼鏡——找岔兒。"這句話正是它的注解。)

鬼齜牙(這用來比嚴冬的冷天,凍得又疼又怕,天好像鬼齜牙似的叫人疾令令地亂顫。用它説冬天嚴冷的拂曉。)

勾火(勾動槍機,立時開火,用來比撩起事端。)

b. 暗比

不忍直接説出來,或不好直接説出來的事,也常用比喻的方法構成新語詞來代替。這種比法不像前一種直捷了當地像啥説啥;而是多少要繞個灣子,暗暗地把這要説的事襯托出來。例如:

跑了! 上山了! 這是小孩子死了。家人不忍得説他死,而説他"跑了"! 從此一去不回來了! 説他"上山了"! 在山上躺着不再回家了!

挑竈 這是説一個家庭受剥削者的壓榨窮得不止"揭不開鍋",而且妻離子散,没有力量再"支撐門户"過日子,必要的做飯傢伙"竈"已經被挑開了! 不説官僚、地主、壓迫、剥削得家破人亡無法過活,而説"挑竈",在封建社會裏這是一個很沉痛的聲音。

走道了! 封建社會婦女没有自己獨立的人格,被"三從"、"四德"縛在奴隸的地位上。如果已婚的女人死了丈夫,必須守"節",萬一有一個扭斷枷鎖的所謂"叛逆的女性"出門改嫁,她的母家和夫家都引爲"奇恥大辱",甚至母家也有和她斷絶關係的。因爲這樣,在封建社會談到寡婦改嫁,有人不説"改嫁"而説她"走道了!"用這三個字表示她已經走出"家"門,變成路人。

春、撒春、拉春、拉大春　一般動物的性生活多數是在春天。人們的男女性感不好直説，便用這季節來作爲象徵。這已是很古的辦法，遠可追溯到《詩經》時代。

② 拆字

是"破謎兒"的性質。

八刀 badao，是指夫妻離異。"八刀"就是"分"字的拆字謎。"打八刀"就是"打離婚"，"八刀啦"就是"離婚了"。用"分"代表了分飛，代表了離婚；更用"八刀"暗射着"分"字。

八字還没有一撇、八下還没有一撇，這是説事情還没有一點眉目的樣子，好像寫"八"字頭一筆——"一撇"還没有撇似的。

(2) 紙上典故

我們若是"將古代封建統治階級的一切腐朽的東西和古代優秀的民間文化，即多少帶有民主性與革命性的東西區别開來"看，則舊紙堆裏也還有可以使用的東西，只要"不是頌古非今"。我們語彙裏有好多是古人給留下的，像：

**矛盾**　這是從《韓非子》(公元前？ —前 234) 的作品裏得來的。

《韓非子·難一》篇説：

楚國人有賣盾和矛的，誇它們説："我的盾的硬度是没有東西能扎進去的。"又誇他的矛説："我的矛的快法就東西講，是没有扎不進去的。"有人問："用你的矛來扎你的盾，怎麽樣？"那個人不能回答了。

[原文]楚人有鬻楯與矛者，譽之曰："楯之堅，莫能陷也。"又譽其矛曰："吾矛之利，於物無不陷也。"或曰："以子之矛陷子之楯，何如？"其人弗能應也。——同書《難勢篇》也寫了這個故事，文字不大一樣。

這一段故事能用很具體事物作出一個比喻，説明了那同時存在的互相抵觸，互相衝突的對立的抽象概念。它能把我們唯物論辯證法的本質和核心"統一和對立底鬥爭"所論的 contradiction 形象化了。"矛盾"來歷雖古，社會卻給了它新的意義，它們已經不是兩種兵器名字，而是另具一番新義了。

　　**犧牲**　這個語詞是從《呂氏春秋》（秦始皇八年或其稍後，呂不韋門客們替他所寫成的書）引用出來的。這書的《季秋紀·順民篇》上，寫這樣一段傳說：

　　早先年，湯王打倒夏王統治了天下。天頭大旱，接連着五年沒有收成。湯王就把他自己的身體（當作獻給神的牛、羊或豬）在桑林那裏求雨。他說："我一個人有錯誤，不要連累萬人；若是大家有什麼錯誤，都在我一個身上。不要因爲我一個人糊塗，使上帝鬼神傷害老百姓的性命。"於是他剪下來他的頭髮和手指甲（用這兩樣東西代表了湯王的全身——關於這種風俗可參看江紹原的《鬚髮爪》一書），用他自己身體的精華代替了那祭神的純色的牲畜，在上帝面前祈福。老百姓都很高興，天終下了大雨。

　　〔原文〕昔者湯克夏而正天下。天大旱，五年不收，湯乃以身禱于桑林，曰："余一人有罪，無及萬夫。萬夫有罪，在余一人。無以一人之不敏，使上帝鬼神傷民之命。"於是剪其髮，酈其手，以身爲犧牲，用祈福於上帝，民乃甚說，雨乃大至。

這段傳說雖然充滿了封建統治色彩，但是其中"以身爲犧牲"——我們不管湯王僅僅是剪下來幾根頭髮和星星點點的幾片指甲，而且又爲了鞏固他的統治地位——用"犧牲"來表示那不惜獻出生命的精神倒是很具體很生動的說法。我們打倒封建，破除迷信，不信湯王求雨的傳說，單提出"以身爲犧牲"一點，賦給"犧牲"以新義。說明"爲革命而獻身"，"爲人民的事業不惜放棄自己的一切"的崇高而偉大的新英雄行爲,它卻是已脫離了"古典"的名辭。

**革命**　這一個名詞是從古書裏提出來經過"揚棄的",已不同於它在《易經》裏的原意。《易經·革卦·彖辭》:"天地革而四時成,湯武革命,順乎天而應乎人。革之時大矣哉!"

**小說**　這也是一個賦有新義的古名詞。《漢書》(東漢班固作)《藝文志·諸子十家》,有小說家。說:"小說家者流,蓋出於稗官。街談巷語,道聽塗說者之所造也。"

(五) 語詞和音綴

在具體的語流中,語音的單位是"音綴",然而它並不是語言的單位,因爲有的"語詞"並不是一個音綴所能代表的。我們的語言因爲受了方塊漢字的影響,一個字一個音,一個音一個意,於是習慣地以爲自己的語言是"單音綴的"。有些人對於"語"或"文"總是一個音一個音地逐字去想,結果把活生生的語言給變成了不古不今奇形怪狀的東西。譬如:"首鼠"本來和"躊躇"是一音之轉,是同一意義的音變。文言的"首鼠兩端"就是"躊躇兩端"的意思。宋朝陸佃(1042—1102)在他的《埤雅》書上說:"鼠性疑,出穴多不果,故持兩端者謂之首鼠。"他不知道這是兩個音綴的語詞,卻給"望文生義"地一音一字附會起來。

"狼狽"本是"躝跋"的音變,和我們現說的 lapa 是一回事。段成式(?—863)的《酉陽雜俎》上說:"狽前足絕短,每行常駕兩狼,失狼則不能動。故世言事乖者稱狼狽。"這也是受一音一字、一字一義的影響的結果。

現在我們的語言有的語詞是單音的,也有的是複音綴的,使用時,不要被一個一個的獨立的字形所拘束了。設想將來我們新文字成功以後，用拉丁字記音，一詞、一組，不再受方塊字的限制，這事就自然不成問題了。

這裏我們把語詞和音綴的情形再看一下：

1. 單音綴的語詞

這是一個音綴代表一個概念的，是一意一音，寫出來還是一個字形的語詞。現在日常說話單音的也還占相當數目。

2. 複音語詞

這是用複音綴代表一個概念的語詞。它是一個意思用了好幾音，寫出來漢字又是和音綴數目一般多的字形。現在語言裏這樣語詞不但不少，而且隨着社會的發展正逐日在加多。

複音綴的語詞有幾種：

(1) 兩個音綴的

① 重音的　　　妹妹　看看　嚐嚐　慢慢　餑餑

② 不重音的

a. 一般的　　　喜歡　翻身　革命　和平　民主

b. 加頭、尾的

加頭音的　老王　老虎　阿二　姆媽

加尾音的　想頭　枕頭　桌子　樣兒

③ 雙聲的　　　乒乓　渺茫　丁東　玲瓏

④ 疊韻的　　　郎當　闌珊　埋汰　襤褸

(2) 多音綴的

① 一般的　　　無綫電　　火車頭　斯大林格勒

② 重言的　　　家家戶戶　拉拉古　眼巴巴

③ 雙聲的　　　(梯他)梯拉他拉

　　　　　　　劈拉巴拉　提拉拖落

④ 疊韻的　　蹦跋蹦跋　囉拉羅索
　　　　　　鐺郎郎　　慌拉慌張
⑤ 加尾音的　軟拉巴吉　刺拉光吉　喜歡八叉
　　　　　　黑古籠東　尖生生

所有多音綴的語詞都是不可拆開去講的,每一串只代表一個概念,語句隨着社會的發展被改進或廢棄。

（六）被改進的

語詞和它標識的概念一樣,是由含混走向清晰的。辦法有兩種:一種是就原詞加以限定,一種是拋開原詞就它本質屬性另起新名。

1. 就原詞加以限制的——增加語詞的音綴

道　這一個字在古代有許多用法,以後卻依着它的不同用法加上限制説成不相混淆的許多新詞。譬如:
　　"周道如砥"的"道",現在説"道路"、"大道"、"道理"。
　　"此危道也"的"道",現在説"道術"、"道道"、"道兒"。
　　"不可勝道"的"道",現在用"説道"。

經　現在所慣用的"經常"、"經理"、"經綫"、"經營"、"經由"、"經過"、"經歷"、"經典"等語詞,早先只是用一個"經"字,隨着它在文章裏的位置,依篇章語句而活用它的涵義。是沒有現在這樣瞭然的。

2. 拋開原詞另起新名的,像:

雉　現在叫"野雞"。(有人説是因爲漢朝劉邦的老婆名字叫"雉",大家不敢叫,躲避她的名字,改説"野雞"。)——這是因爲封建社會避諱關係。

虎　有叫"大蟲"的。宋王讜(約在公元 1102 年前後)的《唐語林》
　　說：汝南周願曰："愛宣州觀察使,怕大蟲。"那時已經把虎叫
　　"大蟲"。有人説因爲那時認爲老虎是山神,怕它生氣,改叫
　　大蟲,這也是一種"避諱"。——這又是封建社會因迷信改
　　名的。

鰈(die,也念 da)　現在叫"比目魚"。《爾雅》説："東方有比目魚
　　焉,不比不行,其名謂之鰈。""不比不行"是不看實物,單就
　　"比目"的"比"想像的,不合實際。"比目"原是"兩眼靠近",
　　"兩眼靠近的魚"用"比目魚"三個音綴,表現得比單音的"鰈"
　　來得具體,可以"言下見象",是很好的改進。

德律風 Telephone　這個外來語現在改稱"電話"。"電話"一詞能
　　把借電力傳話的作用,説得很明白,一聽就懂,比"德律風"來
　　得清楚,因此它代替了曾經使用一時的"德律風"的地
　　位。——這都是根據實際知識改進的。

(七) 被廢棄的

　代表封建社會文物制度和思想意識的語詞,已經隨着它的
社會一同消亡,變成歷史上的東西。

　關於文物制度的,例如：

　君、臣、妾、婢、老爺、奴才、磕頭、下跪、皇上二大爺、小老婆舌、老
公嘴、狀元餅、八抬、奏本、討封、節孝祠、萬壽宮……

　關於思想意識的,例如：

　皇恩、佛法、報應、現世報、老天爺、閻王、命、邪門、撞尅着、還陽、
竈王爺、瞧日子、搖卦、許願、前世、來生……

　這類語詞有的早已廢置不用,有的正在廢棄。

## 第五節　語　　法

### 一、不是先有語法後會説話，而是從會説話就有語法

我們的先人，從古猿變來的遠祖，他們並不是先規定好了"語法"，大家約定了怎麼去説，然後才開始説話；而是在共同勞動裏，隨着勞動的行爲，產生了語言。共同勞動使他們有了共同的思想；這共同思想表現在語言上，雖然當時只是簡單的音句，卻已經符合了共同的習慣。可以使大家彼此"互喻"的語言習慣，便是所謂"法"。不過那時候的説話法並不就是我現在所用的"語法"。現在所用的語法是已經相當發展了的。

語言是思想的衣服，"人們的生活式樣怎樣，他們的思想式樣也就怎樣"。語言是隨着它所反映着的思想，跟着生活鬥爭過程從小到大，從幼年到壯年不斷地向前發展：音句、單句、複句以直到千言萬語的篇章，其間説法也是越發展越來得緻密詳細。

### 二、語法並不是公式——它隨語言的不同而有差異

語法並不是只有一種，無論什麼話都如此説的，放之四海而皆準的，萬世不變的公式。它是反映思想程式的，共同勞動習慣不同的民族，在觀念的排列上，也就是處理事物的手法上，便也不同。這種不同的思想程式，用語言依次説出來，便出現了不同的説法。舉例來説，譬如：

松花江下游的赫哲族 Xezhin（學術上通用 Goldi）説話不但

是語言的音和我們不同，就是法也不相同。他們說：

ɔi　　mɔrin　　minəŋgə
這　　馬　　　我的

"這馬是我的"，在說話的次序上，和我們差不多，但是他們說：

pu　　　　mɔnɛ　　tələgələt　ãgumi　mɛtˑɛʃin
（我們自己）　衣服　縫　　　不能

"我們自己不能縫衣服"，這次序就和我們大不相同了。我們說：
"走"、"已經走"、"將要走"、"不走"，是在"走"前加字，他們則說：

fuliji　fulihəŋ　fulirən　fuliʃin
在 fuli（走）語根之後變化了語尾。

可見語法是隨着語言各有不同。

我們的語言有我們自己獨特的語法，這種語法只有從我們自己的語言去找，決不可把它硬套進任何一種別的語言習慣裹。

## 三、語句的發展和詞類的發生

### （一）音句

人類語言是從共同勞動發生的。在共同勞動中，叫喊達意，是從完全句子開始的。我們原始祖先的語言只有音句，並沒有單字。這種音句是由各個叫聲所組成，常和軀體動作——頭部動作，臉上表情，嘴上用勁，手勢動作等相聯，融成一片。是語音和動作相結合的原始混成語。

每一個音句都具有完全的意思。這整個的句子並不像我們現在的語言，在它的內部分成各個音節；而是動作和動作者混合在一起的。

音句的形式也就是那時候完整的思想。

（二）單句

在使用音句的時代，勞動是和勞動者混淆在一起分不清楚的。基於工具的改進，在社會勞動的新條件下，擴大了勞動範圍，勞動經驗積蓄得比較多，人對於物的處理和認識也略微清楚了些，從勞動裏認識了勞動，也從勞動裏認識了由於勞動動作而引起的物的運動、歷程；也認識了勞動和運動的主體。

先前使用的音句，到這時，也因爲勞動進步的力量，促使它從囫圇的音句，發展到比較清楚的音字——完整的思想分成了概念。這單字本身還是沒有區分的，按它的涵義來說和我們的單字來相比發展得還是很不健全，依然是模糊含混的。這時期，應當屬於野蠻時期的最低階段。

這時，說明一個勞動不僅是說明那勞動本身，也還要說明那個勞動的主體。說明一個物體運動，也還要說明那個運動的物體。說明一個勞動或運動的歷程，要對那一個歷程加以交代，說出是什麼在動。提清了那個歷程的主體。因爲動作是從勞動主體——具體的物發作出來的，所以先說出來主體，然後再說出動作，這同時也正反映了物質和物質運動的同時存在。到這，語言已經不再是囫圇的音句，而是進一步的分析的單句。它包括兩部分：一部分是那運動的主體，一部分是那運動本身。也就是有一部分說明是什麼在動，一部分說出來那個東西在做什麼。出現了"主語"和"述語"。

述語是主要的，它是表示着勞動或運動的歷程，主語則是規定這動的歷程是哪個東西的。當作主語那部分的語詞是表示具體東西(以後也發展到代表抽象的事情),是東西的名字,我們叫它"名詞";當作述語的部分是表示動的歷程,我們叫它"動詞"。

主語和述語一直到現在還是我們語言的主要部分。

勞動或物體運動常是有個着落的,也就是動的歷程有時必須有個歸宿的,因此,光是有主語規定出來什麼在動還不足用,還要提出一個具體的東西來,説出這個動作歷程趨向哪裏或停在哪裏。這一個添加也是用表示物體的名詞,把它和動作的主體——主詞——相對待,叫它"賓語"。

(三) 從音句發展出來音字——單句的語詞

原始語言現在是没法聽到了。我們根據殷墟出土的龜甲獸骨文和歷代發現的殷周青銅器銘文,配合着近世古音學的研究還可以想像遠古的音句和由音句發展到單句、單詞的情形。

平面打擊聲,接觸較大一些的打擊聲,是 ba。

用石斧去砍東西,這一個勞動,在音句時代説法是語音和動作混在一起的,手拿着石斧向東西上砍,嘴在順應着身體的打擊運動,雙唇相打發出 ba—ba—的聲音。這聲音因爲共同勞動,它被同伴聽懂了。這 ba—ba—的聲音既不專指手裏的石斧,也並没有專指打擊的動作,它是囫圇個的,没有分清楚動作者、物體和動作,只是這整個的一回事。

父(古斧字)象手拿石斧的樣子,甲骨文因爲刻文的筆劃細,寫成.

發展到單句時,人已經能使用 ba 來説一般打擊動作,ba 有了説明動作的意味,在説話時它占了主要的部分,成了説出動作歷程的述語——表示動作歷程的語詞"動詞"。有時它也成了規定動作指示什麼在動或動到什麼上的物體名字,就着石斧是 baba 的東西,把石斧叫 ba,又有了"名詞"性質。——父,＊ba, 字形正是手拿石斧的樣子,是"斧"的本字。

尖頭物的打擊聲,一點相觸的聲音,是 da。

發明了弓箭——蒙昧時代的快武器,那時怎麼説呢? 從 "矢"、"至"、"射"三個詞古音都在"舌頭"(矢[＊tuai]、至 [＊diet]、射[dak])來想,那時可能不分"箭"和"射箭"乃至於"箭 射到地"都是用＊da,説這一個語音時,手也在比擬或射擊着。 ＊da便是言行並舉,意義混沌的音句。以後分清了射是動作, 箭是物體,用＊da 的語音來説射箭的動作,更用＊da 説那被射 出去的東西。也更進一步地用射箭到地的＊da 來説物體從某 一點達到另一點的終止歷程。音句變成了音字——從囫圇的 整個思想裏分析出較清晰的概念。表現在文字上,用 🏹 畫出 來＊da 一下子射出的物體,用 🏹 畫出來＊da 一聲的射箭動 作。也用 🏹 畫出來＊da 的一聲物體運動歷程投到終極。口勢 和手勢、行動相配合,可以比較分析説出勞動或由勞動所引的 物體運動。

和勞動糾結在一起的音句,隨着勞動者在他們共同勞動時 所表現在動作上和語音上的力量和情態而有輕重緩急。這輕重 緩急到了思想被生產力向前推進了一步時,從囫圇的音句走向 分析的語詞,能指出動作或歷程,也能指出那動作或那運動歷程 的主體。

換句話説,就是人類從藉以生產物質財富的生產工具的推 動,以及由於某種經驗和勞動習慣的生活,使他們的思想已經能 在一個勞動裏分別出來動作和物體。

還用石斧和射箭來作例。

在使用音句的時代，手勢和聲音混在一起，＊ba、ba 的語音既不是説斧子，也不是説動作；而是説那拿斧子砍伐東西的整個動作。是不分析的。同樣，＊da、da 的音句既不是單指着"矢"，也不單指着"射"，也更不是單指着"矢到"；而是渾淪着説那個用箭射到一個東西的動作。

到狩獵生活出現之後，把狩獵作爲採集以外的獨立業務開始分工時，在社會勞動的新條件下，刺激了原始的思考和語言的發展，它們從交織在勞動過程本身裏的混融狀態，開始分爲音字。——這時期應當屬於野蠻時期的最低階段。

音字從音句裏分出來，並不是忽然的創造，而是音句的發展。＊ba、ba 的音句是包括着石斧和砍伐，到音字時代，進一步把石斧從囫圇的音句裏分出來，把砍伐也分出來。石斧是砍伐的傢伙叫＊ba，於是＊ba 成了石斧的記號；砍伐是一個＊ba、ba 的動作，也用＊ba 來表示砍伐。砍伐是急迫用力的動作，動作的力量影響了口勢，於是砍伐的＊ba，變成了＊bat(伐)。

從射箭的音句＊da，分出來"射"、"矢"、"至"。就是用＊da 説射箭的動作，用＊da 説射的箭，也用＊da 説射到的歷程。"射箭"和"射到"兩個運動都是很急的，語音隨着口勢，射箭的＊da 説成＊dak(射)，射到的＊da 説成＊dat(至)。箭和石斧一樣，就物體來説它是静止的、從容的，説成＊da(矢)＊ba(父)。

音字的出現不是從分析音句開始，而是在説明物體的運動和關係上，是在最原始的單句上開始的。

原始單句，是"動詞句"，是敘述物體的發生、運動或歷程的句子。主要的成分是述語。以後隨着述語的要求，不止説出來

"怎麼運動"，進一步更要説"什麼在運動"，説"動作影響了什麼"。先後地出現了"動詞"和"名詞"。——這只是用現代文法作個説明，實際它的詞性並不明確，正像殷墟卜辭的"雨"[1]。

"落雨歷程"是"雨"，"落的東西——從天上下來的水點"也是"雨"。

為什麼説先後出現了動詞和名詞呢？因為從語源上看，一些名詞的命名，也就是當初對於那件東西或事情的認識，主要的是照它的"動作"。從動作上認識了它的特徵，便用表示這種特徵動作的口勢叫出它的名字。譬如："網"，在殷墟出土的卜辭上，寫作 、 ，象一面魚網形。從字形上看真是個專造名詞，若從字音上看，它是用 m 發聲的 mang。m 的聲勢是從"蒙覆"的動作來的，可見它的名字是在動作的基礎上構成的。（這種關係在下一章"語源"裏再分頭去説。）

原始音字依然是和手勢相伴的。

音字出現了，從囫圇的音句裏分出説明動作、工具和當時生產資料的名字，雖然照現代的語言來比，還是有些不夠清楚，在當時卻是一個很大的進步。就在音字成立之後，把以前在共同勞動中向同伴招呼示意的手勢和口勢，尤其是口勢，在新的語言裏，從共同勞動的分工中，發展成"代名詞"。

指身邊貼近的直接對話人是"你"（爾、汝、女）。是用 n 的口勢説成的。n 口勢有時候是用做表示挨近的意思的。

---

[1] 用現在的文法來看，甲骨文的雨有時是用做"下雨"的。如："今日其雨"、"貞：翌辛亥不雨"、"丙申：今日雨，丁酉雨"。有時只用做"下的雨"，如："其自南來雨，其自東來雨"；"戊辰卜貞：今日王田兗不遘大雨，其遘大雨。""其有大雨，丁丑亡大雨。"

指對話中的第三者，較直接對話的遠一些的人，是"他"（它）。用 t 的口勢説成的。是用舌頭撩起的姿勢，和用手遠指的手勢是相應的。

從回答別人的"應聲"裹，發現了"我"nga。答應了 nga 便着手操作，習慣把 nga 和操作聯在一起，從"nga 作"的語音和行動中認識了自己，nga 成了動作的主語，從應聲轉成了第一人稱代名詞。"我"是從共同勞動的彼此聯繫的呼應聲中形成的。没有群衆便没有"我"。

1. 用動作説明物體或動作的性狀——區別詞

生存資料生産到某種嫻熟程度，工具和生産資料也比較地多種多樣，勞動的生活要求在它們物類之間必須加以區別，才不至於"呼一馬而群馬至"。

對物體的性狀加上區別，是有抽象的思索能力以後的事，是更進了一步的語言。

首先是從東西的動作，運動上，指出它的特點，説出它是一個有什麼樣動態的東西。説它是怎樣動的東西。進一步，用動作説動作，説出它是有什麼樣動態的動作。

例如：

老　　古初的"老"是"佝僂"或"僂佝"——就是我們所説的 luoguo 的原始。甲骨文寫作 🦶，還像僂佝的樣子。"僂佝着"、"僂佝"是動態。

老人　經常僂佝着，衰老使他直不起腰的人。用僂佝的動作作爲他區別於衆人的特徵，後來把老字定形了，字音和語音分化了，僂佝的動態還加在因病而不能直腰的人上，説"僂佝子"luo-guoz。也還加在東西上，像"僂佝橋"luoguokiao。

**慢**　是“惰”。遲慢的慢,《説文解字》寫作(趨),説是“行遲也,從走、曼聲。”“惰”和“遲”都是動作。

**慢來**　是用慢的動作來説明來的動作。怎麽樣來?遲遲地來,懶洋洋地來。於是“慢”變成了把“來”的動作區别於一般“來”法的語詞。

其次是用别一個物體來比擬它的性狀。

再進一步是從工作中用名物類比的方法説出某一件東西的特色,使它從同類東西裏分析出來。

**工**　原是工具的意思,工象勾股形的矩尺,金文(矩)正象用手拿着工。把工的意義擴大了,將一切勞動者都叫工,或者總起來説“百工”。

百工的分業不同,怎麽區分,才能不混?於是把他們各業所用的不同材料加在“工”前,説:木工、瓦工、鐵工。

把勞動者的性别年齡加上,説:男工、女工、童工;木、瓦、男、女都由名詞轉成了區别詞——以後這類加上區别詞的名詞和它的區别詞又合成一個名詞。

猿臂——像猿一樣的臂,用一個實體比擬了另一個實體。

林立——像樹林似的立着,用一個實體比擬另一個動作。

西來——從西方來,用一個方向限定那個動作的來路(有時也用作“往西方來”)。

把動態或名物用作區别動態或名物的語詞來用,産生了區别詞。後來有人又從中把它分成兩類:區别動態的是“副詞”,區别名物的是“形容詞”。

2. 連續動作的發展——從介詞到從屬連詞

一連串連續動作表現在一個句子裏，這是有主要和次要的不同（比方：“你上圖書館看書。”這一句話裏，就有兩個動作在連續着，一個是“上”，一個是“看”。這兩個動作，從全句來看，“看”是主要的，“上”是次要的），則這不同的動作所帶來的事物，雖然還都是在實位，卻有了兩種不同的身份：次要的對主要的起了修飾作用（“上圖書館”修飾了“看”）。於是次要動詞和它的賓詞就成了“動作修飾語”。

動作修飾語裏的述語，也就是那個全句的次要動作，它好像一個“介紹人”，把它所帶來的賓語介紹給主要動作，使它們發生關係。就這種工作性質，我們不叫它做次要動詞，而叫它做“介紹詞”或是“介詞”。同時，跟在次要述語之後的賓語也不叫它賓詞，卻給它別起新名叫作“副語”。

介詞可以介紹一個語詞

“我們從礦山回來。”

也可以介紹一個短語

“張同志爲建校獻出不少儀器。”

也可以介紹一個句子

“他因爲天氣不好，沒有出門。”

若是把介詞所介紹的句子提到主語的前面去，像：“因爲天氣不好，他沒有出門。”把介詞所介紹來的句子分出來作成單句，而這個單句在意思上還是從屬於那主要動詞所在的句子，成了由兩個單句合成的“複句”。這樣有主從關係的複句，叫“主從複句"。那個爲主的句子是"主句",也叫"正句";那個跟從的句子叫"從句",也叫"副句"。一切副句,實在就是單句的"附詞附加語"的擴張。

句子發展到這樣,介詞和它所帶的副語共同脫離了那主要動詞所在的單句,介詞所帶的副語壯大起來,也變成了單句。介詞的介紹任務也因爲形勢發展一轉而爲連接主從兩句的系帶。這樣的介詞便轉成了"從屬連詞"。例如:

同是一個"對於",在"我們'對於'新中國的前途,抱着無限希望"。這句話裏,"對於"便是"介詞"。在"'對於'中國抗戰,蘇聯曾給我們好多幫助"。這個"對於",在句子裏把"中國抗戰"的副句,連接在正句上,使它們主從關係很緊密地顯露出來。便成了主從複句。

3. 並列動作的接合——並列連詞

一切物質都在運動着,同時,這種表現在各個場合的運動又是緊密地互相聯繫着的。一個主體的許多動作,在表面上有時候是好像很沒有規律的;但是,經過細密考察以後,那些動作卻又是聯繫得一點也分不開的。

許多表示不同動作歷程的單句,它們在某一意思之下,起了很緊密的配合作用。這種配合:

有時是並列的

"哥哥在那兒唱歌,弟弟在那兒拍球。"

有時是選擇的

"不是他錯了,就是我錯了。"

有時是承接的

"在評功會上大家評了他是首功，他就被選爲英雄。"

有時是轉折的

"牙齒時常咬痛舌頭，但是他們終究是好朋友。"

有時，只把相關的單句排在一起就行了，有時中間非拴上"帶子"不可。這些"帶子"有時是短小的一個詞，像"也"。（我來了，你也來了。）有時是一個小句，像"換一句話說"。（人是社會動物；換一句話說，人類是在生產的關係上互相聯繫着的。）有時也是一套"架式"，像"到底……還是……?"（到底是我唱，還是他唱?）作爲連結並列單句的各種配合關係的繩索的語詞，我們把它叫作"並列連詞"。由"並列連詞"所聯綴的複句叫"並列複句"。

並列複句裏的並列連詞和主從複合裏的從屬連詞不同。從屬連詞都是從動詞變成介詞，再變成連詞的；並列連詞則是直接由動詞，或者由別種詞類直接轉變成的。

4. 勞動呼叫和節奏的發展——情態詞

從音句起一直到現在，句子除表示思想之外，同時也在流露着情緒。自從單句出現之後，音字依着勞動的程式和關係，心中觀念在思想上的安排，把純粹表示情態的聲音也從音句裏提煉出來，有時叫着驚、喜的情緒，也有時襯托勞動的節奏。

表情的呼叫雖然很古（類人猿就有 23 種不同的叫聲），但是那並不成爲語言。語言是從勞動開始，並不是動物呼叫的進化。人類的語言是從音句開始，也並不是從詞類開始，我們不能把情態詞中所謂"嘆詞"部分作爲最初的語言和詞類。

——有把情態詞襯托句情的叫"助詞"，可以獨用的，叫作"嘆詞"的。

（四）單句的成分

一個單句有以下幾種成分：

1. 主要的成分——述語和主語

述語　是説出動作、運動或歷程的部分。從這裏可以聽到個"怎麼樣"的行爲或變化。

主語　是説出"誰"在動，"什麼"在動。從這部分指出來述語的主人。

用詞類來説，作述語的詞類是動詞，作主語的詞類常是名詞、代名詞、名詞語或句。如：

劉白羽作。

這句話，説的是什麼動作？説的是"作"。誰作？"劉白羽"作。"作"是述語，"劉白羽"是主語。

2. 連帶的成分——賓語

賓語　是受述語的影響的實體詞，有時是東西，也有時是事情。

作賓語的詞類是名詞、代名詞或名詞性的語句。還用前例：

劉白羽作小説。

"作"。誰作？"劉白羽"。劉白羽作什麼？作"小説"，"小説"是受了"作"的影響的東西。

3. 附加的成分

附加的成分不是句子的骨幹，没有附加什麼並不妨礙句子的成立。但是有了附加就可以使句子更加清楚。附加的成分是對於句子主要成分或連帶成分的描寫刻畫。是一種修辭方法的初步。作爲附加成分的詞類是區別詞。一般把區別主語或賓詞的叫形容詞，把區別述語的叫副詞。附加的成分也同樣可以用詞、短語或句來做。

還用前例："小説家劉白羽新作一篇小説。"

"劉白羽作小説。"這句話雖然把誰作什麼説清了，但是，還是有些模糊，因爲並沒有進一步去説什麼樣的劉白羽，怎麼去作和作出來的東西是什麼樣的。

"小説家"是區別"劉白羽"的，"新"是區別述語"作"的，"一篇"是區別他所作的東西——"小説"的。

附加的成分附加到如何程度，是隨説話人彼時在全篇講話裏的需要。就全篇的思想來決定那個句子的附加程度。

用短語附加的："我們的新小説家劉白羽在最近作了一篇十幾萬字的小説。"

單句的複成分

單句的主要成分和連帶成分，這基本部分有時不止是一個實體，按照實際情況也可以是"複"的。

複主語：

主席、副主席及各部部長、政府委員參觀新農具展覽會。

述語是"參觀"。參觀什麼？參觀"新農具展覽會"，新農具展覽會是賓語——被參觀的東西。誰參觀？主席以下以至政府委員這些人都是。他們都是主語。

複賓語：

農村要搞好生產、供銷和農村人民民主專政。

要搞好什麼？要搞好"生產、供銷和農村人民民主專政"這些事情。這些事情都是賓語。

複述語：

農村要搞好生產，搞好供銷，搞好農村人民民主專政。

"搞好"是述語。這一連串的"搞好"便是複述語。

複述語的單句不論它的述語有多少，只有一個主語。若不是從一個主語發出行動，便不是單句而是複句了。

他摘下帽子，戴上眼鏡，拿起報紙來，就一聲不響地看下去。

"摘"、"戴"、"拿"、"看"，這些動作都是從"他"發出來的，它們共同屬於一個主語，是一個單句的複成分。若是動作的發生不從一人，"他摘帽子，你戴眼鏡，我拿報紙，咱們都一聲不響地看下去"。則是由許多小句子連成的複句了。

4. 包孕句

單句的幾種成分，除主要成分的述語部分外，有時可以用一個句子，從內容說，是一件事情來做。這個被使用的句子，就全句來看，我們把它只當作一個"語詞"。用句子作爲一個句子的成分；這樣的句子——句子裏包句子的句子，叫"包孕句"。

例："日本帝國主義者研究用瘟疫殺人的科學的血淋淋的暴行已經完全暴露在世人面前。"這個句子的述語是"暴露"。什麼被"暴露"了？"暴行"被暴露了。主語是"暴行"，述語是"暴露"。這句話的主要成分是"暴行暴露"。什麼樣的"暴行"被"暴露"了？"日本帝國主義者研究用瘟疫殺人的科學的血淋淋的暴行"被"暴露"了。"日本帝國主義者研究用瘟疫殺人的科學"這一件事情，是用一個句子說出來的。它本身已經具有主語（日本帝國主義者）、述語（研究）和賓語（科學）。

這是用一個句子作爲區別詞來使用的，這一個句子被一個介詞（介紹實體詞給實體詞的）“的”字介紹到主語“暴行”之下，作成了所謂“形容性的附加語”了。因此，它便失去了句子的獨立性，變成全句中的一部分：附加成分。它被包容在全句裏，但它有它自己完整的形體，和其他短語不同。這樣大句包小句，融成一體的句子，正像母親孕着孩子，所以叫作“包孕句”，全句是“母句”，被包孕的句子是“子句”。如：

> 他們風捲殘雲似地早吃去了一半。

這句話主要的述語是“吃”。誰吃？“他們”吃。“他們”怎麼樣吃？“風捲殘雲似地”吃。“風捲殘雲”是一個句子，述語是“捲”，誰捲？“風”捲。風捲什麼？捲“殘雲”。

用“風捲殘雲”這個句子做爲主要成分的述語“吃”的“副詞性的附加成分”，它被包孕在大句裏，變作了“子句”。

在這兩個例子裏，都是把一個句子當作“區別詞”來使用的。但也有時把一個句子當作“實體詞”，作爲“主語”或“賓語”來使用的。如：

> 他接受批評是一件好事。

述語是“是”。“是”什麼？是“一件好事”，“事”是賓語，什麼是一件好事？“他接受批評”。“他接受批評”是一個句子，有主語（他），述語（接受），也有賓語（批評）。在全句裏，“他”做了主語。被包孕在全句之中，變成一個主要成分。如：

> 報務員説兵團叫我們。

這句話主要述語是"説"。主語是"報務員"。"報務員""説"什麼？他"説"的是"兵團叫我們"這一句話。

"兵團叫我們"，有主語（兵團），有述語（叫），也有賓語（我們），是一個句子。

——這是用一個句子作爲賓語的包孕句。

綜合以上四個例子，可以看出包孕句有三種：

一種是"名詞句"，當作名詞使用的"子句"。它可以作爲全句的"主語"或"賓語"。

一種是"形容句"，當作形容詞使用的"子句"。

一種是"副詞句"，當作副詞來使用的"子句"。

後兩種本應歸成一類，爲了便於説明下邊的"主從複句"，照舊使用"副詞句"這個名字。

包孕句裏的"子句"它本身雖具備了句子的成分。但是就着它所在的全句的構造來看，它只是其中的一個成分，是和"母句"合體的。沒有什麼"統率"和"跟隨"的主從關係。若是有了那種關係，就不是包孕句，而是異體相連的"主從複句"了。主從複句，是"複句"，是兩個以上的"單句"的聯合。

（五）複句

1. 主從複句

主從複句也可以説是一種有條件的複句。實際是一部分"副詞性句子"的擴展。

用一個句子對述語加以描寫或注明時，若是那個句子是刻畫述語的性態、程度或功效等關係，則是和全句合體的，只等於全句的一個成分。所以被看作句中的"副詞"而包括在全句之中。

若是那個有副詞性質的句子對於述語有條件關係,表示在什麼時候、什麼原因等等條件,則是和述語所在的句子分出彼此,是異體相關,而不是一體相合了。這樣,作爲條件的副詞性的句子便不再是被包孕的、做主句中成分的"子句",而是和它所要區別、限定的句子發生了依附從屬的關係。

這種有依附、從屬關係的作爲主要述語的條件句子,從關係上說是從屬於主要述語所在的句子,叫"從句",而主要述語所在的句子,叫"主句",兩下裏合在一起叫"主從複句",它倆是相依爲命的,單抽一部分使用便失掉了意義。

主句也叫"正句",從句也叫"副句"。

它們主從關係之間,常是用一條叫着"從屬連詞"的帶子給聯繫着。

從屬連詞有很多,簡單說來,有以下五種:

一種是表示時間的,一種是表示因果的,一種是表示假設的,一種是表示條件的,一種是表示讓步的。

(1) 時間

① 表示同時的

在從句裏常用:當(正當);恰好;等到(只等,一到,直等)……在主句裏常帶下列的副詞或連詞和它相應:就,便,自然,才。如:

等到完成我們的經濟建設任務,全國人民的生活自然提高。

② 表示前時的

在從句裏常用:以前;之前(用在從句後);當……以前。在主句裏常帶這樣的相應的副詞:已經;早已(表過去的);還是

（表不變的）

他沒有說話之前，已經和大家一一見面了。

③ 表示後時的

在從句裏常用：以後，之後（用在從句後）；自從（自），不多幾時，不大一會兒（連語）。在主句裏也常帶這樣的副詞或連詞和它相應：就，便，自然，才。如：

自從他得了同志們給他的幫助之後，工作就一天比一天積極起來。

（2）因果

① 表示原因的——用在從句的從屬連詞

a. 表原因的

因爲（因，爲）；由於；原來

b. 表目的的

爲……起見（爲……故，爲……之故）；爲的是；以便

主句若在從句後常用"就"……等和它相應。如：

因爲他會捏泥人，就起了泥人張這個名字。

② 表示結果的——用在主句的從屬連詞

所以，因此（因，因而，爲此）；故（故此，是以）；致使，以致（致，致令）

如：

山上的雨水都沖下來了，所以河水漲高了許多。

主從各有連詞相應的：

因爲……所以……

因爲 1950 年生産計劃能否完成,關係來年更進一步的恢復和建設工作,所以老解放區應以生産爲壓倒一切的中心任務,而新解放區一切工作也都不應該妨礙生産。

使用"連詞語"的

你簡直沒聽我的話,怎麼知道呢? 因爲你所答非所問。

不用連詞的

我們開會吧,時間已經到了。

(3) 假設

表示假設的在從句裹常用若是(若,若使),假如(假若,假使,比如);倘若(倘),設或(設,設使);要是(要);如果(果,果使)。

在主句裹可用就(便,即,則),那麼,一定,必定,不免,未免等承接連詞或表必然的助動詞和它相應,如:

假如給他通知,他一定會來。

(4) 条件

① 表示積極條件的

a. 重在提條件的

只要(但須),只消(只索),以……爲限

b. 重在表方法的

一經,(經)……

在主句裹也用這些字和它相應: 就,一定……

只要天氣好,他一定來。

② 表示消極條件的

除開,除非,除非是,非,除……外

　如:

除英國和國民黨反動派斷絕關係外,我們是不能和他建立外交關係的。

③ 表示無條件的

　無論,不論,不問,不管,任憑,憑

　如:

無論你怎樣忙,我們總希望你給提些意見。

(5) 讓步

表示讓步的

① 表示事實上的承認、容許的。

雖然,雖,固然,儘管,憑,任憑

② 表示心理上的推宕的

縱然,縱令,就使,就是(藉使),哪怕(不怕)

　主句裏常用然而,可是,只是,依然,還是,仍舊,也等轉折連詞或表示不變的副詞和它相應,如:

他固然沒有什麼特長,可是人很誠實。

2. 並列複句

並列複句和單句複述語

　一個句子若是有並列的述語,則它這些述語——不管是"語"或"句",常是用一條帶子拴着的;這帶子是"並列連詞"。

　並列連詞所連的若是些具備主要成分的句子,則它所在的句子是由兩個以上的單句所組成的"並列複句",而組成這並列複句的各單句,是"分句"。

假如並列連詞所連接不是單句,而是些在同一主語之下的述語,或者是述語和它的連帶成分或附加成分的"語",而不是"句",依着我們在前面所説的去看,那僅是有複述語的單句,而不是擁有"分句"的"並列複句"。

在原則上我們雖是如此地説,但是在實際作品上,就是一個使用共同主語的複述語的單句,往往拖得很長,甚至於長到一個段,在理論上儘管承認它是單句,在誦讀或研究時,爲了便於理解,無妨把它當作複句看。

單句複述語和並列複句都是使用並列連詞的,無妨把並列複句,看作單句複述語的擴張。

在下邊,我們按照語句的並列關係,就各種並列連詞,各舉幾個例子:

(1) 並列的

① 等價的

等價的並列連詞——常單用在後一句(或詞或語)的起首。

a. 只連實體詞的

和(合,同,與,並),以及(及,暨),跟

越南解放軍繳獲機槍三十八挺、步槍二百支、迫擊炮十三門及彈藥和軍事裝備二百噸。

b. 連接實體詞外的一切詞和語句的

並,並且,而且,也,又,再説

越南解放軍最近在河內西南和平地區的攻勢中,摧毀法軍十八個

據點,打死法軍四百二十名,打傷法軍一百五十八名,俘獲法軍二百一十八名,並繳獲機槍三十八挺、步槍二百支、迫擊炮十三門及彈藥和軍事裝備二百噸。

他的思想進步了,我的業務也提高了。

② 進層的

不但……而且……;不但……就是……;既然……又……;固然……更……

他不但是一個思想家,而且是一個藝術家。
這個意見,不但我個人説好,就是別的同志也都同意。

尚且……何況……;已經……況且……;還……何況……;況且……更……

我天天跟着學習,尚且不大熟習,何況新近又耽誤了這些日子。
同志們虛心學習尚且有所不知,何況你連一本書也不讀呢!

(2)選擇的

① 兩商的

或者……或者……;還是……還是……;到底……還是……

這把鑰匙或者是我臨來時忘在家裏了,或者是在電車上買票時把它掏丟了?
到底是他的意見對,還是我的意見對!

② 相消的

不是……就是……;不……就……;不然

不是革命,就是反革命,第三條道路是沒有的。
這個人大概有了什麼事,不然他一定會來的。

③ 選定的

與其……不如……;與其……還是……;與其……寧可……

與其説大話,不如做小事。

與其你把它放在家裏閑着,不如我們拿來使用。

(3) 承接的

① 順序的

就,從此,於是,於是乎,才,這才,然後,只好,只得,那麼

他拿起炸藥就往上跑。

同志們選了我,那麼我從現在起就按着大家的意思去辦。

② 類及的

説到,講到,此外,至於

理論,老周何嘗不好,説到實踐,卻還不如老魏。

老周的理論何嘗不好,説到實踐,他卻還不如老魏。

③ 推證的

仔細講起來,換一句話説,簡單一句話,總而言之,總之,像,比方,比如,譬如,例如,怎麼講呢,可見

大家能如此做,可見都進步了。

大家都如此説,可見這個結論是正確的。

(4) 轉折的

① 輕折的

只是,不過

他早知道了,不過那邊會還沒完,晚來一會兒。

他早就會,不過你不知道。

② 重轉的

然而,但是(但),可是,卻,卻是,惟有,惟獨,倒是

多少人幫助他,可是都失敗了。
多少人幫助他,可是他依舊不改。

③ 意外的

想不到,没想到,不想,不料,没料想;哪想到,哪想,哪知道,哪知;誰想到,誰想;偏偏,偏生,偏巧,偏;反,反倒;無奈,怎奈

葉公好龍,真龍來了,反倒嚇跑了!
葉公好龍,真龍來了,他反倒嚇跑了!

(5) 比擬的

① 平比的

像,好像,像……似的,像似,似,像……一般,像……一樣,和……一般,仿佛,好比,如同,不下於,不減於,不次於,相當於,等於

看了這個劇,好像上了一堂大課。
看了這個劇,好像先生給我們上了一堂大課似的。

② 差比的

過於,賽過,強如,不如

翻多少書,不如聽你這一段話。
翻多少書,不如你講給我一段話。


**習題:**

1. a、i、u 三個元音在發音時下巴、舌頭和嘴唇都是什麼樣?

2. y 和 i、u 有什麼樣的關係？

3. 元音舌位的三角形運動和音變有什麼關係？ 舉例說説。

4. y 和 i、u、iu 的音變道理在哪裏？ 也舉幾個例。

5. i、u 和 j、w 的分別在哪裏？

6. 哪幾個輔音是送氣的，哪幾個是不送氣的？

7. 由於輔音的送氣和不送氣發生的音變，你舉幾個例？

8. 作勢相同、相似或相近的輔音都是什麼？

9. 舉例説明由於輔音作勢相同相似或相近而發生的音變？

10. 元音和輔音的區別在哪裏？

11. l 是元音是輔音？

12. "小字眼兒"和 r 有什麼關係？ 肅清小字眼兒好不好？ 舉例來說明。

13. 什麼是"聲隨"？ 它和陰、陽、入三聲有什麼關係？

14. 陰、陽、入三聲和所謂"四聲"有什麼關係？

15. 北音四聲和舊日四聲有什麼不同？ 請舉例並畫綫來說明。

16. 四聲和語詞的意義有沒有關係？ 舉例說明。

17. 四聲是不是一成不變的？ 舉例。

18. 重音和語意有沒有關係？ 舉例説明。

19. 東北語音有什麼特色？

20. 音變有幾種情形？

21. 用舊事物的語詞構成的新語詞，你舉出幾個來。

22. 舉幾個例説明已經是被改進了的語詞。

23. 舉幾個例説明已經被廢棄和現在該廢棄的語詞。

24. 舉幾個擴大了意義的語詞。

25. 舉幾個移動了意義的語詞。

26. 舉幾個縮小了意義的語詞。

27. 舉幾個例說明同一事物在不同的地方而有不同的名字。

28. 在寫作上方言是不是可以無限制的使用?

29. 在朗讀時方音是不是應該使用?

30. 舉幾種複合而成的語詞。

31. 舉幾種帶重疊音的複音詞。

32. 舉幾種多音詞。

33. 就數量語詞的組合形式各舉數例。

34. 舉幾個用明比法構成的語詞。

35. 舉幾個用暗比法構成的語詞。

36. 舉幾個用拆字法構成的語詞。

37. 我們的語詞是不是都一詞一音?


**另外,請各位同學在假期裏調查和研究以下三事:**

1. 方言和方音的調查研究(以語詞爲單位)。

工作側重在這幾點:

(1) 同字不同音的。

① 只是元音或輔音的不同——音變關係。

② 只是四聲不同(用第×聲表示聲調)。

(2) 不同音的(當然也不同字)。

① 音和字全不相同的。

② 音和字只有一部分不相同的。

(3) 其他。

(4) 記音符號用北京音拉丁字。

| 事情和物體 | 語　詞 | | 例　　　句 | 地域 | 種類* |
|---|---|---|---|---|---|
| | 記音 | 文字 | | | |
| | | | | | |
| | | | | | |
| | | | | | |
| | | | | | |
| | | | | | |
| | | | | | |

\* 種類記"音變"、"四聲不同"、"音字全異"、"部分不同"等。

2. 工、農、兵語彙的調查研究（也以語詞爲單位）。

留心這幾點：

（1）活用舊語詞的——擴大的、縮小的或移動的。

（2）新語詞——自造的或外來的。

（3）其他。

（4）記音用北音拉丁字。

| 語　詞 | | | 例　　　句 | 使用地域 | 種類* | 備註 |
|---|---|---|---|---|---|---|
| 記音 | 文字 | 意義 | | | | |
| | | | | | | |
| | | | | | | |
| | | | | | | |

續　表

| 語　詞 | | | 例　　句 | 使用地域 | 種類* | 備註 |
|---|---|---|---|---|---|---|
| 記音 | 文字 | 意義 | | | | |
| | | | | | | |
| | | | | | | |
| | | | | | | |

\* 種類指：擴大、縮小、移動、自造或外來等。

### 3. 特別的語法

照樣記下原句，加上說明。也要記出"地域"，原句除文字外應用拉丁字記下音來。

# 第三章　勞動創造了語言

## 第一節　勞動身態的語言發展

我們的動物祖先,當他們從樹上移居到地上,學會了用後邊兩條腿行走,解放了兩手之後,會製造人工的常用的工具的時候,才發生了語言。語言和思維是不得分離的,只有從這時起,才不僅出現了人類社會和勞動,而且也用理智、完全的人類思想豐富了意識。

人,在手還不能操起自然物把它有意地製成人工的工具時,那還是動物,正像馬爾所説:"沒有思想和語言的時代,沒有人類。"那時候他們本能地反應着當前刺激,他們還沒有思想,這一點是和人類不同的。但是,他們在和自然界作鬥爭時,因爲身體機構各部分的有機的一體相連,不僅是單單地使用兩手,就是那全身一切可動的部分也都同時依着關係的遠、近、大、小表現出一致地協力,這一點是和人類相同的。

發展到開始故意製造人工的工具時,也才開始了人類的勞動。人類在勞動時,除掉有了思想之外,也還是全身一切可動的部分同時一致地協力支援着手去使用工具,呈現出使用工具的某種勞動姿態。這種實現使用工具的身體姿態,便是實現那個

第三章　勞動創造了語言 / 125

勞動的必不可少的生理方面的條件。勞動的身體姿態，在原始群團中，被看到共同勞動的勞動參加者的眼睛裏，便起了"自己說明"的作用——行動就告訴了他們：這是正在幹什麼。這種從勞動說明了勞動的行爲，雖不是人們自己有意創造出來的人爲的交通心意的方法，但是它表現出勞動時的身體形狀和自己說明的作用，卻打下了人類語言發生和發展的基礎。

"沒有思考與沒有社會，就不能有語言"。我們人類還在類人猿祖先時代就已經群居，到能開始製造人工的工具時，更有了思考。有了社會，有了思考，那麼他們也必然地有了語言。

原始群團的共同勞動，隨着使用生產工具而出現的勞動身態，就在那共同生產的需要下，由重複或模仿，變成了有意識的人爲的説明思想的方法。運用工具，連動帶叫，向同伴表示出他所要求的動作的具體形象。這種原形複演的行爲，它本身雖是擴散紛雜的運動，但是已經起了説明思想的作用，是一種廣義的語言行爲——運動言語。我們的祖先在開始製造工具的時代，就這樣地建築了人類交通思想的第一座橋樑。

手和腦，勞動，勞動，在不斷的勞動中，得到了鍛煉和改進，"手並不是一種孤立的東西"——恩格斯説——"它僅僅是整個複雜機體底四肢底一部分。凡有利於手的，也會有利於整個身體"。因而人們的感覺器官銳敏了些，口舌的運動也比較靈便了些，肢體運動也準確了些；這樣，使勞動經驗的積蓄在不停地加多和革新，同時和這生産力相適應的思考力也隨着提高。"腦子和爲它服務的感官底發展底反作用，和越來越清楚的意識，抽象力和判斷力的反作用，兩者——恩格斯説——在勞動和語言的發達上，給了一個新的推動力"。人們能從勞動中提煉出勞動動作的特徵,把起初原形複演的運動語言發展到特點描寫的手勢語,從此語言行爲不再是膠着在勞動動作裏,而是有了獨立的,符號的,更清楚一些的語言作用。

全身機構是一體相關的,無論哪一部分都不可能做出孤立的行動。勞動時,不僅是手在運動,就是口、舌、聲帶和肺也都和它一致協力地在努力支持着。口、舌、聲帶和肺在努力支持那個勞動時,因爲它自己本身生理的限定發出了不同的姿勢和力量,肺吹響了聲帶,口舌變化了聲帶的顫聲,於是勞動時隨着動作的作勢和用力,常有呼叫的聲音被派生出來。這種勞動呼聲在運動語言時雖然不常被人注意,但是它已經和以前猿還沒有轉化爲人的時代的呼叫不同了,因爲它被派生它的共同勞動賦給了和動物完全不同的人類的意義。到手勢語的時代,人們已經有了抽象的力量,能從擴散紛雜的動作中抽繹出來各種勞動的特徵。這時隨着身體姿態一同示意的口舌姿勢和它的聲音,從共同勞動的手勢語裏被注意,而且被認識出來。從此口講手擬在動作之外,口勢的聲音也有了說明思想的作用。在運動語言時隨着擬勢的身態所發生出來的聲音,表示一個勞動,就是一個句子──是一個音句。音句雖然是從完全的句子開始,但是它還沒有獨立的能力,是和複演的身態的動作溶合在一起的──原始混成語。音句發展到野蠻時期的最低階段末,開始分爲音字,口勢和手勢相結,完整的思想分成概念。

人類在開始製造工具時才發生了語言。

語言是從人類原始群團共同勞動的身體姿態發展來的。勞動身態是全身並作的。從勞動身態的自己說明,發展到人爲的運動言語；從運動言語的肢體運動發展成手勢語，同時從手勢語的口舌擬勢把音句發展成和手勢相結的音字。

## 第二節　手勢和手勢語

### 一、手勢語和形語

手勢語，我國早先有人叫它"形語"。蘇軾在元豐五年（公元1082 年）作《怪石供》，在那篇文章裏，他説："海外有形語之國，口不能言，而相喻以形。其以形語也，捷於口。"接着他又説："使吾爲之，不已難乎？"

海外有"形語"之國是事實，我們研究手勢語就靠着他們的材料，我們使用手勢語是有困難，這也是事實，但不等於我們根本沒有手勢語。

### 二、我們現在還使用着的手勢語

我們現在還保存着一些手勢語，像：

當我們要説"是"的時候，並不是總用"是"，時常用點頭來表示；所謂"首肯"正是點頭認可的姿勢。

指揮眼前某人去做什麼事的時候，有時既不用嘴説，也不用手指，而是用嘴巴向前一拱。這用嘴巴來表示意思的姿勢，漢朝人叫作"頤指"。

當我們問好時，我們有時鞠躬。

我們讚揚什麼是最好的時候，常是握着拳頭翹起大拇指。

我們搖頭，

　　我們聳肩，

　　我們把雙手張開，

　　我們豎起眉毛，我們瞪眼，

　　我們用手指威脅人，

　　我們拍桌子，

　　我們跺腳，

　　我們揮手，

　　我們抓住腦袋，

　　我們拿手緊抓胸口，

　　我們張開懷抱，

　　我們伸出手去，

　　我們送出告別的空吻。

## 三、從文字裏所看到的中國古代手勢

　　我國的奴隸社會到現在已經有三千多年，在它以前的原始共產社會離現在更是遙遠了。我們先代的手勢語是不可能直接地看着了，只有從古文字裏還能髣髴看到一二。像：𠆥、𡘙、𣂤這三個字形都是張口四望驚疑不定的姿勢。古金文裏的𥎊字、秦詔版的𥏍字、《説文解字》的𥏶字、現行楷書的"疑"字旁邊的𥏤、𥏩、𥏪和𥏫，都是由𥏤變來的，可以從它想像古代人表示"疑"的姿勢和現在還差不太多。

　　孩子們説什麽東西"大"的時候，常是把兩臂舉起向左右橫張，正像簡單的體操圖解所畫的動作姿勢"𡗗"。它正和殷墟卜辭和殷周金文裏的𡗗、𡗉、𡗞、𡗶、𡗅、𡗆字相似。

　　説什麽東西"小"的時候，常是把拇指、食指和中指三個指頭尖端捏在一起，表示那"一點點兒"的程度。從對面看去，三個指正捏成所謂"品字式"的三點。這三點和卜辭、金文的 八、小、小、小、小 是一樣的。——我們可以推想古代表示大小的手勢和現代也還差不許多。

"若"是梳頭的姿勢：

。

"夭"是歪頭的姿勢：

。

"友"是幫一把"相助"的手勢：

。

"𦥑"——拱——是"合抱"的手勢：

。

"𢸅"——攀——是"攀援"的手勢。

《說文解字》："𢸅，引也。"或從手、從樊，作"攀"。現在寫作"攀"。是兩手舉起，兩掌向外的攀援手勢。

"臼"——掬——是"一小捧"的手勢。

《說文解字》"臼，叉手也"。臼就是"不盈一匊"的"匊"，後來寫成"掬"的古字，是用兩手捧東西的手勢。

"非"——排——是"分開"的手勢。

我們使用手勢語的時代早已過去，現在從日常生活裏雖然還可以看到幾點殘存的手勢，但是作爲理解手勢語的材料卻是不夠。這裏權且徵引一些別的民族的手勢和手勢語作爲我們推想的參考。

經複演身態發展來的手勢最初是和音句糾合在一起的，它還是手、口同時並用的原始混成語的一個部分——擬勢部分。在共同勞動裏,它給勞動呼聲以行動上的説明,聲音給它以引人注意的號召。以後到手勢時,它可以表示勞動以外的概念,它發展到可以閉口無聲,專用手勢説明思想的純手勢的手勢語,它成爲原始社會的很好的通信工具。在視力所及而聲音難到的較遠的距離上,手勢語是常被使用的。

羅斯博士(Dr. W. E. Roth)在澳大利亞昆士蘭特島打獵的時候,他發現了兩個和他一起打獵的土人,在一個不很遠的距離上,用手勢作關於獵獲物的通信。知道他們是用手指的動作指示各種動物。

再像迭利族的寡婦,在服喪的時候,臉上塗抹了一層白色黏土,不到它剝落時不許説話。這時間大約有一個月,完全靠着手勢來傳達她的意思。

可見"不用舌頭的語言"是有它一定的作用的。

手勢語在原始社會各個群團裏,隨着他們的生活成長起來。因爲人類的生理機構相同,原始勞動工具的相同或相似,從勞動裏創造出來的手勢語,就自然地有它相同或相通的性質。而各群團又有它的生活習慣,手勢語又有它不相通的性質。

以前,有一個夏威夷土人,被領到美國聾啞學校裏,他立刻用手勢語,和聾啞的小孩子們談起話來,説他所來的地方和他這一次的旅行。

又有一個很奇怪的部落,派遣了一個使者到華盛頓,没有一個人能夠替他作翻譯,後來請了幾個聾啞學校的學生去擔任,他們見面,就用手勢開起談判來。

——語言不同的人竟用手勢語談起話來,可見手勢語是有其相通性的。

但是手勢語因爲各民族的生活習慣的差異,有的手勢是可以一看就懂,有的也並不好懂。用實例來說,像:

表示"答應"、"承認"的手勢——

匹塔匹塔族是把手指第一關節輕曲從胳臂那兒垂直地彎一下。

阿爾豆林克族是伸出一隻手,手掌向上,像畫圓似地繞兩三回。

枯立瓦爾族是把頭點兩次。

表示"喝水"的手勢——

匹塔匹塔族是作出把手裏一杯水喝乾的樣子。

枯立瓦爾族是頭向後仰,手向嘴舉。

烏倫傑里族是用手向嘴拿水的樣子。

迭利族是把右手的拇指和食指合成杓子的樣子向嘴送去。

蕉基、吉爾連峰的土人是把手指輕輕閉合,大拇指稍稍彎一點,把這手很急地,向尺骨這邊動兩三回。

——從這兩例所舉出來的手勢裏,可以看出它們之間相同、相通和相異的情形。


手勢語的手勢有四種:

指示事物的叫指示手勢。在空中描畫事物的形狀或模仿事象的行動的叫表現的手勢或描寫的手勢。把抽象的意識內容用動作表示出來的叫象徵的手勢。帶着感情的傾向把表現強化了的叫強調手勢。

用拇指指自己表示"我",這是指示的手勢。

把手向嘴拿，做出喝的樣子，表示"水"、"酒"、"渴"或者"把水給我"等意思的，是表現的手勢。

把手全部閉上，然後張開，表示質問的意思，是象徵的手勢。

把臉面緊張得像打架時候的樣子，是強調的手勢。

這些手勢和聲音語言常是相伴而作互相輔助的。

手勢語的手勢常有習慣化的傾向。自然的擬勢起初是很明顯的，但其後常被習慣化而至於失去原意。例如：

印第安人用右手握拳舉到額際伸拇指橫於額前，是在表示"白人"。因爲白人戴帽，帽子遮着額。

平原印第安人表示狗的手勢，是用二指沿着地面橫畫。這也是習慣化而失去了原意的。其實以前狗是用以拖物的，在背後拖兩根木棍，上面載東西，所以用兩個指頭來表示它。

手勢語又有它的語法。概念的排列同我們的聲音語言不同。例如：

"黑馬"，在手勢語是"馬黑"。

"我餓了，給我麵包。"在手勢語是："餓，我，麵包，給。"

最重要的事物常放在前頭，不關緊要的便刪去，像：

"我的父親給我一個蘋果。"手勢語則是："蘋果，父親，我。"

主語在述語之後，賓語在動詞之前，形容語在被形容語之後。像：

"我打結。"手勢語是："打結，我。"

　疑問句是先作肯定語,然後用疑問的態度表示它。問"誰"和"什麼"時,常用很多事物襯托出來。像:

　問:"你有什麼事?"手勢語則是:"你哭,你被打? 你被射中?"

　連續句用遞換或對比的方法表示出來。像:

"我假如懶惰頑皮,必被責罰。"在手勢語則是:"懶惰,頑皮,不;懶惰,頑皮,我被罰,是。"

　說明原因和結果的手勢語,例如:

說一個人因吃酒而死,則是:"死,吃酒,吃酒,吃酒。"

　抽象的概念用具體方法,如:

說裁縫做衣,木匠做桌,就用縫綫和鋸木的手勢。
說"雨使土能生物"。手勢語則是:"雨落,草木生長。"


## 手勢語例一 —— 一頁手語字典

弓　　　一隻手握着無形的弓,另一隻手緊拉無形的弦。

小屋　　用手指交織成向兩面傾斜的屋蓋。

白人　　用手掌在額前動轉着,表明帽緣。

狼　　　一隻手用兩個指頭像兩隻耳朵似地向前伸出。

兔子　　也是用一隻手的兩個指頭向前伸着,並且用手曲成弧形。這是兩個長耳朵和兔子的圓肩背。

魚　　　手掌橫豎着,並且在空中作曲綫的活動,這是表明用尾巴向左右搖曳着而在游泳着的魚。

青蛙　　三個手指疊成撮物的樣子,在桌子上跳着。

烏雲　　兩個拳頭放在頭的上面,表明掛在天空的烏雲。

| 雪 | 也是兩個拳頭,把它緩緩地張開,往下面落下,像飄飄的雪片似的,晃搖着。 |
| 雨 | 也是用兩個拳頭,把它張開,迅速地落下來。 |
| 星 | 兩隻手指高舉在頭上,一會兒合攏起來,一會兒分散開,一張一合地表示明星的閃爍。 |
| 我 | 指着自己。 |
| 你 | 指着靠近身邊的對話人。 |
| 紅 | 指着自己嘴唇的紅肉。 |
| 藍 | 指着頭上的青天。 |
| 睡 | 合上兩眼把頭倚到手上。 |
| 死 | 在表示睡眠之後,接着又去指地。 |
| 煙 | 用一隻手旋轉地向上繞去。 |

### 手勢語例二——一句話

"我要回家"。

大科達印第安人說"我要回家"這句話的手勢語,是:先把胳臂折向身來,伸出食指指着胸部,這是在說"我"。其次把胳臂向前方往外伸出去,揚得像肩膀那樣高,是表示"向前去"的意思。最後握緊了拳頭很急地往下一落,則是"到家"。

### 手勢語例三——林狼怨語

"林狼怨語"是一個被壓迫民族表示她憤怒之情的手勢語。"林狼"是美國西部印第安人派到華盛頓的使者。馬勒利——一個研究印第安人手勢語的人——去向他請教手勢語的例子。他便使用了六個手勢，説出一篇話來。頭一個手勢是用右手握拳舉近額際，伸拇指橫在額前，意思是表示"白人"。第二個手勢是把張開的手橫在身前，大約 15 英寸到 18 英寸左右的距離，手掌向着身子緩緩地收向身來，在表示"和我們"。第三個手勢，林狼伸出他張開的右手好像要和別人握手的樣子，在表示着"相好"或"和約"。第四個手勢，他把右手舉在右肩前方，15 到 18 英寸左右的距離，屈着大拇指，伸出其餘的四個手指，表示"四"。在這事件中，"四"是指"四年前"。第五個手勢，右手只伸出食指和中指，兩指相貼，舉到嘴唇，然後向前伸出去，兩指也同時分開，這是表示"有兩個舌頭"。最後，第六個手勢，他兩手握拳，提到胸前兩旁，然後同時用力放下，表示"失望"。

　　他這六個手勢聯繫起來是在説："四年前，白人和我們要好，他們説了謊，我們真大失所望！"

手勢語在宋代也叫"形語"。

我們現在還保存着一部分手勢語。我國古代的手勢語雖然不可再見，但是從殷墟卜辭和殷周金文裏還有髣髴看到一二。

若用現在已知的野蠻部落的生活作參考，可以看出來手勢語最初是和口語同時並用，發展之後，可以獨立使用，變成純用手勢的手勢語。

手勢語有指示的，表現的或描寫的，象徵的和强調的四種。習慣化的手勢，外人一時不能得其原意。它有它的語法。

各部族間的手勢語有他們相同、相通或相異的地方。

## 第三節　口勢和發聲語言
—— 從"音句"到"音字"的發展

### 一、語言的起源

依着以發聲語言一切特徵爲主的"意德沃羅基"的分析，立腳於可靠的物質材料的證據上的"亞具迭語言學"——Н. Я. 馬爾院士所創的——已經達到這樣的結論：以爲有音節語言的形成是在包括着考古學的後期舊石器時代的圖騰時代。

有音節的發聲語言，最初僅僅是勞動行爲的參加者。它成爲會話的語言是比較以後的事。隨着它的複雜化長時間地和它的先行的手勢語糾纏在一起。這手勢語則是從它的先行的擴散的，包括着叫喊、擬勢、照樣學樣的姿態（運動語言）脫化出來的。並且運動語言自身和從它所生出來的擬勢語都是語言交通的一型。

　　據此,發聲語言的最後形成是基於先頭
時期思維的存在,系統語言聲音的將來的發
展是依着思維積蓄的不斷長成。在物質基
礎的力量的影響下決定它前進的道路。

## 二、人類發展的三個階段

　　蘇維埃歷史學家,發展了包含在恩格
斯《家族、私有財産及國家的起源》一書中
的思想,他們得了一個結論:人從其自動

Н. Я. Mapp(1864—1934)

物界分化出來的時候起到現在,在其發展
上,經歷了三個階段: 第一,"原人",還很像猿猴,所以也叫猿
人;第二,"古人",也叫作"涅安得塔爾人",這種人已經在許多方
面不同於猿人,而是達到現代人的過渡階段;第三,則是"新人"。

　　這三個人類發展的階段,在我國也都發現了和它相應的
遺迹。

　　第一個階段猿人時期的原人,在我國所發現的就是有名的
"中國猿人"。中國猿人是在北京西南周口店地方發現的。[1]

--------

〔1〕 中國猿人發現的經過:周口店地方,遠在 1918 年就爲地質學家所注意。1921 年
安特生始發現周口店出猿人之地點。1921 年至 1923 年師丹斯基到周口店採集
了許多化石,直到 1926 年周口店化石尚被以爲當屬於第三紀末期上新統時期,
僅爲考古學家注意之地。1926 年師丹斯基在他所採集的古動物化石裏,發現了
兩個牙齒,他鑒定是類似人類的。由師氏的發現,地質調查組決定在周口店舉行
正式挖掘工作,並得羅氏基金會經濟上之援助得以實行。1927 年步林又發現一
人類牙齒。由步達生研究之結果,定爲中國猿人之北京種。當時世界上的人類
學家都批評步氏的大膽及淺識。1929 年發現一個完整頭骨,證明步氏之説不誤,
大爲世界學者所注意。1930 年才發現了中國猿人所製的石器,周口店到這才變
成被史前學家所注意的地方。1936 年賈蘭坡連續發現了中國猿人的頭骨三個,
1938 年發現了中國猿人的頸骨,中國猿人的研究才比較完全了。

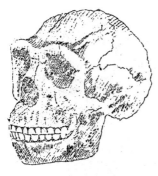

中國猿人復原圖

俗名叫作"北京人"。北京人已經能夠製作和使用最粗劣的簡單石器,還能使火。〔1〕

第二個階段涅安得塔爾人時期的"古人",在我國也有發現,這就是"河套人",可惜到現在爲止,我們只發現了一個門齒。〔2〕他們已經能夠製作及使用比較精緻的石器。

第三個階段,新人時期。到這個時期人已經能製造和使用很精緻的石器和骨器。在我們的歷史上,"山頂洞文化"便是這一期人們留下的。〔3〕

人類在他發展的第一個階段上,還不會說有音節的話。他們從群團的共同勞動裏,發生了"運動語言",從運動語言所帶的

〔1〕 中國猿人所有特徵裏,有兩處值得注意的:他的下顎骨內面在小臼齒附近有半球狀的下顎突起,在上門牙內側有匙狀的凹處。前者不見於類人猿,在蒙古人種則很顯著,僅甘肅、河南石器時代無之。在現代的中國人中並不希見。後者西洋人少見,東洋人則是習見。就此兩事知中國猿人無疑的是東洋諸人種之祖型,中國人是土著的很爲明顯。中國人種西來之説,可據此一掃而光。

〔2〕 河套人:1923 年德日進、桑志華二人在綏遠、寧夏(編者注:今屬内蒙古自治區)考查地質時,發現了大批石器及古生物化石。河套文化在兩個地方發現:水洞溝、沙拉烏蘇河岸。石器及古生物均發現在河岸的沙層裏,這沙層和黄土相接,此外又在黄土的底部,發現很多石器和石器共存的古生物,可以確定這期文化的地質年代。人類化石則很稀少,僅發現一個門齒。

〔3〕 山頂洞文化:

　　1930 年,開掘周口店地方時,在山頂上,發現了一個山洞,考古家叫它"山頂洞"(the upper cave)。裏面有很多含骨化石。

　　1983 年,裴文中開掘山頂洞,發現很多人類化石,包括三個完整的頭骨;很多人類文化遺物,包括石質打製的石器,骨製及牙製的裝飾品;很多古化石,包括現代已經絶滅的動物數種。

　　山頂洞所發現的人類化石,確定爲真正的"人"(Homo sapiens),它的文化相當於歐洲舊石器時代的末期。

　　由古生物上的研究,也證明了它的地質年代,確實相當於舊石器時代的末期。

叫喊聲音,發展成"音句"。到第二個階段上,在天然的性別和年齡的分工上,由於新條件的刺激,思維和語言不再是膠着在勞動過程本身,表現或多或少抽象思想的能力,出現了和勞動動作無關的話語。同時,由於人熟知了發展着的生產的新現象,便發生分出單字的要求,出現了"音字"。到第三個階段上,由於"新人"對勞動工具的改善,促進了人類思維和言語的進一步發展,這推動了分析和綜合能力的發展,也就是概念解析和聯結能力的發展,人類的語言已經達到了幾乎是完全音節分明的地步。

## 三、勞動身態和音句

北京猿人,猿人時期的人類,已經能夠養火和製造最粗的石器,他們不是孤獨生活而是進行原始同居,會利用洞穴以居住或休息,並且以大動物的肉作爲食物。這原始群團的原人群,在他們能有意地製造工具之前,他們是不會,也不可能"有意地"用人爲的方法表示出自己的思想——因爲那時候還沒有思想,那時只有本能地反應着當前的刺激的叫喊和模仿。

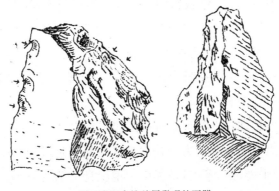

周口店洞窟堆積層發現的石器

到第一個石器被打成的時候，人才"鑿破"了"混沌"，從動物轉變成人類，有了真正的勞動和素樸的原始的思想。才有了"有意地"用人爲的方法表達思想的能力；而這種有意的人爲的表示出思想的行爲，便是"人類交往的一個最重要的手段"——語言的雛形。

原人在共同勞動裏，爲了求得一致的協力，開始向他同伴有意的通報自己的感覺、意向及至於簡單的思想時，決不是單單用嘴——雖然他們祖先在猿猴時代已經有了不少叫聲；因爲在誰也不會說話的時代裏，沒有方法單憑着叫喊的聲音向他所在的群團裏規定而且宣佈了各種呼聲的意義，好使大家接受、通過和採用！單單的叫聲在那個時代還不能交通思想、發生語言作用的。

在共同勞動裏，原人只是有意地把他所要表達出來的動作，連動帶叫地，向他所要求協力的同伴照樣的重演一遍，而且這種重演的勞動也並沒有脫離工具。這種用勞動說明所要求的勞動的有意地表示心思的行爲是"運動語言"。

提起運動語言，應該想到：原人在他還沒有轉變成人的動物時代，就已經有了很好的發音條件，就是：人類祖先由於他的軀幹和頸部的直立，胸部細胞從脊椎骨的壓力下解放出來，使呼吸更爲自由；並且口腔開始逐漸彎曲，直到和氣管成了直角，已經具備了發音便利條件。

也應該想到：使用簡單的石器和木器以及還沒有怎樣發展的頭腦去盡他巨大的體力和智力來完成甚至是最簡單的工作的原人，他的手腳是拙笨的，是集中了他全身一切的可動的部位的力量的，他們爲了支持一個動作，互相牽動的程度比起現在的人來是十分緊迫的。

全身各部的一體相關互相牽動的情形現在還是如此：人在勞動時，每一個動作都是集中了他全身一切可動的部位的力量，無論是脈搏、呼吸以至全身的筋肉，都一致地使出來它對於完成一個工作應盡的力量。假如舉斧劈柴的勞動只在兩手，那麼斧子實際是不可能被兩手舉起來的。誠然像恩格斯所説："手並不是一種孤立的東西。"渾身上下，在勞動時没有一處不支持它的。我國古代的畫家有"一身之力併在拇指"的故事，[1]正是他從實際的觀察裏看出來這種全身在實現一個動作時一體相關的關係。

身體外部可動的部分，其中變化最大的在手和頭、面、肢、幹之外，還有一副靈活捷便的口、舌。口、舌的構造主要是以下巴爲骨幹，開闔升降，前後起伏，是一個很好的作勢機關。這機關的深處和聲帶相接，隨着勞動的身體姿態和力量，口舌所作的姿勢，影響了在勞動時節緊張的呼吸通過聲帶所發出來的聲音。口、舌的姿勢和由它所影響的聲音，是和勞動的身態相應的。

在有意地用勞動説明勞動時，隨着勞動身態所發出的聲音，是隨着動作不同而有所不同的。這種聲音並不是人有意的加以調節、變化的，而是在人有意地複演勞動時，那動作便注解似地

---

〔1〕　郭若虚《圖畫見聞誌》："昔吳道子畫鍾馗，衣藍衫，鞟一足，眇一目，腰笏，巾首而蓬髮，以左手捉鬼，以右手抉其鬼目，筆迹遒勁，實繪事之絶世也。有得之以獻蜀主者。蜀主甚愛重之，常掛卧内。一日召黃筌令觀之。筌一見稱其絶手。蜀主因謂筌曰：'此鍾馗若用拇指揩其目，則愈見有力。試爲我改之！'筌遂請歸私室，數日，看之不足，乃别張絹素畫一鍾馗，以拇指揩其目。翌日，並吳本一時獻上。蜀主問曰：'向止令卿改，胡爲别畫？'筌曰：'道子所畫鍾馗，一身之力、氣色、眼貌俱在第二指，不在拇指，以故不敢輒改也。臣今所畫雖不迨古人，然一身之力併在拇指，是敢别畫耳！'蜀主嗟賞之。"

説明了和它同時併發的聲音。這樣，聲音才在誰也不會用語言説話的時候，漸漸地有了語言作用，而這種作用在當時又是必須依附着動作的。

這種隨着勞動身態同時併發，而且又被身態給與了意義的聲音，就它的聲音來説是不分析的。"每一個叫聲還是單一的，沒有音節的音段或這些音段的重複。雖然元音和輔音也已被當作這些原始呼聲的要素（組成部分），但是它們尚未分離爲獨立的、自由的，可以隨便排列連結的音（音韻），像在我們的言語中所聽到的。但每一個這樣的原始叫喊音段，開始是單一的，以後在最古人類的言語中可以和其他一些叫喊音段連結起來，按它的意義來説，等於我們的完整句子。"尼可力斯基説："這樣看來，在人類曙光期最初出現的原始語言，是音句的語言，由各個叫聲所組成的，而每一個這樣叫聲，是具有完整的意思，整個的'句子'，並沒有在它的內部分成各個'有音節'的音，如同我們現代語言所分成的。"

就它的意義來説，這種音句所表現的思想是很模糊的，正像它語音的粗糙、含糊一樣，是和當時的勞動工具，以及生產經驗和勞動技能相適應的。

從勞動中，人對於自然界的認識逐漸推廣，膠着在運動語言裏的音句也逐漸地得到了發展，雖然還不能脱離身體運動變成獨立的發聲語言，但隨着運動語言之手勢語化而取得了比較明確的地位。到人類發展到第二個階段上，由於勞動工具的改善，勞動更爲複雜，出現了天然的性別和年齡上的分工，在新的生產方式的刺激和要求下，這種已經發展了的音句，已經有了相當積蓄和力量的運動語言的口勢部分表現新經濟基礎所生的思想意識,説出來勞動過程本身以外的話。完整的、囫圇的思想,分成概念,不可分開的音句開始分爲音字,發聲語言有了獨立發展的可能。

## 四、音句的推測

音句時代早已過去,就是在現今世界上文化最落後的民族,像澳大利亞土著人,他們的語言已經有字根、音節、接頭語、字尾的單字,而不再是原始的音句了。因此,音句和手勢語不同,不但在我們自己語言裏没有,就是想從接近遠古生活的民族找到參證也是很難。

現在我們試探着從我國的古文字和聲勢,就勞動的情形略事推測,從一鱗片爪中或者能想像一二。

從生産工具的使用説起:

用石斧砍物體,有兩種情形:最初是用手握着石斧,勞動時主要的活動是握着石斧的手、臂。身體支持這個動作並不十分緊張,呼吸也不很急促。和手、臂相應的口勢是雙唇相打,隨着這個運動發出來的聲音是＊ba。行動説明了聲音。但這聲音是泛指這個動作的全部——既不是專指石斧,也不是專指使用石斧的動作,而是囫圇個的,不分工具和行動的一個完整的意思。到出現字音時,把用手打物叫＊bat 或＊bak,把那工具——石斧——叫＊ba。到有了文字的時候用"伐"、"攴"和"父"來表記。以後"父"的＊ba音變成 bu,變成 fu,但在稱呼上還保存着 ba。"父"的最初字形象人手拿着石斧的樣子,就是"斧"的原字。自從它專用作人間稱呼,於是別造"斧"字,(字點就是斧形,新字下從"斤",斤也還是斧子。後起字常有同物重出的。)自從

“父”的 ＊ba 音變成 fu，失掉了它和人間稱呼相應的資格，又別造了一個從父巴聲的“爸”。“攴”以後寫成“扑”、“撲”、“撻”。《說文解字》說：“攴，小擊也，從又卜聲。”

　　用石斧砍物除去“小擊”的，不很費力的手握石斧之外，還有一種加上了長柄的石斧。把石斧牢固地綁在用樹枝叉所製成的“7”形的長柄上。這種石斧“小擊”時不如沒柄的方便，乃是一種用力的、攻堅、取大或求深的工具。它必須高舉或掄起方才有力。在運起長柄石斧時，尤其是雙手掄起時，肺部緊張，向裏吸氣，揚臂吸氣時，軟口蓋下降和舌根接近，到往下落斧時，動作急劇、猛烈，這時肺中蓄積的氣，隨着兩臂的下降，也驀地外出，衝破軟口蓋和舌根相接的關口奪門而出，這樣就很自然地形成了舌根破裂的聲勢 g 或 k。所以在使用或複演附着長柄石斧的勞動行爲時，常是發出 ga 或 ka 的聲音。在音句時代這一個行動所帶出來的聲音和它的意義一樣，是不分析的。這個動作說明了這個聲音，這個聲音被動作說明也就代表了這個動作。它並沒有分出長柄斧子是 ga，使用長柄斧子是 ga，長柄是 ga，作長柄的樹枝是 ga 或者被長柄斧子打壞了的物體是 ga。它是一個勞動、一個聲音、一個全一的意思、一個音句；這個音句說出了：使用長柄石斧砍東西的勞動全部，包括了工具、動作、對象及至於

太平洋島嶼中土著人所用的石器

這一個勞動的結果。

到了出現音字的時代依着實際的需要把這個不分析的音句 ga，分析地用到原來所包括的各個部分。

丁（丂）[1]

（考）

（新）

斤（斤）

到了有文字的時代這些從音句出來的音字先後被賦予了字形。

"丂"的古文，我們從它字形和聲勢上配合着太平洋島中土著人所用的石器（144頁插圖）去看，知道它就是象附着樹枝長柄的石斧。"丂"以後音變作"斤"，《説文》："斤，斫木斧也。""攷"、"敂"、"攻"、"敲"等打擊的音字，都是從它的動作來的，就是把音句的 *ga 也用作説明動作的音字。"朽"、"歼"則是用到被打壞的東西上，而"柯"則是用到斧柄或可以作爲斧柄的材料——樹枝上去。

## 五、口勢和音字

人類發展到第二個階段上，也就是從"猿人"過渡到"現代人"的階段上，在我國出現了"河套人"，在歐洲出現了"涅安得塔爾人"。他們已經能夠打製比較精緻的石器。出現了比較完善的勞動工具，比較更爲複雜的勞動。並且把狩獵作爲採集以外的獨立業務，出現了依照性別、年齡而進行的萌芽的勞動分工。

---

〔1〕"丂"象附上了長柄的石斧。

婦女已經開始主要地操作居留所工作和採集工作，而男子則主要是從事狩獵。在分配所獲得的食物時，發生了勞動過程以外的語言需要：男子想得到一部分不是自己所獲物而爲婦女所獲取的食物，同樣，婦女們也要從男子的獵獲品裏得到她自己所需要的一份和孩子的一份。

水洞溝出土的石器　　　　　沙拉烏蘇河出土的石器

"在社會勞動的新條件下，所提出的這種需要，大大刺激了原始的思考和語言之發展，它們不再牢不可破地交織在勞動過程本身中。表現抽象思想的才能發展起來了。語言開始不光是在勞動動作時間內發生。同時，由於熟識了日益新奇的豐富起來的生產現象，就出現了分出單字——概念的要求。"

勞動過程以外的語言，也還是從勞動身態發展來的。是從勞動身態的口舌運動來的，是從"口舌擬勢"的"口勢"來的。

運動語言隨着生產力的逐漸提高，從勞動的經驗裏，人們體認了作爲某一個勞動時的必要動作和姿態，從這種漸漸清晰的思想裏，也發展了複演的身態變成擬勢的手勢語。這時，人們除了使用姿勢說明心意之外，也自己認識了執勢和意義的關係。

人用手勢表現心意的時候，正像當初的運動語言一樣，全身所有的外部的可動的部分，都一致地各以其距離、關係的遠近大小和它被構造所限定的能力順應地趨向一個主要的目的，共同地説明了一個思想或情緒。廣義手勢是包括全身可見的部分的。其中,有一個不很被現代人注意卻是非常靈活的作勢的機關,屬於顏面表情之一的"口"和"舌"。

人們的頭顱主要的部分是一個滿盛着腦髓的骨頭箱子。在它的下面,向前掛着一個只能上下張合的下顎骨。骨肉相連,頭骨和下顎骨之間綴成了口腔。口腔的前部從上下顎骨上排出兩排牙齒,在牙齒外面上下地橫着兩片嘴唇,口腔裏邊從下顎上托出一團伸縮自如的軟肉——舌頭,和舌根相對的下顎後部是一片可以開閉鼻腔的軟顎,就是這一個小範圍的骨肉構造,和身體其他部分一樣,也能隨着整個的身體體態做出協力的姿勢和力量。

刺激(有機體內自己發生的或外來的)喚起行爲時,身內外一切機構都各盡其能地支持它、實現它。手、腳、軀體、頭面用力,口和舌也在用力。肺和聲帶也一樣地用力,聲帶的響聲進到口腔時,立刻遭遇了正在作勢的口舌阻礙,這物理作用,使它必然地成爲某種聲音。

有什麼勞動就表現出什麼身態;隨着什麼身態,就同時有了什麼口勢;有了什麼口勢,就可能發生什麼聲音。勞動身態決定口勢,口勢決定聲音。身態注解了從口勢出來的聲音,於是這被決定了的聲音,也便被決定了它的意義。

到音句需要進一步地轉向説明勞動過程以外的事物時,並不是突然地憑空臆造地作了些和當時概念相應的音字,而是在彼時已有的生活式樣上,分析並且引申了勞動行爲和由它所生的思想意識,活用了音句。就具體的勞動動作來説明或比擬在新的社會勞動的新條件下所生的具體事物或抽象的思想。總之,還是在和它們相應的勞動身態或由身態發展而來的手勢同時並作的口勢上形成了音字。"思想、概念、意識的産生"——馬克思和恩格斯在《德國的意識形態》中説——"開始直接混合在事物活動和人們的物質交往中。"音字不是離開人們行動之外鏫壁虛造的。

有什麽意思,作出什麽口勢;有什麽口勢就發什麽聲音,這一條道路確定了我國語言的一個特點:聲音相近的字往往意思相通。出現了"音近義通"的原則。[1]

人類的發音器官雖然早在類人猿時代就已經完備,但到開始作人的時候,它和手一樣,只是略進一步,比起動物時代並高不許多。以後,人藉着工具的幫助,改造他周圍的自然,同時也改造他自己。口、舌的運動受着勞動身態的整體協調和牽掣,在實際工作中得到了改善。不過我們根據從周秦時代的書本裏所分析出來的"古聲十九紐",知道那時的聲勢只有十九樣,而且只有笨拙的聲勢,沒有輕巧的聲勢。[2]先秦時代的聲勢都比現在少,比現在笨,那麽遠在周秦之前的原始社會的聲勢也一定比周秦時代還要少,還要樸拙。要少到只有幾個最簡單最基本的動作。並且那時代的舌頭的活動也不可能像我們現代這樣清晰、

---

〔1〕 王引之的《經義述聞》説:"夫古字通用存乎聲音。"
　　　阮元的《釋門》幾篇也説:"古音相通之字,義即相同。"
　　　劉師培的《文章源始》和《正名隅論》也説:"古人製字,義本於聲,即聲即義。"
　　　黃承吉也説:"凡爲同聲,是以同義;且凡同一韻之字,其義皆不甚相遠。"
　　　章太炎也説:"同一聲類,其義往往相似。"
〔2〕 錢大昕根據魏、晉、南北朝人所作反切,核對《廣韻》以下諸書,推知現今的舌聲"知"、"徹"、"澄",古音讀入"端"、"透"、"定"三類;今之"非"、"敷"、"奉"、"微"四類。古音讀入"幫"、"滂"、"並"、"明"四類。因作《舌音類隔之説不可信》和《古無輕脣音》二篇。發明古無舌上,輕脣之音。
　　　章太炎《古音娘日二紐歸泥》證明古音"娘"、"日"二類並同舌頭之"泥"。

俐落,大概是滿嘴攣舌地帶着流音。

最初的音字距現代爲時已久,它的語根是不是還能推測?根據 H. Я. 馬爾給我們開闢的道路,就是:以現代語和已死的古語按"塞曼奇克"系統還原的古生物學的分析,給與向基礎的歷史的深化的根據,其結果,把現在一切語言還原爲若干原始的語根是可能的。

並且 H. Я. 馬爾,在這個理念上,對有節音語言的發展基礎標舉了四個基本的要素:

一、舌音(前部或後部)和流音 L 或 R 的結合
二、唇音和流音 L 或 R 的結合
三、舌音或唇音後有流音 N
四、流音在前後面任置騷音

他這個理論和方法對於我們理解中國語言從原始的、擴散的(非音節的)聲音發展到音節的語音的過程是有幫助的。

我們根據現代語、古語——尤其是配合上"地下史料"古文字作古生物學的分析,探索語原是可能成功的。但須在語言的"塞曼奇克",就是從社會的環境付給語言以意義的立腳點上着手研究。

## 六、音字的推測
——中國語原的探究

人類勞動和語言上的發達——恩格斯在他的《從猿到人過程中勞動的作用》上説——並不是在從猿轉變爲人之後就此中斷了的,而是在不同的種族與不同的時代依據不同的程度繼續不斷地進行着。有時,在某些地方可能發生退化的情形,但是當

作整個來看，它總是大踏步地前進着的。在完成了的人類的向前發展中又增加了新的因素——社會。由於這個社會，一方面勞動和語言有了更快的發展，另一方面又有了特定發展的方向。

音字在新的社會條件下出現，同時是中國語言走向特定的發展方面的一個發端。

音字的出現是從"原人"到"古人"的一個很大的成就。人在發展了表現或多或少的抽象思想的能力，和出現與勞動無關的語言的同時，由於人熟知了發展着的生產新現象，便出現了分出單個概念辭的要求。

"概念辭創造的過程，在'古人'那裏延長了好幾萬年，最古的概念辭可以同時表示一個東西，也表示一個動作，依其用法相當於我們的名詞和動詞。概念辭還是原始單音節的字根，沒有字冠、字尾，也沒有發生任何變化。依馬爾的說法，這是語言之未定形的結構。但這已經是初步的音節分明的語言了，因爲句子是由單字組成，而單字的發音接近于現代的音節。"（尼可力斯基和雅柯甫列夫《論語言的起源》）

從我國的語言文字裏很可以看出這種音字在中國是：被新的生產方式所刺激了的，從運動語言、手勢語言時就同時出現了的，口勢的發展。詞性的動、靜是不明確的——動詞、名詞不分。

以下我們依着口、舌擬勢的動作，用我國現代已知的古語文知識和材料，從口勢上作音字的試探。

（一）用雙唇擬意的口勢和音字

我們說到兩個物體相碰相合的時候，常是做出兩掌相拍的手勢，打得 ba 的一響，正像兩個平面物體相打的形狀和聲音一樣。

　　這種動作表現在嘴上，因爲生理的限制，是上下兩唇的相打。兩唇相打，就是把嘴閉上。嘴閉上之後，不能一閉不開。當閉住了的雙唇突然張開時，口中被遮住的氣流奪門而出，形成了所謂雙唇破裂聲的聲勢 b。

　　試看古雙唇聲的字音有一部是表示相打、相碰、相合相包之類的意思的。

父　古金文（殷、周青銅器銘文簡稱）作 ㄑ、ㄑ、ㄩ，甲骨文作 �。象用手拿石斧的形狀，是從打擊的動作來的。因爲它的聲音和“家長”的名稱相同，用它記錄這個稱呼之後，又另作了一個從斤、父聲的“斧”字來記記它的本物，寫成 ㄟ、ㄟ。

兵　古金文作 ㄟ。兩隻手舉着“斤”；斤就是斧子，也是從用斧打擊而來的字音。

廾　象兩手捧物的動作，甲骨文作 ㄟ，古金文作 ㄟ。

封　甲骨文作 ㄓ，古金文作 ㄓ。象栽樹時“樹栽子”的根上用兩手捧上泥土的樣子。古代封疆地界是栽樹作標記的。封建的“封”是從這個動作來的。散盤“一封”、“二封”的封，不但畫出捧上泥土的樹栽子，並且也附上了捧泥的兩手，作 ㄓ、ㄓ。召伯簋省去一手畫成 ㄓ，就是我們現用的封字的來源。

　　音字，動詞和名詞不分，捧樹栽去定界説“ㄓ”，被定出的區域也叫“ㄓ”。到有文字時把那個被封的地域 ㄓ 旁加上一個 ㄟ 注明它的性質就成了 ㄟ、ㄟ、ㄟ、ㄟ，現所用的“邦國”的“邦”字，便是由它變來的。

逢　兩手相合是封，人行路相遇合也叫 beng，甲骨文 ㄟ、ㄟ——ㄟ 是路，胡同，ㄟ 是倒寫的“止”，表示對面來人的腳，ㄓ 是音標。古金文省去了 ㄟ，單寫成 ㄟ。現在的“逢”則是在“夆”外加上了辵（辵是從 ㄟ 變來的），加上了街道和腳（止）。

並 兩人相挨近，並排站在一起是並，甲骨文寫作 ⿱⿰立立 、 ⿱⿰立立 、 ⿱⿰立立 。

并 也是兩人相合，而且用東西把他們連在一起。甲骨文寫作 ⿰ 、 ⿰ 。

朋 兩串貝或玉合在一起是朋（每串十枚）。甲骨文寫作 ⿰ 、 ⿰ 、 ⿰ 。古金文寫作於 ⿰ 、 ⿰ 。

　　兩人相合結成“朋友”的“朋”，是由兩串貝或玉相合的意思來的。在甲骨文和古金文裏都是在“朋”字的旁邊加上人字標注它的類屬寫成 ⿰ 。以後借用朋貝的“朋”當作倗友的“倗”，通用朋字，廢了倗字。

秉 甲骨文作 ⿰ 、 ⿰ ，古金文作 ⿰ 、 ⿰ 、 ⿰ 、 ⿰ 。象人用一隻手拿禾的樣子。用手握物，手指和手掌相合，也還是相打相碰意思的引申。現用“把”、“柄”等字都是這一個聲勢“秉”的後起字。“柄”是“柯”（斧把），字也寫作“棅”（見《說文》）。我們用“柄”不用“棅”。

畢 是打獵用的捕鳥獸的網，骨文作 ⿰ 、 ⿰ ，象用手舉着長柄網，也是從撲打合併而來的聲勢。古金文作 ⿰ 、 ⿰ ，在獵網上標注了“田”字，表示它的類屬，則是後起的字了。天上恒星二十八宿的 ⿰ “畢宿”，就是照獵網的樣子起名的。

孚 古金文作 ⿰ 、 ⿰ ，象用手（爪）抱子形。就是後來從手、孚聲的“捊”字；“捊”也或寫作“抱”。我們現在用“抱”，不用“捊”。

保 古金文作 ⿰ 、 ⿰ 、 ⿰ 、 ⿰ 。象人用 丿 抱子形。“丿”象“緥”形——“緥”，是“小兒大藉”。

寶 甲骨文作 ⿰ ，古金文作 ⿰ 、 ⿰ 、 ⿰ ，從玉貝在 ⼌ 下， ⼌ 是房屋，用房子把玉和貝保藏起來。缶是音標。

箙＝葡 甲骨文作 ⿰ 、 ⿰ ，古金文作 ⿰ ，象把“矢”保藏在 凵 裏的樣子。古書把它寫成“箙”。以後，字形變了樣寫成 ⿰ ，把矢

形 𝅘，錯成 𝅗。一變再變，又成了《説文》的 𝄞，這就是我們現所用的"備"字的左半"蒪"的來歷。

**閉**　門扇相闔是"閉"。這個字古金文寫作 𝄫。

**𝄐**　象用手按人使他降服的樣子，甲骨文作 𝄑，古金文作 𝄒。

**市＝韍＝紱**　古金文作 𝄓，"上古衣獸皮。先知蔽前，繼知蔽後。市像'前蔽'以存古。"是一種祭服。

從以上幾個字例可以看出用雙唇擬意的口勢 b，是有一部分表示相打，或合併等相近的意思的。

這種聲勢所形成的語詞，有時是複音的。像：

乒乓、澎湃（波浪聲，也寫作"滂濞"等形）

逢逢、彭彭、骍骍

bingbang、pingpang、bingba、pingpa

baba、papa、bengbeng、pengpeng

bangbang、pangpang

pingpingpapa、bingbingbangbang

這類語音我們現在還在使用着。

有時收音急促，嘴一開就閉，舌頭觸到上牙牀，形成了 bada、badeng、bangdang 等聲音。如：

敲打，有時説 bada，有寫成"巴達"的，也有寫成"剝啄"的。

走路，腳一抬一落，叫 baza。有寫成"八踏"的，也有寫成和它音近的"跋涉"、"拔涉"、"步涉"的。

這一些雙唇聲勢所形成的語聲，現在還存在着許多。從音變的關係可以給它排成系列。

相反的,雙脣聲勢也有時用作表示"分開"的意思。

表示相合的口勢怎地又表示了相分? 爲什麼同一口勢表示了相反的概念?

這是因爲表示"分開"時,口勢由於它的生理限制,必須事先閉上,不閉上不能見出分開。合上之後 ba 的一聲突然分開,結果: 作勢的地位跟方法和表示合併、打擊的口勢相同。所以這兩個相反的意思做出了相同的口勢。

從古文字的形音義來看,像:

八　象物體的分裂張開的樣子,甲骨文作 八、八,古金文作 八、八、八 。兩個相反的弧綫表示兩下分開的東西。

必　古金文作 必、必。中間的 必 形是"邪銳的木棨",是掘地的工具。兩點的"八",是表示插入地中之後前後搖動的意思。也是"分開"的動作。《説文》:"必,分之極也。"

非　古金文作 非、非,象兩手向外分撥的樣子。當是"排"的原字。

分　甲骨文作 分,古金文作 分、分。從刀、從八是用刀分剖的意思。

步　兩腳一前一後,交替地分開,使身體向前移動,這分開的兩腳行動是"步"。甲骨文作 步、步、步。

奔　兩腿分開,撒腳就跑,一腳接一腳的看着仿佛很多腳,奔 象人跑的姿勢,古金文作 奔。以後誤寫成 奔、奔,把腳(止)變成草(艸),到現在又寫成"奔"。

闢　兩手開門是闢。古金文寫作 闢、闢、闢。象用手開門。也有用"辟"來記音的。寫成了從門、辟聲的"闢",我們現在使用"闢",不使用"闢"了。

北　甲骨文作𣥦、𣥸,古金文作𣥸、𣥸。象兩人相背。

貝　甲骨文作𤔌、𤔌,古金文作𤔌、𤔌、𤔌。象貝子殼的外形。

不　"不",是花萼的足——柎。甲骨文作𣎴、𣎴、𣎴,古金文作𣎴、𣎴、𣎴。象花萼四下分裂的樣子。

敝　甲骨文作敝,從攴擊巾,破敗之意,八表示分散,《説文》:"㡀,敗衣也。"

敗　古金文作敗。從攴擊貝,成兩貝,是分裂破壞的意思。《説文》作敗,從一貝。

𠂢＝派　《説文》:"𣲖,水之衺流別也,從反永。"(按:𠂢字晚出。古金文永字反正都有,有寫成𣱵的,也有寫作𣲖的。它雖然出現得晚,但是音義還是"分別"的。)

我們現在的口語裏,表示"爆裂"或"分開"的意思,也常使用雙唇破裂聲勢,説 ba,有流音 l 時,則説 bala、pala、bula、pula,也有時説 biba、pipa、pilupala。撥弄、潑剌、剝落、毗劉、暴樂、燁發、必剝等複音詞,都是屬於這一個聲勢系統的。

若是兩唇閉合之後,略事停頓,同時軟口蓋下降,被閉住的氣流從鼻子流出去。這種嘴唇的作勢,經過較長時間的停滯,表示了"蒙蓋"的樣子。試看雙唇鼻聲的文字和語音都有"蒙蓋"——或是"模糊"得像似有什麼蒙蓋着的樣子。

網　甲骨文寫作𤮓、𤮓。

免(冕)　古金文作免、免、免,象人頭上戴冕形。魏三字石經古文作免,篆文作免。《説文》沒有"免"字,從免得聲的字,免聲都寫成免,字形把頭上的人譌成人。後來把免用作"脱去"的意思。另給它加上"冃"造成"冕"字。

門　甲骨文作𝌆、𝌇、𝌈、𝌉，古金文作𝌊、𝌋、𝌌。

眉　甲骨文作𝌍，古金文作𝌎、𝌏，象眉毛在目上遮覆的樣子。《説文》作𝌐。

莫＝暮　甲骨文作𝌑、𝌒，古金文作𝌓，甲骨文也寫成𝌔，象太陽落時隱蔽在草木裏的樣子。"莫"是本字，自從被用作"無"的意思，又添上個"日"字。現在莫、暮已然是意義不同的兩字了。

文　象人"紋身"的樣子。甲骨文作𝌕、𝌖、𝌗，古金文作𝌘、𝌙、𝌚、𝌛、𝌜、𝌝。

薶　古禮，祭山林川澤，掘地埋牲叫作"薶"，隨着所埋的動物不同，在甲骨文上便有了𝌞、𝌟等字。——從𝌠(牛)、從𝌡(犬)，各隨當時所用的牲畜而定。

沬　用水"灑面"叫"沬"。甲骨文作𝌢，就是"靧"的原形。

苜＝蔑　甲骨文作𝌣、𝌤，古金文作𝌥，就是蔑的本字，象人眼毛上粘着"眵蔑"的樣子。

——以上各字都有"蒙覆"的意思。

民＝盲　𝌦、𝌧、𝌨古金文"民"字象人目被刺成盲。

望　甲骨文作𝌩、𝌪，象人登高望遠的樣子。登高望遠，所視茫茫。

謹＝忘　古金文"忘"字作𝌫、𝌬、𝌭，從言、亡聲，是茫茫然不記舊言的意思。

望　夏曆每十五夜，月圓，叫作"朢"，這個朢字古金文作𝌮、𝌯、𝌰、𝌱，從月、臤聲，則是從"望"引申來的。

明　古金文作𝌲、𝌳、𝌴，從月、從𝌵、𝌶(並象窗形)，黑夜中，月色上窗，朦朧有光。

米　甲骨文作𝌷、𝌸，象粟實聚在穗上。

——以上各字音義都有模糊不明的意思。

我們現在常用的語音裏,用 m 聲勢發聲的字,也還有些是表現着遮掩不清的意思的,像:

渺渺　漠漠　冥冥　茫茫　濛濛　毛毛　默默　惘惘　夢夢

邈邈　漫漫　渺茫　渺渺茫茫　迷茫　霢霂　模糊

就以上兩種唇音——雙唇破裂的聲勢和雙唇鼻聲聲勢所發出的語言和記那語音的古文字去看,可以看出由雙唇擬勢而來的音字,大概是這樣情形:

到概念辭出現時,在築成它的勞動生活的基礎上,積累的經驗和習慣,使口、舌的擬勢行動依着概念辭所屬的勞動類型而做出合適的姿態。口勢相同,發聲自然同。所以表示同類的概念的語詞在古初也都同音。

那概念若是屬於打撲碰合之類的行動時,就用相打相合的口勢來説。

**相打的**：砍物斧子叫“父”、“斧”、“兵”。

撲鳥獸的獵網叫“畢”。

按人撲地叫“殳”。

**相碰的**：兩人相挨地站着,叫“並”＊bong。

兩人相遇叫“逢”＊bung。

兩個貝串相併是“朋”＊beng。

兩人相合是“佣”＊beng、是“并”＊bang。

兩手向樹栽根捧土叫“封”。

**相合的**：兩門扇相合是“閉”＊bet。

用手抱子叫“孚”＊bo。

用藉子抱子叫"保" * bo。

用房屋保藏貝玉叫"寶" * bo。

用物藏箭叫"箙"。

用手把禾叫"秉" * bong。

用巾蔽前叫"市" * bat。

都是從 ba 聲勢分化出來的。

　　用分裂的口勢來説的,像:

兩物相分的叫"八" * bat。

兩手分物的叫"排" * be。

兩人相背的叫"北" * bek。

中間裂溝的海貝叫"貝" * bat。

四下分張的花蕚叫"不" * be。

用刀剖開叫"分" * ben。

衣巾破敗叫"敝" * bat。

貝殼破裂叫"敗" * bat。

水流分歧叫"派" * bak。

兩腳前後分動叫"步" * bo。

兩腳左右分劈叫"癶" * bat。

兩手開門叫"闢" * bak。

兩下搖弋(尖頭木棒)叫"必" * bat。

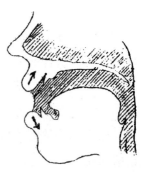

也都是從 ba 的聲勢分化出來的。

　　這雙唇破裂聲勢和流音 l 相結成爲 bla,就是現用的 bala、bula,音變爲 xula 等語詞來源。

　　屬於蒙蔽之類的概念用雙唇蒙口氣從鼻出,閉口時間加長,用蒙蔽的嘴唇表現蒙蔽的動作。

**蒙覆的**：魚網叫"網" * mong。

帽子叫"冕" * men、"冃" * mo。

雙扉蔽户叫"門" * men。

目上覆毛叫"眉" * me。

日隱草叢叫"莫" * mo。

瘢紋覆體叫"文" * men。

掘地埋牲叫"貍" * me。

用水洗面叫"沫" * met。

眵戢蔽目叫"苜" * mat。

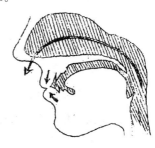

**模糊不明的**：

失明不見叫"民" * man、"盲" * mong。

遠視茫茫叫"望" * mong。

茫然不記叫"忘" * mong。

月色朦朧叫"明" * mong。

粟實既多且小，一望不清叫"米" * me。

這些都是從 m 的聲勢分化出來的。

總之，從雙唇破裂聲勢所分出來音字，它所代表的意思照本義來説，不是屬於"打撲、合併"，便是屬於"分剖"的。從雙唇鼻聲聲勢來的則是有"蒙覆不明"的意思。

（二）用舌前部擬意的口勢和音字

用舌前部擬意的口勢有四種：打擊、挺進、按捺和細小。

1. 打擊

用小的而且是實心的物體，去打擊別的物體，常發出來 dada、dangdang 之類的響聲。這種動作表現在舌頭上則是用舌尖打擊牙牀。用舌頭的打擊，協力打擊身勢。像：

手　製造工具和使用工具的主要器官,最初的勞動動作主要的是打擊,它便從打擊的口勢得到了名字,古金文寫作 ✦、✦、✦、✦。

石　石塊是可以作爲打擊用的自然工具,古金文作 ⊟。

土　土塊也是可以用作打擊的投擲工具——土壤觀念是在有了農業以後才出現的——甲骨文寫作 ✦、✦,古金文寫作 ✦、✦、✦。象土塊在地上的樣子。小點,是它的碎塊或土末。舌尖聲勢雖有挺起的意思,但土的特徵不是"突起於地上";而且塑土去祭的"社"是在已經有了農業之後的事。

刀　甲骨文作 ✦,古金文作 ✦、✦、✦。

射　甲骨文作 ✦、✦,古金文作 ✦。以後,✦誤寫成✦,遂變成了現在的"射"。

矢　甲骨文寫成 ✦、✦、✦,古金文寫成 ✦、✦、✦。

至　甲骨文寫作 ✦、✦,古金文寫成 ✦、✦。象矢射到地的樣子。

折　古金文作 ✦、✦,用斤(斧)斷木形。

舟　甲骨文作 ✦,古金文作 ✦。"刳木爲舟"。

舂　古金文作 ✦,兩手拿杵在臼擣米。

鬥　甲骨文 ✦、✦、✦,象二人徒手相打。✦變作 ✦,✦變作 ✦,再變成現在的"鬥"。

從這些字的形、音、義來看,古舌前音是有打擊的意思。

2. 挺進

表示挺起上進的意思,身體擬勢常是腳尖踏地全身向上挺起。同這個身態相應的口勢,則是把舌頭陡然地向上挺起,打到上牙牀上。形成了所謂"舌尖破裂音"的聲勢。試看古舌前音的字,除去前面所說的"打擊"之外,還有"挺進"的意思。像:

壬　甲骨文作〔字形〕，象人挺立在土塊上。古金文裏"中廷"的〔字形〕，是封建領主"辦公"時，他的臣僕們向他挺立的地方。〔字形〕就是〔字形〕。

鼎　古金文作〔字形〕、〔字形〕，是用三足頂起來的烹飪器。也寫成〔字形〕（甲骨文），〔字形〕（古金文）。

旦　古金文作〔字形〕、〔字形〕、〔字形〕、〔字形〕，象日從地平綫上向上挺出的樣子。

耑　甲骨文作〔字形〕、〔字形〕，古金文作〔字形〕、〔字形〕。植物出芽所露出的頭。一是地平，其下是根，其上是上長的芽，甲骨文從〔字形〕，用它上進的意思。現在通用"端"字。

之　甲骨文作〔字形〕、〔字形〕、〔字形〕，古金文作〔字形〕、〔字形〕、〔字形〕、〔字形〕，就是"耑"的上半部。象草木萌芽，向上滋生、長進的意思。以後寫成〔字形〕。從〔字形〕、〔字形〕變成"之"。

出　甲骨文作〔字形〕、〔字形〕、〔字形〕、〔字形〕、〔字形〕，古金文作〔字形〕、〔字形〕、〔字形〕、〔字形〕。象腳步從〔字形〕外出，是前進的意思。"出"甲骨文也有寫成〔字形〕的。〔字形〕旁的〔字形〕和〔字形〕（各），相反的地方就是"腳"的方向，向〔字形〕來是"各"，從〔字形〕外去是"出"。〔字形〕當是表示房屋居處。吳大澂以爲象穿鞋，不可靠。

易　古金文作〔字形〕、〔字形〕、〔字形〕，甲骨文作〔字形〕、〔字形〕。易是翅字，象鳥舉翅的樣子。（古文鳥寫成〔字形〕，於旁，可參證）。

舁　甲骨文作〔字形〕、〔字形〕，古金文作〔字形〕、〔字形〕、〔字形〕。用手捧豆進上的樣子。

登　甲骨文作〔字形〕、〔字形〕，古金文作〔字形〕、〔字形〕、〔字形〕。從〔字形〕、舁聲。

烝　甲骨文作〔字形〕，古金文作〔字形〕。《春秋繁露》："烝者，以十月進初稻也。"古字象雙手捧豆進米的樣子。舊書都用"烝"字。

乘　乘字原是登上的意思，甲骨文作〔字形〕、〔字形〕，古金文作〔字形〕、〔字形〕、〔字形〕。

承　甲骨文作〔字形〕，古金文作〔字形〕，象兩手向上捧人。

丞　甲骨文作〔字形〕，象從陷阱裏向上提人的樣子。是丞的原形。字變作〔字形〕，變作丞。現在用"拯"。

再　甲骨文作 ，古金文作 、。象人用手舉 。古金文 ，把
　　"人"另放字旁。

陟　甲骨文作 、，古金文作 、。

從這些字的形、音、義看起來，可見古舌前聲勢是有時表示向上
挺進的意思。

3. 按捺

把舌前放到上牙牀，不即時扯下
來，使氣流從鼻子流出去。這個較長時
間的按捺姿態，則不是"挺進"而是"黏
附"或"按進"的意思。舌頭一時撤不下
來，仿佛黏上或按住的樣子。因此這一
種"舌尖"鼻聲 n 的聲勢，就是表擬貼近
或按進、表擬黏着或柔軟的口勢。

還用古文字作例：

**表貼近：**

你　談話時把靠近自己的對話人，稱"你"。這個音，古金文
用和它同音的"女"、"爾"、"乃"、"而"四字來記。

"女"用在主格、賓格而不用在領格。

在主格的，像：

"女毋敢妄寧。"——毛公鼎。

在賓格的，像：

"昔余既命女出納朕命。"——克鼎

"爾"主格、賓格和領格都用它（只見于齊侯壺、晉公盙二器）。

在主格的，像：

“爾其遘受御。”——齊侯壺。

在賓格的，像：

“從爾大樂。”——齊侯壺。

在領格的，像：

“用御爾事。”——齊侯壺。

“乃”等於“你的”。只用在領格。像：

“余經乃先祖。”

“余既敷乃心。”

“汝康能乃又事，罘乃敵寮。”——齊侯鎛鐘。[1]

“而”和“乃”同樣，只能用在領格。像：

“汝不墜，夙夜宦執而政事。”

“龢燮而又事。”——齊侯鎛鐘。

這四個字就是我們現在所用的第二人稱代詞“你”的前身。（聲勢相同，而“爾”簡寫作“尒”或“尔”，“尔”加人旁遂成了“你”。）

耳　在生理上，是貼近頭顱的，左右對生兩片肉片，叫耳。古金文作𦔮，象形。

二　數目，最貼近的“二”。甲骨文作二，古金文作二。

**表按進：**

奴　甲骨文作𡝩、𡚦、𡜏，古金文作𡚸，變𡩠成又。

---

〔1〕編者按：今通行的名稱爲“叔夷鎛”或“叔夷鐘”，下同。

男　甲骨文作🖾，古金文作🖾、🖾、🖾。"奴"、"男"兩字所從的"力"就是"耒"的初形，是掘地農具。"奴"是人（女、象她全身）和耒，是掘地的動作或人。"男"是耒和田，加耒于田。這兩個字聲勢和形義相同，應當是從用耒掘地的勞動來的。

農　甲骨文作🖾、🖾、🖾，古金文作🖾、🖾、🖾，從辰、從林，或從"田"。這也是從掘地耒田來的。辰，甲骨文作🖾，象人振臂舉🖾形。🖾就是刨土的工具。把"農"的聲勢和字形兩下合看，農是奴、男的同類勞動的同一聲勢的發展。

印第安人的農具

入　甲骨文作入、入，古金文寫作入、入、入。

內　甲骨文寫作內，古金文寫作內、內、內、內。

刃　刀，《説文》："從刀、從、，象刀有刃之形。"甲骨文有🖾字，刃是按進物內的刀鋒。

**表黏軟**

黏軟的東西容易貼附，所以舌前按捺貼附的口勢又有表示黏着柔軟的作用。

而　古金文寫作而，象鬚下垂。

冄＝冉　象毛冉冉下垂的樣子。甲骨文作🖾、🖾，古金文作🖾、🖾。

**4. 細小**

孩子們説什麼東西"一點點兒"的時候，常是同時用把手指尖捏在一起的手勢，去表示那微小的形狀。

用口勢擬意時，也是這樣，常是用舌前部緊緊地擠到上牙牀，把舌面、中間留出很窄的小縫，用這偏窄的舌頭姿勢，表示窄小的意思。

氣流從這擠成的小縫裏摩擦出去，成絲絲的聲音。

我們從古文字去看：

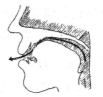

小　甲骨文寫作𛰂、𛰂、𛰂、𛰂，
古金文寫作𛰂、𛰂、𛰂，直是
三指相撮的手勢。

少　甲骨文寫作𛰂，古金文作𛰂。是從"小"引申出來的。

雀　甲骨文寫作𛰂、𛰂、𛰂、𛰂，從小、從隹，小也是聲音。這是小雀
的名字。

絲　甲骨文寫作𛰂，古金文寫作𛰂。

須＝鬚　古金文須寫作𛰂、𛰂、𛰂、𛰂，象人面上生須的樣子。後
來又加了"髟"，於是"須"字離開了它的原意。

先　古金文作𛰂、𛰂、𛰂、𛰂，當是"毵"的初文，象毛髮的樣子。（也
是有姓氏的"姺"。）

雪　甲骨文"雪"寫作𛰂、𛰂、𛰂，象雪片。（現行"雪"字是從《説
文》䨮字來的。）

息　古金文作𛰂、𛰂，象氣從鼻出。（自，古鼻字）。當是古息字。
現用"息"字從《説文》𛰂來。

泉　甲骨文作𛰂、𛰂，象水從"泉眼"涓涓流出。

三　甲骨文作三，古金文作三。

四　甲骨文作三、三，古金文作三、三。

粟　甲骨文作𛰂。

黍　甲骨文作𛰂、𛰂、𛰂、𛰂。

散　古金文作𛰂、𛰂。

這些字的意思不是纖細，就是散碎。

就以上幾種舌前部所擬成的口勢來説，表示"打擊"的舌前音，用現在語音來比，是 d 的聲勢。使用打擊工具的器官叫"手"，可以作爲打擊工具的自然塊粒叫"土"、"石"。人造的打擊工具叫"刀"，用弓箭射擊的動作叫"射"，被射擊去的武器叫"矢"，射到叫"至"，打斷叫"折"，斲木成槽叫"舟"，擣米叫"舂"，相打叫"鬥"。這些都有打擊的意思。

表示"向上挺起"的口勢也是舌前音 d 的聲勢：

挺立在土、石之上叫"壬"，挺立的地方叫"廷"，用足頂起的烹飪器叫"鼎"，太陽從地平升起叫"旦"，植物從地下探出的芽、苗的先頭叫"端"，草木從地上長叫"之"，從凵前進叫"出"，舉翅叫"易"，舉"豆"叫"弄"，上車叫"登"，獻米叫"烝"，上樹叫"乘"，向上推人是"承"，向上拯人叫"丞"，向上提物叫"再"，上山叫"陟"。這些都有挺起的意思。——以上兩種是舌前破裂聲勢。

舌向上按，氣從鼻出，用較長的時間表現了舌的貼近、按進或黏着。

**表示貼近的：**

貼近自己的對話人是"你"。貼近頭顱的肉片是"耳"，貼近的數目是"二"。

**表示按近的：**

用耒入地的耕作叫"奴"——男、農等字都是從同一口勢的音轉。進去叫"入"、"納"。

**表示黏軟的：**

鬚毛柔軟叫"而"、"耏"。

日、熱則取它使人發汗的黏着感覺。

——這是舌前鼻聲聲勢,相當於我們的 n。

向前擠,用舌頭把口腔裏氣流出口擠成窄窄的一綫之路,表示窄小細碎的樣子,這種舌前的擬勢所構成的聲勢,用現在語言來比,相當於 z。

"小"、"少"、"雀"等字都有微小的意思。

"絲"、"須"、"先"等字都有微細的意思。

"雪"、"粟"、"黍"、"散"、"三"、"四"等字都有散碎的意思。

綜合起來看,用舌前部擬意的口勢,從現在的聲勢來説,這種舌頭破裂聲 d,有打擊和挺進兩種;舌尖鼻聲 n,表示按捺的,也有貼近和黏軟兩種;舌葉摩擦聲 z,也有兩種——微小和散碎。

（三）用舌後部擬意的口勢和音字

用舌後部作勢擬意的動作,因爲生理上的限定,張、闔、開、閉和雙唇相差不遠,它比雙唇開閉的距離小,動作急。

舌根和軟顎所構成的舌根破裂聲勢,我們現在的 g,也有"分"、"合"兩種:表示碰合的又可分成打擊和相交兩類。表示相分的也以分成三種,分裂、對峙和揚舉。

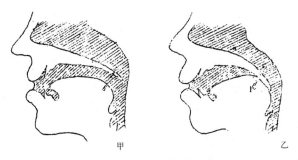

甲　　　　　　　　乙

舌根和軟顎的擬勢動作

以下先説碰合的,後説相分的:

1. 碰合

這也是和打擊動作相應的口勢。從古文字去看，長柄石斧叫"丁"，已經在前面提過。和它的動作相類的東西，像：

戈　打擊用的武器，戈古金文作🔣、🔣。

🔣　用戈打人的🔣，甲骨文作🔣，古金文作🔣、🔣。

磬　甲骨文作🔣、🔣、🔣、🔣、🔣。

斤　古金文作🔣、🔣。《說文》："斫木斧也。"從厂或丁，厂和丁
　　都是丁——長柄斧子。

　　——這都是打擊的意思。


交　古金文寫作🔣，象人兩腿交叉的樣子。

収　甲骨文作🔣、🔣，象兩手相合形，兩手把璧是🔣、🔣是"共"，
　　兩手把木是"🔣、🔣"棻。

冓　甲骨文寫作🔣、🔣、🔣，象交互編織的樣子。走路遇合也叫
　　"冓"，加"辵"成"遘"。甲骨文作🔣、🔣，古金文作🔣、🔣。

　　——這些都有相合的意思。


2. 相分

表示分開的，像：

解　甲骨文作🔣，象兩手解牛角，點兒是它的殘屑。兩手以
　　後誤成隻手，隻手又誤成刀，"解"遂成了"刀判牛角"的
　　"🔣"。（《說文》）

𦍌　《說文》："𦍌，戾也，從丫、從川。——川，古文別。"
　　丫是羊角，分羊角，和"解"同意，現在用作乖離的意
　　思，寫作"乖"。

表示對峙的：

卿　甲骨文作🜨、🜨，象兩人對面共食的樣子。古金文作🜨、
　　🜨，"卿"在古代社會裏，用希臘羅馬的制度作參證，起初是
　　一種名叫"伴食"的公民代表，專代表公民在"邦火"旁邊舉行
　　公餐，先祭然後分食的人。後來這種人變作固定職務的官
　　吏。以後變成"卿"、"鄉"、"饗"三個字。饗是"鄉人飲酒"，還
　　存着對餐的意思。

郭　甲骨文作🜨，古金文作🜨、🜨。象城郭有兩亭相對形。是"郭"
　　的古字。

疆　甲骨文作🜨，古金文作🜨。疆旁邊的兩田和田間的"一"，合
　　起來是田田相對的邊界的意思。

睸　古金文作🜨🜨🜨。

工　甲骨文作🜨，古金文作🜨。使用"工"的，加人寫成🜨、🜨（現
　　在寫成玒、巩）。工兩端有等距橫杠，比"丁字尺"多一橫頭，
　　應是我國曲尺的原形。古金文矩字寫成🜨，正像人們用手拿
　　着"工"的樣子。規圓、矩方，工字有四個 90 度，正是畫方的
　　主要工具。

表示高亢揚舉的：

高　甲骨文作🜨、🜨、🜨，古金文作🜨。

京　甲骨文寫作🜨、🜨、🜨，古金文作🜨、🜨。

光　甲骨文寫作🜨、🜨、🜨、🜨，古金文作🜨、🜨、🜨。象人舉火在頭
　　上。舌根擬勢表示高亢的意思，是和仰頭示意有關係。所以
　　"長、直"的意思，也多在舌根破裂聲 g。🜨，甲骨文"虹"。
　　虹，長可竟天，在用形聲字來記它時，它的聲是"工"，
　　讀爲 gang。

綜合起來，我們可以看出，用舌後部擬勢是表示了這樣的意思：

基於舌根和軟顎相打相挨，舌根破裂聲勢 g，有時是在表示"打擊"；也有時是在表示"冓合"。——長斧橫擊叫作"丂"，長戈橫擊叫作"戈"、"馘"。持錘橫擊的樂器叫作"磬"。雙腿交叉叫作"交"，雙手合抱叫作"収"，雙手抱璧叫作"共"，交互編合叫作"冓"，行路相遇叫作"遘"。

基於舌根和軟顎的"一接即分"，從黏着的狀態上突然掔開，而掔開之後又常是停頓一會兒，張口的時間比較長，不即時閉上，因而這 g 的聲勢也有時是在表示着"分裂"，也有時是在表示"相對"，也有時是表示着"高亢"。——雙手劈角叫作"解"，兩下分剖叫作"乖"。兩人對食叫作"卿"、"饗"，兩亭相對叫作"郭"，兩田相對叫作"畺"、"彊"、"疆"。兩目叫作"眀"，兩端相對叫作"工"、"巨"、"矩"。臺上架屋叫作"高"，柱上架屋叫作"京"，頭上舉火叫作"光"。

（四）流音

古人的口齒，在發音上沒有後代清晰利落，後代語音常因流音的發展而增加了音素。古代脣舌的運動比較笨拙，容易受前後牽動，有流音的音字是不在少數，像：

雙脣破裂聲勢 b 後帶 l 的 bl，直到現在還在使用，只是受一字一音的影響，大家不大注意它罷了。如：

阜　《説文解字》説它是"大陸也，山無石者，象形"。我們把它和古金文偏旁裏阜字來比看，知道它就是所謂"附婁"的"附"的本字。用現在的東北話説就是"小土包"的"包"。也就是漢末"齊魯之間，田中少高卬，名之爲部"的"部"。這字的讀音若依舊文所記的"部婁"、"培塿"、"附婁"、"瓿甊"等音去想，我們知道它當初應該是 blou 或 blo。是 b 後帶流音 l 的音字。阜的原名該是 * blo。後來受了字形的影響一字一音，遂用了兩個字形來標注，結果把一個詞寫成了兩個字。這個語詞在民間還在活着：除去上面所提的土包的"包"外，在頭上有 berlou，在腿上有 belou 蓋，在用物上有 bauleng。

陸父甲角"陸"字偏旁　　　陳侯鼎"陳"字偏旁　　　芳姬鬲"隣"字偏旁

發　甲骨文 、 、 ，象人手持杖撥剌兩腳的樣子。當是《説文》字的初形。撥剌現在我們念成 bula，還有左右擺動的意思。它的初音也該是 bla 或 blat。以分音記字寫成了"撥剌"、"潑剌"、"拔剌"、"跋剌"。

物體被撥紛紛下墜也叫 bala。寫成"剝落"、"暴樂"、"爆爍"。物體剝落，色彩不一，也從"剝落"得名，叫作"斑爛"、"斑蘭"、"斑斕"、"斑璘"、"班璘"、"罷磷"。物體剝落，凹凸不平，也從"剝落"得名，叫作"疤拉"。

舌尖破裂聲勢 d 後帶有流音 l 的，像：

录　甲骨文寫作 ，古金文寫作 、 。象架
　　上懸布袋，袋中有物，水從袋中向下滴瀝
　　的樣子。录，若用現代字來比説，就是
　　"濾"字。它的字音當是 dluk。也就是水
　　珠從袋子裏向外，向下一都碌，一都碌地

向下直 tulu。我們從古泉文㮾字(就是《説文》所錄的"涿"的"奇字"㯅。按照㮾的字形是㝉的下半部,㯅是㮾的簡字),和涿鹿的古地名相配合推出"录"的本音當是 dluk。"涿鹿"、"獨鹿"、"祝栗"都是它受一形一音的影響而別造的記音字。這個字音到現在還被使用着,如:

水珠從上墜下,説"滴瀝";

物體象一群水珠在垂着叫"都录";

物體孤懸在上象水珠欲滴的樣子,叫"提留"、"當郎";

"禿"説"禿驢"(廈門方音);

滑手不留手,叫 tulu,"脱落";

團轉的,叫"團欒"、"突欒"。

東　甲骨文寫作㯅、㯅、㯅,古金文寫作㯅、㯅、㯅。並不象"日在木中"(《説文》)。把這個字和古金文裏㯅、㯅、㯅等字形相比,便可知道"東"字實在就是一個編成的籠子。它是可以用人背着的盛土的器具,就是"籠"的本字。它的本音當是 dlung(現在我們所用的 denlung,derlou)。漢人所傳,"龍"從"童"省聲,"童"從"重"省聲,"重"從"東"聲,還可以看出它的聲勢關係。

"東籠"、"涷瀧"、"鏓籠"、"觸龍"古代所連用的這些字都是把 dlung 的聲音用字形給分化了。

人用"東"負土叫 dlung。這個音所表示的概念以後分出"動作"和"重量"兩意:人負籠土是"重",負土行走——這吃力的運搬——是"動"。《淮南子》"負籠土"、《漢書》"荷籠負錘"。現在朝鮮農民還有背土的,不過所用的不是圓籠,而是貝殼形的編物)。古金文沒有"重"和"動"字,毛公鼎的"動"字寫的"童"。若用古金文"㯅、㯅、㯅""鐘"字的標音字相比,知道"童"、"重"和"動"是一個音字的分化。"男有罪曰奴,奴曰童"——從文字上看這"有罪"的"童"(㯅)所負的是可以作爲代表"重量"的土籠！

又古金文"量"字作 、 ，正是把盛土的束籠打開了上口，向裏面放土的樣子。"裝土"的動作叫"量"，引申它普通"容物"的動作和器具也叫"量"。dlung 的分化："重"得到了 dung，"量"得到了 lang。

舌根破裂聲帶 l 的。

用 gl 聲勢説出來的字多有"勾曲"、"圓滾"的意思。

老　甲骨文寫作 、 、 、 ，象一位老人上身傴僂用手扶杖的樣子。這個字甲骨文和金文跟"考"是不分的。古金文卿尊"卿作厥考寶尊彝"的"考"字直寫作 ，卿卣"卿作厥考尊彝"的"考"寫作 、 。杜伯盨"其用享考于皇申且考"的"考"字也是寫作 。爲什麼不分？就是因爲"老"字的古音本念"考老"。"考老"也就是"傴僂"，也就是現在所説的 golo。原是 g 後帶 l 的。"老"字就代表 glo。在字音受字形影響下，走向一形一音的路上時，"老"字佔有丂 lo，另用從"丂"得聲的"考"代替了 go。——實際"考"字從"丂"得聲，"耇"字從"句"得聲，它們都是 glo（或 gla）。它們和"老"的區別只在"老"是象形，那兩個是形聲。["阿"字有"曲隅"的意思。有 l 在後，就是 gla（gala）。"句"從丩得聲，丩是"糾繚"，就是 glo（golo），前者後來記成"角落"，後者則記成"句傴"]。

果　甲骨文作 、 ，古金文作 。象果生在木上的樣子。從"果"得聲的字有讀 guo 的（菓），有讀 luo 的（裸）。把"果"字的形、音、義三方面聯繫起來看，知道它們也是從 gla（guoluo）分化出來的。直到現在，還有一部分的語詞是用 gl 來表示"圓滾"的意思的。舊語"果臝"、"栝樓"、"果臝"、"果臝"、"蝸臝"、"屈攣"、"骨碌"、"錒鏴"、"窟礶"、"魁壘"等都是。現在的車"轂輪"

gulu，木頭"孤路"gulu，死人"格郎"gelang 等也都是這一音系。

——gl 這一個系統的語詞，再進一步分化，有兩方面意思：起初向外彎曲和向裏彎曲是不分的，都是句僂。所以凸起脊背的叫佝僂，窪下成坑的也叫"佝僂"，卻把形狀畫出，寫成了"凵盧"、"佉盧"，現在所說"kolo 眼"正是這個意思。曲背寫成𠗏，窪器寫成了凵、凵、𤰃。"老"和"曲"是從同一語源來的。〔凵，飯器，象形。後起形聲字作𥬲（筥）。𤰃象器曲受物形，古文作𠃊，也是象形。古金文公伐郔鼎"錫公寶鼎，大曲、肜矢"，大曲是弓名，字寫成𢀩。〕

bl、dl、gl 三系語音有時說成 lb、ld、lg 也還和原意不遠。我們舉幾個例子看：

1. 屬於 lb 的。

"培塿"有"圓包"的意思，是用 bl 聲勢。翻過來，lb 聲勢的語詞也有"圓包"的意思。像：

**蘿蔔** 羅服（《潛夫論》）、萊菔（《唐本草》）、蘆菔（《後漢書》、《方言》、《玉篇》、《廣雅》、《廣韻》、《字林》）、蘆萉（《爾雅》）。

我們現在說 lobuo、loba、lobei。

"撥剌"有"分開"的意思，是用 bl 聲勢。翻過來，lb 聲勢也有"分開"的意思。像：

𣥜 《說文解字》說它是"足'剌𣥠'也"。又說："𣥠讀若'撥'。""剌𣥠"的字音就是"剌撥"。

犮 《說文》說它是"走犬皃。從犬而丿之。曳足，則'剌犮'也"。

跋 《說文》："足行'獵跋'也。"

——剌𣥜、剌犮、獵跋，實際上就是我們現在所說的"列巴"、"拉爬"、"力巴"。

跋是獵跋，而獵跋又是"拉爬"，我們就此也解決了"狼狽"。

　　段成式《酉陽雜俎》卷十六說："或言狼狽是兩物。狽，前足絶短，每行常駕兩狼，失狼則不能動，故世言事乖者稱狼狽。"世間哪有這樣的狼種？這純是"就形說意"，一形一音、一音一意，是語言和文字分離的結果。在這個基礎上又生了"狼狽爲奸"的成語。唐以前"狼狽"只是行走困難的意思，有寫"狼狽"的（《後漢書·崔寔傳》："狼狽而走。"），有寫"狼貝"的（《後漢書·任光傳》："狼貝不知所向。"），有寫"狼跟"的（《一切經音義》："狼跟、顛跟也。"），有寫狼跋的（《三國志·法正傳》："進退狼跋。"）。

　　——狼狽、狼貝、狼跟、狼跋就是剌ㄏ、剌友、獵跋；也就是現在的"列巴"、"拉爬"、"力巴"。laba、lieba、liba、lapa，都是古"剌友"的遺聲。

　　2. 屬於 ld 的。

　　"獨鹿"有向下圓滾滴瀝的意思。和它的聲勢 dl 相反的，ld 聲勢則多有"拉他"不振的意思。舉個例：

　　跁躠 lada、跁豬、翻翻、翻翮、拉沓、鷝翻、攦鷝，這些都是鳥飛時羽毛拉沓的意思。這個音，我們現在還使用，像："鬍子拉沓。"

　　拉沓，引申爲不整齊，不潔淨的意思。邋遢、粹遢；攡搖、拉颯、拉褋、擒搖、垃圾等詞都是。現在我們說 lede、lata。（褦襶）、龍鍾、躘蹱；瀧凍、儱倲、隴種，也都是 lada 的音變。

　　"東龍"從"獨鹿"來，有渾淪圓滾的意思。而"龍東"也有渾淪的意思。

　　"籠統"，即儱倲（朱熹文："非如今人　鶻圇儱倲，無分別也。"），籠倲（《廣韻》："籠倲，未成器也。"）。

　　3. 屬於 lg 的。

　　和"句僂"聲勢相反，把 l 放在 g 前的 lg 聲勢也有句僂的意思的。如：

傴句　現在説屈身駝背的人不用佝傴，多用傴句，説成羅鍋。

連卷　舊文用連娟、聯娟、連卷形容眼眉的彎曲；用連蜷、連卷、連拳、聯拳、攣卷、孿卷、跼圈等形容彎曲不伸的樣子。

和“骨碌”相近的 lg：

螻蛄　現在説 lagua，舊書也有寫“蟉古”、“螻蛄”的。

從這幾個簡略的例子裏我們可以想像古人唇舌運動的樸拙情形；也可以想到我國語言並不是孤立的單音；可以找出所謂“聯綿字”裏疊韻連語的來由；也可以證明我國語言古有複輔音的事實。


這一節只説明了這兩樣事：

原人僅是在勞動時説話和思考。他們是用複演的勞動説明勞動。這複演的勞動是全身的，整體的，而且是不離工具和它的對象的。全身整體活動——什麼勞動便做出什麼身態，什麼身態便做出什麼唇舌，什麼唇舌便發出什麼叫聲。這叫聲不是任意的，無端的，它在共同勞動裏，被勞動付與了意義，因此它才在群團裏，在誰也不會用聲音説話的時候，開始了語言作用。這樣的發聲語言是囫圇的音句，是和動作、物體相聯結的原始混成語。[1]

在野蠻時期的最低階段末，在按照性別、年齡分工的社會勞動的新條件下，由於新的需要，刺激了原始思考和音句，這時的古人便把糾纏在勞動過程裏的原始混成語，已經有了相當發展

---

[1]　張世祿譯高本漢《漢語詞類》，商務印書館 1937 年版，第 103—105 頁。

的勞動身態和隨着勞動動作而變化的口舌，從勞動裏提煉出來，隨着概念的形成，發展成特點描寫的手勢和口勢。手口依然是相結的。口勢擬意出現音字。音字的成立一方面是有了概念，一方面是有意地使用了口勢。表現什麼概念，就做出什麼口勢，有什麼口勢就發生什麼聲音；概念近的，口勢近，口勢近的，聲音近，所以"音近意通"。

口勢擬意的事實可以用古語文來證明。雙唇相打的口勢說出些相碰、相合的音字，雙唇相分的口勢說出些相分的音字，雙唇遮口（氣從鼻出）的口勢說出些蒙覆、模糊的音字，舌前上打的口勢說出打擊、挺進的音字，舌前上按（氣從鼻出）的口勢說出貼近、按入的音字，舌前上擠、摩擦氣流的口勢說出細小散碎的音字；舌後上撞（軟口蓋下降）的口勢說出打擊、對合、相分的音字。

由於口舌運動的樸拙，在口勢前後常帶流音，因爲我們的語言從分出音字的時候，就已經不是純粹單音的！

**習題：**

1. 怎麼知道是勞動創造了語言？
2. 勞動身態和發聲語言有什麼關係？
3. 運動語言和手勢語有什麼不同？
4. 手勢在現在的語言裏還有沒有作用？
5. 手勢有幾種？ 各舉一例（不要用講義上的例子）。
6. 發聲語言是經過什麼程式發展來的？
7. 在原人、古人和新人三個階段上發聲語言有什麼不同？
8. 人在什麼時候才開始說話？
9. 在誰也不會說話的時候，是誰在原始群團裏規定了聲音和意義？

他憑着什麼本領使大家接受？

10. 什麼叫音句？它有什麼性質？

11. 音句和音字有什麼不同？

12. 音句和音字跟運動語言和手勢語的關係。

13. 在什麼經濟基礎上出現了音字？

14. 從音句、音字説明運動語言口舌部分的口勢發展。

15. 爲什麼我國古語常是"音近意通"？

16. 在講義外找幾個例，證明雙唇破裂聲的語音有碰合或分別的意思。

17. 證明雙唇鼻聲的語音有蒙覆的意思。

18. 證明舌尖破裂聲有打擊或挺進的意思。

19. 證明舌尖鼻聲有貼近、按進或黏軟的意思。

20. 證明舌尖摩擦聲有細小或散碎的意思。

21. 證明舌根破裂聲有打擊、對合、分開或對待的意思。

22. 爲什麼口勢帶流音？

23. 現在我們語言裏有沒有 bl 聲系的語詞？試找兩個看，如果很多，按音變的道理排列一下。

24. 試找 dl 聲系的語詞。

25. 試找 gl 聲系的語詞。

26. 試找 lb 聲系的語詞。

27. 試找 ld 聲系的語詞。

28. 試找 lg 聲系的語詞。

29. 把 bl、dl、gl 和 lb、ld、lg 各聲系語詞比較一下，看看它們之間的關係。

30. 漢語真是"一音一意"嗎？

**幾本參考書：**

- 《人怎樣會説話的》(尼可力斯基)；
- 《論語言的起源》(尼柯爾斯基・雅柯甫列夫)《新華日報》二月號；
- 《ャペテ言語學》梅西洽尼諾夫著，早川二郎譯——《H. Я. 馬爾四十五周年紀念論叢選本》《考古學概論》的附録，早川氏從《蘇聯大百科全書》裏譯出；
- 《從猿到人過程中勞動的作用》(恩格斯)；
- 《人怎樣變成巨人》(伊林)；
- 《從古猿到現代人》(裴文中)《學習》、《新華月報》；
- 《中國史前學上之重要發現》裴文中，見《燕京學報》；
- 《原始民族の心性と習慣》山崎末彦；
- 《文化人類學》林惠祥；
- 《文化人類學》西村真次；
- *Readings in the Story of Human Progress* (Manshall)；
- 《原始中國語試探》(潘尊行)，見北京大學《國學季刊》；
- 《右文説在訓詁學上之沿革及其推闡》沈兼士，見《慶祝蔡元培先生六五歲論文集》；
- 《聯綿字譜》王國維，見《海寧王氏遺書》二集；
- 《説文通訓定聲》朱駿聲。

# 第四章　勞動也創造了文字

## 第一節　文字發展的階段

### 一、從圖畫到圖畫文字

在後期舊石器時代，人把他們實現某種勞動的身體姿態、工具和對象或者是這三方面的一個，用圖畫的辦法畫了出來。這圖畫當時就被它所表現的勞動給予了意義而有了說明和傳達的作用。這個作用和用嘴來說明它的發聲語言相結合，具備了"形"、"音"、"義"三個文字的基本條件。

起初，圖畫和語音彼此是以整體相結的，是不分析的，圖畫用它的形象解明了語音，語言用它的聲音說明畫意。這種和語言相結的圖畫，從廣義來講，它已經有文字的意義。

這種用繪畫來表示勞動或從勞動所創建出來的生活的圖畫乃是人類用他們從共同勞動裏鍛煉出來的手、眼和頭腦把多少年積累的經驗和技術在"新人"的原始部落經濟基礎上，更進一步地運用，所創造出來的；它反映着從群團進到部落的新時代。

圖畫，在畫法上逐漸精煉，在材料和傳遞上逐漸簡易，它就成了氏族社會記錄或傳達事情的一種工具。這種圖畫可以叫作圖畫文字。

## 二、象形文字和標音文字

以後把圖畫裏的各個物體或是物體之間的關係，跟說明這個圖畫的語句裏的各個單詞分別地相結合，某形適當某詞，某詞畫出某形，出現了定形、定音和定義而且是按着語詞出現的順序排列着的真正文字。（這裏所說的定形是指着物形，並不包括它的畫法，更不論筆數；所說的定音是指着一個語詞的全部音綴，可能是一個，也可能是多個，而不是全體死板的一字一音）。這種文字也還是圖畫，不過在畫法上是精簡了的。把它和圖畫文字來區別叫表形文字或象形文字。由象形文字發展出來表意文字以及表音文字。

綜合起來說，文字的發展是經過三個階段：

繪畫階段（圖畫　圖畫文字）

表形階段（象形文字）

表音階段（標音文字）

這三個階段最末的表音階段，我們中國文字剛踏上一步，卻又陷在表形的圈圈裏；從奴隸社會到現在還沒有解放出來。怎樣才能使它走上表音的正路，這個偉大的工作有待我們文化戰綫上的鬥士！

## 三、助憶物和助憶符號不是文字

一般講文字發展的書，常在繪畫階段的上邊加上助憶階段。所謂幫助記憶是用種種物件作成符號，只是記號還不能把它看成文字，因爲其中物體和意義的關係常是可動甚至相反的。像伊林所舉：假定一根綫上有四個貝殼：一個白的，一個黃的，一個紅的和一個黑的。這封信就是說："我們願意和你們締結'同盟'，只要你們情願向我們'進貢'；但是如果你們不同意，我們就要和你'開戰'，'殺滅'你們。"或者你可以把它從反面解釋出來："我們祈求'和平'，準備獻上'黃金'；如果'戰争'下去，我們就要'滅亡'了！"這是何等的遊動！所以凡是用貝殼作書信的印第安人爲着防備錯誤，都親自把信送去，再看着它把信念出來，那書信的貝殼不能替代人，不過幫助人記住他所要說的話罷了。

結繩[1]、刻木[2]等幫助記憶的方法雖在我國確實存在過，我們依照它的性質不把它當作原始的文字。

以下我們就直接從圖畫講起。

## 第二節　圖畫和圖畫文字

### 一、圖畫完成在新人時期

圖畫是在什麼時代出現的？

關於這個問題，我國出土的地下史料，直到現在爲止，還不

---

[1] 結繩：《易·繫辭》說："上古結繩而治，後世聖人易之以書契。"《莊子·胠篋》也說："昔者容成氏、大庭氏、伯皇氏、中央氏、栗陸氏、驪畜氏、軒轅氏、赫胥氏、尊盧氏、祝融氏、伏羲氏、神農氏，當是時也，民結繩而用之。"我國南方谿洞的少數民族，直到宋後還有使用結繩的。國外像琉球、秘魯的結繩也都很有名。

[2] 刻木：刻木我國古時叫"契"。《老子》："是以聖人執左契，而不責於人。"《曲禮》："獻粟者右契。"《易林》："符左契右，相與合齒。"《列子·說符》："宋人有游於道，得人遺契者，歸而藏之，密數其齒。告鄰人曰：吾富可待矣。"我國史書上也記了原始社會的民俗，《魏書·帝紀序》說："不爲文字，刻木紀契而已。"《隋書·突厥傳》："無文字，唯刻木結繩。"《舊唐書·南蠻傳·東謝蠻》："俗無文字，刻木爲契。"我國戰國時代的契是把木片分左右兩片，在湊合的邊上刻成齒兒，既記數目，又容考辨真偽。這種辦法現在還有遺留。

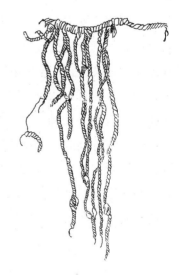

夠説明它。若就全世界已知的材料來看，可以説是出現在人類發展的第三個階段，新人時期——也就是後期舊石器時代（舊石器時代的末期）。這一個時期就中國考古學上已知的文化來説，相當於山頂洞文化。

## 二、借國外的材料作參考

我國山頂洞文化雖然還沒有發現什麼圖畫之類的東西，若和跟它在同一階段上的歐洲史前遺跡相比，我們説中國人在那個時代已經有了圖畫，這可能性的推測，從經濟和文化的關係來想，相差不會太遠。我們暫時用歐洲的史料做個參考：

歐洲在後期舊石器時代出現了"洞窟藝術"。

後期舊石器時代氣候還是寒冷，寒土地帶的動物——馴鹿在歐洲很多，因而這個時代也叫馴鹿時代。這時的原始真正人類已經有了綫畫、雕刻以至於彩色圖畫，形成了馴鹿時代的美術。

後期舊石器時代的人又可以分成三個時代：奧利納西安時代，蘇留特利安時代和馬格達利安時代。

奧利納西安時代人類就已經會畫很好的圖畫了。

發現奧利納西安時代圖畫的人是住在西班牙桑達迭魯的馬爾塞里諾德·騷豆歐拉的小女孩子。發現的地點是在騷豆歐拉住宅附近的阿爾塔米拉洞穴。[1]

　　舊石器時代的圖畫從奧利納西安時代中經蘇留特利安時代
到馬格達利安時代成績更是輝煌,那時的畫家不但會使用紅、
茶、黑、黃各色,並且也有了光綫、色度、影等美術上的技巧。

　　奧利納西安人在穴居生活之外,也有野營生活,在新黃土層
裏發現過他們野營的遺迹,因此也有人把他們叫作"黃土人"的。
蘇拉斯的論文《古代獵人》因爲那時代的哥力馬魯第人種(後期
舊石器時代的真正人類有三種:克魯馬奴人種、昆普洽貝魯人
種和哥力馬魯第人種),很有些近于南非洲的布須曼,他假定在
奧利納西安時代的野營遺迹上有過和布須曼同樣的小屋。又因
爲馬格達利安時代的人類遺物有很多地方和現在生活在北冰洋
沿岸的埃斯基摩人相同,《古代獵人》的作者蘇拉斯以爲馬格達
利安和埃斯基摩人是相似的。

─────────────

〔1〕 阿爾塔米拉洞穴壁畫曾引起一部分學者的懷疑,多以爲不可信。到法蘭西各洞
　　　穴的壁畫發現後,才被採信。

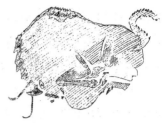

阿爾塔米拉洞穴壁畫"正走着的野猪"　　阿爾塔米拉洞穴壁畫"野牛"

　　我們若把南非洲黑魯蒙附近的布須曼的洞穴壁畫上的偷牛圖和西班牙阿魯貝拉洞穴壁畫所表現的人物交錯的狩獵圖相比，它們非常相似，從圖畫技術上說，蘇拉斯的假定是有一定程度的可信的。

布須曼的求雨咒

　　我們從布須曼和西班牙阿魯貝拉洞穴等壁畫來看，知道那時代的圖畫已經和所謂真正的圖畫不同，因它的目的不是美感的抒寫，而是生活的實錄。所以畫法也比較簡要。這種表現思想，記載事實的，介乎圖畫和文字之間的圖畫，叫作圖畫文字。

　　畫完全的圖畫不是一件簡單的事，須要有技術、耐性和時間，很麻煩，所以圖畫文字常用簡易的辦法只畫主要的部分，用部分代表全體。例如一個戰士曾經殺死四個敵人，這事假定要記載它,固然可以照樣地繪上一幅詳細的"戰畫",但是也可以使用簡法只畫上四個頭顱,在脖頸上加一橫綫,表示被刀砍斷,這樣也可以表示出來同樣的意思。

至於用全體畫法或部分畫法,無論是哪種畫法,都不能把意思充分表現出的時候,常是用象徵的物形,畫一個圖,暗示某種觀念。沮尼印第安人畫一個蝌蚪來表示夏天,因爲在他們那裏到夏天蝌蚪極多,足夠作爲夏天的象徵。

全圖、部分圖和象徵圖這三樣便是圖畫文字的表現方法。

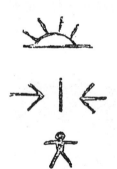

圖畫文字除去表現方法上有上述三點不同之外,從它所畫的題材來説,也有幾種不同。有畫事物的,像奧傑布哇畫一個剛從地平綫下露出一半的太陽,表示"朝";有畫符號的,像大科達畫兩枝相對的箭頭表示"戰爭";也有畫手勢的,像奧傑布哇畫一個兩臂橫伸的手勢,表示"没有"。

印第安人、埃斯基摩人他們都使用圖畫文字。他們使用它紀年,也用它來請願。如:

大科達人用牛皮當紙,上面用圖畫文字記每年的大事。每年只記一事。右邊的圖畫文字標 1800 年的,畫一個人形,遍身點了些紅、黑兩色的點子,這是記那一年的痘疫(出天花那年);1813 年也畫一個人形從嘴上畫起三條橫綫,這是

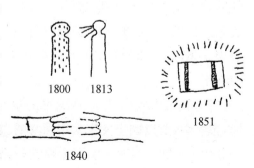

1800　　1813

1851

1840

患百日咳那年；1840 年畫兩手相向，是記載兩族講和那年；1851 年畫一塊毛毯周圍坐了很多人（短綫），是政府最初送給毛氈那一年。

　　下邊的圖畫文字是 1849 年即伯衛族向美國的政府呈遞的一張請願書。他們請求給他們在蘇必利爾湖附近一個小湖的捕魚權。圖裏所畫的七個動物是七個部落的圖騰，用它們來代表請願的七個部落。領導的一族是阿司加巴維，圖騰是鶴，後面跟着的是（2）衛密脱利契、（3）阿敢馬其、（4）第三族、貂圖騰全體、（5）熊圖騰的小麋族、（6）屬人魚圖騰的、（7）屬鮎魚圖騰的。從後面六個動物的眼和心都牽了一條綫跟鶴的眼和心相連結，表明他們是一條心；又從鶴的眼牽出一條綫到湖上，表示它們要求這個湖；另一條從鶴眼牽向前方的綫，是表示向國會請求。

　　也有時用它調查户口，如：

　　下邊表格是明内沙太州密勒湖印第安族的人口調查表，1849 年，支付年金時，由一個乞倍華印第安人納格納送給美國政府主管少數民族的“總督”的。

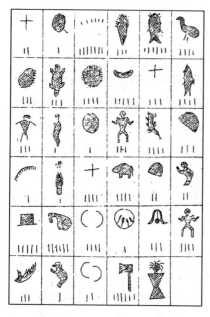

因爲這些印第安人都屬於同一圖騰,納格納就用代表酋長通用名字的符號代表各家。像(5)是鮎魚,下面六豎是指鮎魚家有六口人。(8)海貂皮、(9)太陽、(13)鷹、(14)蛇、(22)水牛、(34)斧子、(35)巫醫。

作傳記,如:

這是岱拉威部落一個著名的酋長梵敢猛的一生事蹟。(1)是他種族的圖騰;(2)酋長的圖騰是他的記號;(3)太陽,右面十條橫綫表明梵敢猛參加過十次戰爭;(4)、(5)、(6)、(7)是他在戰鬥中所捉到的俘虜,男、女、死、活都有分別;(8)、(9)、(10)、(11)表示被他攻擊的地方,底邊的斜綫是他的部下人數:二十三人。

記狩獵,如:

奧傑布哇人狩獵的記載。下面兩條綫表示一條風浪險惡的河,河上航行着一個樹皮艇由主人自己駕駛,船頭上立着一塊赤楊樹皮,在樹皮前面燒着松節的火,照明他的航程,野獸到河上喝水時,獵人可從樹皮艇的陰影裏偵查它,船上雲形代表火把所出的煙,船前有二匹鹿,兩鹿的前邊是一個湖,湖上又露出一匹鹿的頭角,湖右有一匹牝鹿,牝鹿的近處是這個獵人的住處。——這一個圖畫文字記載了獵人在這條路上獲得四鹿。

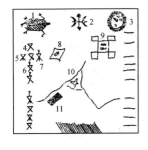 

記巫術,如:

這是奧傑布哇的惡巫醫摧害敵人的記載。四個小長方形代表惡
巫醫所屬的禮拜會裏的四種等級,這四種等級用長方形上的縱綫代
表。長方形的右邊的人形是惡巫醫的助手,他旁邊的人,從嘴吐出一
條波紋綫,直抵一個圓圈的,即是惡巫醫本人。所吐出的波紋綫表示
他所施展的法術,圓圈表示一個湖,敵人所在的地方。敵人經過這一
番法術就死在惡巫醫的腳下。圖上倒在地上胸前有一塊黑點的是敵
人。敵人和惡巫醫中間的小方形,代表聖鼓。

寫信,如:

下邊的圖畫文字是一封信。是奧傑布哇族女子給她住在迷納蘇
答白地的愛人的情書。左上方的動物是熊,是女人的圖騰,左下方的
泥狗是她愛人的圖騰。這兩個動物代表了發信人和收信人的姓名。
兩條綫代表道路,從她們住處出來,相遇後,便延長到兩湖之間。另有
一綫直趨兩營。這裏有三個女子駐營,她們都已經信了天主教,所以
用三個十字架來表示。左營裏有一支招手的骼臂(像鑰匙似的),這支
臂是寫信人的,做着表示歡迎她愛人的印第安人手勢。

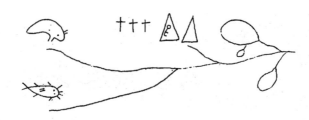

記歌詞——戰歌,如:

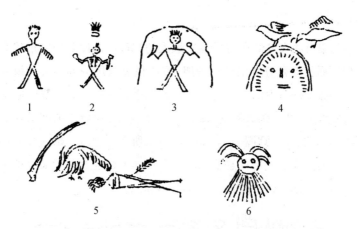

這裏記了一首戰歌。(1) 戰士帶了羽翼表明他的疾敏迅速;(2) 他在晨星之下;(3) 他在穹蒼的天下拿着武器和搖鼓;(4) 殺戮之鷹滿天飛;(5) 戰士戰死在沙場;(6) 他飛升天空成為神靈。歌詞是這樣:

(1) 我希望我有飛得最快的鳥的身體。

(2) 我每天看着你;我唱了半天歌。

(3) 我捨棄我的身體。

(4) 鳥在天空中飛翔。

(5) 我極快樂,我與死者為伍。

(6) 天上英靈唱我名。

戀歌,締約公告,求援啓事,墓誌以至一般的生活散記。如:

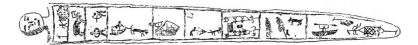

這是一塊海象牙,上面刻着阿拉斯加人一般生活狀況:第一格是一個土人在家休息,他的家前立了一個圖騰柱(一隻鳥落在柱上);第二格是一隻馴鹿;第三格一人正彎弓在射着另外一個人;第四格狗橇遠征;第五格一隻船有帆有槳;第六格一個狗橇,上有太陽;第七格神聖的屋子,外邊四角有四個像,表示執着弓箭的武裝青年守衛禁地,會員圍着中央的火跳舞;第八格松樹,一個箭豬在向上爬,另一棵松樹啄木鳥在啄着小蟲,另外還有一匹熊;第九格人趕魚入網,帶繩的漁叉上掛着一條捉到的鯨魚。

圖畫文字除使用一般物形之外,有時夾雜着手勢,甚至是純手勢的手勢語記錄。有手勢和物體混用的圖畫文字。

下邊是阿拉斯加埃斯基摩人刻在一個象牙弓柄上的狩獵記載。

（1）獵人用右手扶着頭表示自己,左手向前指,表示他進行的方向。（2）用手舉槳表示必須航海。（3）右手放在頭旁表示睡眠,左手豎起一指表示一夜。（4）圓形代表一個海島,其中一點兒記他在島上的住處。（5）和（1）同樣,是説自己前進。（6）另一海島。（7）和（3）一樣,不過手指不同,是睡了兩夜。（8）獵人手拿魚叉,左手做一個表示海獅的手勢。（9）、（10）兩圖是記用弓射海獅。（11）二人搖槳歸來。（12）獵人的家。

這一行圖畫文字按照意思譯出來,則是:"我過海到了一個島上,在那裏睡了一夜;我又到另一個島上,在那裏睡了兩夜。我捉了一隻海獅然後回家。"

也有純畫手勢，記錄手勢語的圖畫文字。如：

這裏我們引因奴衣人掛在門上的告白作例：他告訴他的親友説：他已經外出，卻畫了一串手勢。圖上所畫的人形 1、3、5、7 是代表被通告的人，其中沒有手臂的人，表明和本記載無關，所以沒有手勢。從左起第二形，是通告人自己，右手拊腰指自己，左手前指表明去向。第四形伸臂張指表示多。第六形用右手拊頭表明睡眠，左手前指表明地點，意思在説：須在某地住上幾夜。第八形用右手回指原地，左臂和左手作出向回彎曲的樣子表示回家。

畫上這些手勢連在一起，意思是："來訪諸親友均鑒：本室主人遠出，數日即返。"

我們根據這些材料——雖然很不完全，還可以看出圖畫文字的一般性質：這種文字是把表現物體（全部或一部）或物體關係的圖畫和語言相結的。每個物形或關係只能和説明它的語句全體相結，不可能把語詞和它所表示的概念，一個不漏地按着語言的順序相結。這個整體性就是它和真正文字的主要差別。大科達人雖然已經會把酋長的名字用一個圖形畫出來，（像酋長"跑鹿"、酋長"蛇穴"的名字畫成一隻正在跑着的鹿，一條從洞穴裏探出頭來的蛇。）但是配合着他們的紀年史來看，便可以知道

酋長"跑鹿"的名字　酋長"蛇穴"的名字

他們還沒有會把整個事情這樣地分析地定形定音地記錄下來。同樣，奧傑布哇用  表示"語"，用 表示"唱"，用 表示"蛙鳴"，而赤楊皮上的情書，過河行獵的記錄，惡巫醫摧害敵人的記錄以至於巫醫的口訣等等全都依靠圖畫文字，也還不能把形、音、義三者確定地像真正文字那樣按詞地使用出來。

因此我們可以說圖畫文字是氏族社會的文字。它給到奴隸社會才完成的真正文字準備了很好的基礎。

### 三、我國的圖畫文字

我們參考了印第安人和埃斯基摩人的圖畫文字之後，一定要問：中國是不是也有圖畫文字呢？

我們的回答是肯定的，有！並且和他們相去不遠。雖然我們現在已知的直接史料還很貧弱，若就這僅有史料裏去看也正有很好的證據，像安特生在他的《甘肅考古記》一書裏所載的辛店期的陶文：像馬似的動物，穿着衣服的人形，站着的鳥形和帶着光芒的日輪等等都具體地說明了這一個事實。[1]

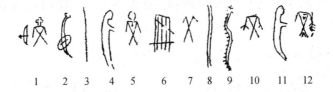

     1   2   3   4   5   6   7  8 9  10  11  12

---

[1] 安特生分中國新石器時代爲六期，辛店期是其中的第四期。

這是一首刻在赤楊皮上的奧傑布哇的巫醫口訣。(1)馬那不作握着他的弓箭。(2)巫醫的鼓和鼓棒,用來祝歌和始禮。(3)念咒語時的節拍或小停。(4)獺皮醫囊,內裏藏着聖禮的表號和貝殼。(5)巫醫他自己,飾以勳章,表示他無比的權力。(6)一個像煙筒似的變戲法一樣的詐人玩藝兒。(7)一個女人,表示她可以進入大醫術的社會。(8)節拍或小停。(9)神聖的蛇皮醫囊,有魔力。(10)另一女人。(11)另一獺皮魔術囊,女會員用的。(12)一個女人的像,拿着一些神聖植物枒枝以驅逐病魔。

辛店陶文裏人的衣服輪廓和我們前面所舉的印第安戶口調查表最末的巫醫相同,所差的只是一個畫髮,一個沒畫。其他兩頭動物,畫法跟印第安人和埃斯基摩人的圖畫文字相近。

同時這幾個紋又和它以後的青銅器銘文(古金文)相近。從這種相聯的關係上,我們在還沒有發現出中國氏族社會的圖畫文字之前,可以相信是有這個事實的。(殷墟龜甲獸骨文字以前的文字將來會被發掘出來的。)

中國有過圖畫文字的事實,古金文裏已經多少地透露了消息。有些圖不能用現存的文字對譯過來,但是看圖還能知意。並且這圖形有些個和印第安人或埃斯基摩人的圖畫文字非常相近,若截取和它們意象調合的古金文放在一起,在作圖的手法上,有的相近得"若出一手"。我們找幾個例子看:

關於人的:

關於物的：

　　看出它筆劃的繁簡都和圖畫文字相近，甚至於有的相同。其中有些已經和表示那個概念的語詞相結，變成了真正文字；有的並沒有，或者當時曾經相結，以後因爲失用而失傳了。

　　殷墟貞卜文字，因爲工具和材料的關係，一般的都是有些鋒棱廉細，不能像古金文的蜿轉自如；但是，就在這瘦硬的筆劃裏，也還透露着圖畫的痕迹。如下面兩片骨版裏的虎、象、鹿、猿等動物，刻畫得都很生動。可以和前面所列舉的金文虎、象等相比看。

　　我們從這些古文字裏所看到的迹象，相信我國氏族社會時代是有圖畫文字的。《左傳·宣公三年》在楚子問周鼎的大小輕重時，王孫滿曾説："昔夏之方有德也，遠方圖物貢金，九牧鑄鼎象物，百物而爲之備，使民知神、姦。故民入川澤山林，不逢不若。"所説"遠方圖物貢金"雖然没有説夏自己圖物，但是以夏爲中心的部族中間，是已經在使用圖畫去説明他當地的物了；而且他們使用得很好，夏的九牧才能用他們所貢來物指着他們所表現的圖"鑄鼎象物"。這間接的材料上也可以作個參證。

## 四、圖畫文字是氏族社會公有的

　　氏族社會的文字——圖畫文字是全氏族公有的，在那個經濟基礎和從那個經濟基礎所産生的制度上，圖畫文字是易學、易

寫而且易用的,是氏族裏誰都能懂的。只有到階級社會,開始是
奴隸社會,勞動者不但失去了自由而且也失去了文化! 文字到
階級社會裏遂成了統治者專用品。

　　下邊是印第安人用樺樹皮寫的一封信。

　　一個探險隊在林子裏迷了路,在林子裏徘徊了很久。那嚮導依着
他們族裏的習慣,把這封樺樹皮信留在林子裏,報告他們的遭遇。這
封信是釘在森林裏高處的一棵樹上。尋找他們的人——印第安嚮導
一看就把這封信講出來:一共八個人,在他們旁邊有八支槍。這八個
人就是兵士。那六個小像,是參加探險的人,都是印第安的嚮導。那
些營火是表示他們曾經宿營的地點。四腳朝天的海貍是那名叫海貍
的印第安人嚮導在路上死了。

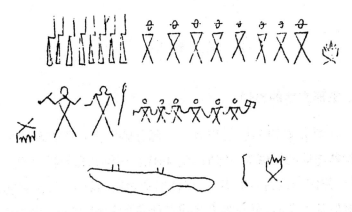

　　這裏再舉一個獵人求援的啓事。

　　這個啓事是畫在一條木棒上,然後把棒的下頭插在最容易發現的
地上獸印裏。上頭斜指着獵人的家。(1)獨木舟。(2)人橫伸兩臂表
示一無所有。(3)右手上舉到嘴,
意思是食物或吃;同時左手伸出,
指着。(4)飢餓待援人的草屋。

——這些例子，都可以説明氏族社會的文字，圖畫文字的普遍性：人人會寫，人人會讀。

總之，圖畫是在"新人"階段，也就是在後期舊石器時代出現的。圖畫文字是氏族社會的文字。圖畫文字是表示思想，記録事實，經過組織，簡化了的作爲從視覺上交通心意的工具的圖畫。它有三種畫法：全體法、局部法和象徵法。它有三種材料：實物、符號和手勢。它適用的範圍很寬，是氏族社會公有的文化之一。

我國現時雖然還没有發現圖畫文字，但是從新石器時代的陶文，殷周時代的金文、甲骨文等等地下史料裏，還可以看出來它的朕迹。

## 第三節　象　形　文　字

### 一、象形文字的出現

在圖畫文字時代，已經有了一部分圖形把它所表現的物體或物體之間的關係跟一定的概念和代表那個概念的語詞固定地相結，像圖騰或酋長的名字，這種形音相結的數量，從個別的使用發展到了全面，全幅圖畫變成了語言的記録，既能看圖知意，也能看圖知音，到這時候，從圖畫文字完成了象形文字。文字才從它的原始狀態裏走出來，不再是囫圇的，用全幅圖畫和説明它的整句相結，而是分析的，一形一詞的和句子裏各個語詞依次相結的真正文字。

從象形文字的完成，開始了文字的新階段。

這個時代應該是在奴隸社會。在奴隸主用强制的力量剝削奴隸剩餘勞動果實的經濟基礎上，在兩個階級不可調和的矛盾上，隨着階級統治的產生而產生了國家，也隨着奴隸主在統治上的需要，進一步的把圖畫文字改造成比較明確的語言記錄。於是從巫、史手裹把在氏族社會就已經有了語、文相結的朕迹的圖畫文字整理改編，使它變成一批看圖識字的象形文字。

這裹所説的象形文字包括：象物、象事、象意和形聲。

説一形一詞的象形文字是從奴隸社會開始，除去上邊所提的道理之外，還有兩件使我們不能不這樣想的事實：

（一）印第安人、埃斯基摩人和非洲、澳大利亞土著人等停留在氏族社會的少數民族，他們只有圖畫文字。如

古墨西哥文字裹出現了表音字，像"伊兹柯特耳"Itzcoatl 王的名字，在《勒德以愛法典》裹，用插着刀（Itzli）的蛇（Coatl）來表示，Itzcoatl 意思"刀蛇"。這是表形的辦法。但是，在《佛加拉法典》裹，這個王的名字第一個音綴 itz 是用飾有黑曜石的武器；其餘 Coatl，也不畫蛇，卻畫一個土壺和水的符號。武器 itz，壺 co，水 atl，不問器具，但記它的聲音，又是表音字了。

這個事實不可和美洲一般印第安人相比，因爲這是古墨西哥一個"邁阿"（Maya）帝國文化的遺留。"邁阿"在西班牙人到美洲之前約二百年，被"阿兹得"人所屈服，刀蛇的讀法是延依"阿兹得"語，"阿兹得"摧毀了"邁阿"文化，但也借用了"邁阿"文化。總之，這個實例，不但不能證實氏族社會產生圖畫文字以外的記言文字，相反地，也正證明了這種文字是出現在"國家"裹，是階級社會的東西。

（二）巴比倫、埃及和中國在奴隸社會裏都有從圖畫文字脫化出來的文字。

## 二、象形文字的種類

象形文字有三種：一種是描畫單一物體的"象物"的象形文字，一種是描畫物體關係的"象事"的象形文字，再一種是用具體的物的關係畫出來沒有具體形象的"象意"的象形文字。——這種文字，在概念上，可能因爲具體和抽象的先後，把它排在象形之後；但是在實際的應用上，它和象事的文字早在圖畫文字階段裏就已經有基礎，不過沒有和語詞相結得十分明確、固定而已。[1] 因此，這種象意字始終是象形文字的一種，它自己並不能在文字發展過程裏，改進文字，起劃時代的作用，使文字從象形階段走到面目一新的另一階段。過去在表形階段之下接着列出表意階段，這種分法至少在我們中國文字發展程序上，是不合實際的。

以下我們按照象物、象事和象意三種象形文字分別舉例說明。

（一）象物的象形文字

描畫物形的象形文字按照它所描畫的範圍可以分成兩類：象物體的全體形狀的和象物體的部分的形狀的。

象全形的又可分成兩樣：獨體象形和依附象形。

象部分的也可分成兩樣：形態的和性質的。

---

[1] 像大科達用→｜←表示戰爭。奧傑布哇用曲綫入耳爲"聞"，而以"⌅"象徵"聾"或"聽不見"。

獨體象形的文字，是物體的“速寫”，東漢許慎在他的《説文解字敘》裏，給所謂“六書”之一的“象形”所下的定義是：“畫成其物，隨體詰詘（屈曲的意思），日、月是也。”“照樣畫葫蘆”的方法，正是這類獨體象形文字描畫單一物形的方法。例如：

**人**　甲骨文作、，古金文作、、，都是象人側身站着的樣子。

**女**　甲骨文作、，古金文作、，都象女人交臂跪坐的樣子。

**自**　甲骨文作、、，古金文作、，“自”字原是鼻子，古“自”字都像鼻子。

**止**　止是趾的原字。古金文作、、，甲骨文作。

**隹**　甲骨文作、，古金文作、、。都是、、等鳥形的簡化。

**燕**　甲骨文作、。象燕子張口、展翅、枝尾的樣子。

**象**　甲骨文作、。

**犬**　甲骨文作、、。

**角**　甲骨文作、，古金文作、。象角佝僂的樣子，是它的紋理。

**虫**　甲骨文作。象蛇頭尾拘攣的樣子。

**蠶**　甲骨文作、。

**禾**　甲骨文作、、，古金文作、。象根莖、葉穗的樣子。

**來**　本是“麥”字，甲骨文作、、，古金文作、。

**享**　甲骨文作，古金文作、、。象“享殿”的樣子。

**衣**　甲骨文作、，古金文作、、。象衣有領、袖和左右襟的樣子。

**其**　“其”是簸箕的原字。甲骨文作、，古金文作、。

**皿**　甲骨文作、，古金文（偏旁）作。

**㫃**　是旗的飄帶，甲骨文作、，古金文作。它的原形當是

"斿"字所從的 🖼️ 🖼️ 🖼️。

車　甲骨文和古金文所畫的車是一個轅的。甲骨文作🖼️、🖼️、
　　🖼️、🖼️,古金文作🖼️、🖼️、🖼️。

斗　古金文作🖼️、🖼️。⊃象"魁",入象"柄"。橫看可見它的
　　原形。

壺　甲骨文作🖼️,古金文作🖼️、🖼️。

弓　甲骨文作🖼️、🖼️、🖼️,古金文作🖼️、🖼️、🖼️。🖼️象摘下一頭弓弦的
　　樣子。

冊　甲骨文作🖼️、🖼️,古金文作🖼️、🖼️。

這一類的字都是象單個物體形狀的,它不需要什麼説明,只
要畫出那東西主要形狀和特點就夠了。

有些物體,雖然也有形可象,但是它的形象必須依附着一定
的有關物體才能顯現出來,不然就陷於曖昧。它所要求的依附
部分,有的是和那個字的主形是同體的,也有的是異體的。

依附着同一物體的象物文字,又有依附鄰近部分和依附全
體兩樣:

依附鄰近部分的如:

眉　古金文作🖼️、🖼️。眼眉的本體是🖼️,單畫🖼️不知在表示什
　　麼,所以必須附上眼睛。用🖼️在下邊一襯,🖼️的形意才能
　　顯現出來。

齒　甲骨文作🖼️、🖼️、🖼️。牙齒雖也有形可象,但是離開了
　　"口",單畫些🖼️,那就不知道它是什麼東西。(現用的齒,
　　"止"是音標。🖼️就是🖼️的形變。)

易　易是古翅字,古金文作🖼️、🖼️、🖼️。🖼️象鳥翅,🖼️是鳥頭。

瓜　《説文解字》："瓜，象形。"按中間"⼩"是瓜，上面和旁邊的⼞形是瓜的莖和蔓。

雨　甲骨文作⺼、⺼、⺼、⺼、⺼、⺼，古金文作⺼。｜｜｜、⼩象雨點，點上一横象天或陰雲。

丘　甲骨文作⺝，古金文作⺝、⺝。⺈象地上的土包形，一象地。

依附全體的又有兩樣：一樣是在全物上特寫所要部分，一樣是就全物上標出所要部分。如：

文　文是"文身"的本字。象人在身體上刺成紋飾的樣子。甲骨文作⺈、⺈、⺈，古金文作⺈、⺈、⺈、⺈。都是畫出人體全形，把胸部擴展開，顯出軀體上的紋飾。

這個人體的畫法和 1820 年在聖安東尼瀑布上發現的"締結和平條約的公告"的圖畫文字裏幾個人形的畫法⺈、⺈有些相近。

兒　"兒"是"貌"的原字，《説文解字》："⺈，頌儀也。從儿，白象面形。"

須　"須"是胡的原字。古金文作⺈、⺈、⺈。彡是胡，但孤立地畫出來，難説是什麼。畫個人體，在特寫的頭上，加上彡，彡才像是鬍鬚。

果　果，一般是圓形的。單畫圓形，容易含糊。在樹上畫出圓形，就比較清楚了。"果"篆文作⺈，象果實生在木上。

朿　《説文解字》："⺈，木芒也。象形。"⼀象刺。

——這是幾個在全物上特寫它所要表示的部分的依附象形的象物字例。

亦　"亦"是"腋"的原字。兩腋雖有形象可見，但它自己没有不同於它部的特點。没形可畫，卻有處可指，於是畫出全身，在腋下標上記號。（甲骨文），（金文）。

**中** 甲骨文作，，古金文作，，是四條飄帶，或是標識中間位置的記號。

**弦** 弓弦怎樣表示？單畫一綫未必是弦，畫在弓上又和弓字不分。爲了明確，先畫一張弓，在弓弦的部分上加上指標，用｜或用○記出弦來，甲骨文作，，。（或釋彈，非。）《說文解字》："，弓弦也。從弓，象絲軫之形。"所從的，就是的傳誤。

**本** 《說文解字》："，木下曰本。從木，一在其下。"徐鍇說："一，記其處也。本、末、朱皆同義。"一是標識的記號。（朱，不同義。）

**末** 《說文解字》："，木上曰末。從木，一在其上。"

——這是幾個在整個物形上用綫、點或圈標記出它所要表示的部分的依附象形的象物字例。

依附別的物體來顯現物形的，像：

**泉** 泉水雖是主體，但泉水必須依靠溪谷。、。

**牢** 《說文解字》說是"養牛、馬圈"，按甲骨文作、，古金文作。有從牛的，有從羊的，没有從馬的。是牢的外形，但是不從牛或羊是顯不出來的。

**厌** 射箭時張布作鵠的"射布"叫"厌"。甲骨文作、，古金文作、、。——橫看：是張布作厌，立在地上的形狀。單畫或不足以表示它是厌，必須附上矢作才能見出它的形狀。

州　水裏的陸地叫"州"（現在通用"洲"字）。甲骨文作⟨⟩，古金文
　　作⟨⟩。州本是其中的⟨⟩形，和前面介紹的阿拉斯加人所畫的
　　海島〇，是一樣的。但是畫出一個小圓，未必一定是州（州和
　　島同一語源），必在它前後左右加上水形才能確切，不致誤
　　會。在⟨⟩的四周添上水，寫成⟨⟩，在水裏顯出"州"來。《説文》
　　作⟨⟩，是水中三島，乃"州"形的直接來源。

免　古金文⟨⟩、⟨⟩、⟨⟩象人戴大帽子的樣子，⟨⟩就是冕的形狀。
　　但是單畫⟨⟩不一定象冕，在⟨⟩下附上一個人，⟨⟩有人在下
　　相襯，意思才能完足。《説文解字》沒有"免"字而有從它的偏
　　旁，"免"就是"冕"字。由⟨⟩形誤寫成⟨⟩、⟨⟩，更由⟨⟩誤成
　　⟨⟩，遂成了"免"。

血　甲骨文作⟨⟩、⟨⟩，古金文作⟨⟩、⟨⟩、⟨⟩（衇字偏旁）。象血在皿
　　裏的樣子。《説文》説血是"祭所薦牲血"，從皿、從⟨⟩，⟨⟩就是
　　皿裏所盛的血。但是單畫⟨⟩形，不一定象血，必須附上盛血
　　的器具⟨⟩，才能顯出。

盾　《説文解字》，"盾，瞂也。所以扞身蔽目，象形。"象形，是指⟨⟩
　　象盾形，十當是瓶，人所把握的地方。⟨⟩形單畫出來形也不
　　明顯，附上目字可以見出它扞身蔽目的形象。

　　以上這些例子，無論是獨立的或依附的，都是象全形的。以
下我們再説幾個象部分形狀的。


　　象部分形狀的字，都是有顯而易見的特色的。有畫它的特
殊形態的，有畫它特殊的性質的。
　　畫特殊形態的象物的象形文字。像：

牛　甲骨文作⟨⟩、⟨⟩、⟨⟩、⟨⟩，古金文作⟨⟩、⟨⟩、⟨⟩。象牛頭。當是⟨⟩

的簡寫。🐂省爲🐂，又省爲🐂。牛的形體，特點在頭，單畫牛頭就已夠顯明。

羊　羊的字形，在作法方面和牛一樣，也是單畫頭部的。甲骨文作🐏、🐏，古金文作🐏、🐏、🐏、🐏、🐏、🐏。

描畫特殊性質的象物的象形文字，像：

月　月亮的特殊性質是每月有圓有缺。甲骨文寫作🌙、🌙，古金文寫作🌙、🌙、🌙。都是象缺月的樣子。

水　水本身是液體没有固定的形狀。但是它在形體方面有兩種特性：流動和滴瀝。甲骨文水寫作🌊、🌊，古金文作🌊、🌊、🌊。象水流，🌊象水滴。

臣　甲骨文作🦅、🦅、🦅，古金文作🦅、🦅。《説文》説："臣，牽也，事君也。象屈服之形。"郭沫若先生説："臣象豎目之形，人首俯則目豎，所以'象屈服之形'者，殆以此也。"低頭的則眼睛立起來，用豎目來象屈服之形是就着臣的特殊性質——俯首屈服——畫下來的。

## （二）象事的象形文字

上面所講的都是用簡明的畫法來表現單一的，静止的物體形狀的象物的象形文字。

人自從開始勞動時起，便和好多東西——不論是勞動工具或對象——發生了關係，不是人拿工具怎樣動，便是拿工具怎樣地影響了什麼。在工作裏，從人體來説，不是用手如何如何，便是用腳如何如何。有時是人和物發生關係，有時是人和人發生關係，也有時是物和物發生了關係。所有這些關係，從物形來講都是構成事情的基本形態。

凡是一個事情裏的物體都不是静止的，孤立的，而是動的，和別的部分或別的東西是相互聯繫着的。表現這種有事情關係的文字，也是用簡單的圖畫，也是象形文字，不過它所象的不是"物形"，而是"事形"。因此，我們把它叫作象事的象形文字。

象事的字大致可分兩種：具體的和抽象的。

1. 具體的象事的象形文字

首先，具體的象事的象形文字，從它的結體方面來看，有用同體文字構成的，也有用異體文字構成的。

（1）用同體文字構成的，有：

**並排的**　例如：並　古金文作〔圖形〕。

　　　　　　　似　《説文解字》："〔圖形〕，衆立也。從三人。"

**重疊的**　例如：多　甲骨文作〔圖形〕，古金文作〔圖形〕、〔圖形〕。

　　　　　　　劦　甲骨文作〔圖形〕，《説文解字》"〔圖形〕，同力也。從三力"。

**相對的**　例如：舁　《説文解字》："〔圖形〕，共舉也，從臼、從廾，讀若余。"

　　　　　　　卯　甲骨文〔圖形〕象二人（〔圖形〕）相向。

**相反的**　例如：北　甲骨文作〔圖形〕、〔圖形〕、〔圖形〕，古金文作〔圖形〕，象二人相背。

　　　　　　　步　古金文作〔圖形〕，甲骨文作〔圖形〕、〔圖形〕。象兩"止"相錯。

**相合的**　例如：廿　甲骨文作〔圖形〕、〔圖形〕，古金文作〔圖形〕、〔圖形〕、〔圖形〕。

　　　　　　　卅　甲骨文作〔圖形〕、〔圖形〕，古金文作〔圖形〕、〔圖形〕、〔圖形〕。

（2）用異體文字構成的，有：

由兩個異體構成的，例如：

安　甲骨文作◻、◻。《説文解字》"◻，靜也。從女在宀中。"

逐　甲骨文"逐"字寫作◻、◻、◻，從豕、從止。象豕在前，人在後追逐的樣子。

由三個異體構成的，例如：

射　甲骨文作◻，古金文作◻。由弓、矢、又(手)三個合成。

漁　甲骨文作◻、◻、◻，由魚、◻(釣魚竿)或◻(魚網)和◻三個物形合成。

由四個異體構成的，例如：

解　甲骨文作◻，由◻、角、八、牛四個合成。

奔　古金文作◻。由大、止、止、止四個合成。

由五個異體構成的，例如：

稻　古金文稻有寫成◻的，由◻、◻、米、臼、水五個物形合成。

爨　《説文解字》："◻，齊謂之炊爨。"由◻、◻、林、◻、火五個物形合成的。——◻就是古金文◻(鑄)字上邊的◻。◻是一個物形。《説文》説，"臼◻象持甑，冂爲竈口"，不對。(按《説文》的説法則是由六個合成的。)

其次，具體的象事的象形文字，我們在這裏再依照物類關係，分類舉例，看看這些物體關係的簡畫：

兩手的，如：

廾　《説文解字》："◻，竦手也，從屮從又。(収，後來寫成廾，大。弄、戒、兵、具等字下邊的丌，大都是◻。)"

屮　這個字就是"攀"的原字，象兩手反張，向上攀援的樣子。《説文解字》："◻，引也。從反廾。"又説："或從手、從樊。"

臼　《説文解字》"𦥑，叉手也。從臼。"

非　古金文作 ⿰ 、⿰ 、⿰ 。象兩手向外分張的樣子，就是"排"的原字。

舁　見 207 頁。

手執工具的，如：

聿　甲骨文作 ⿰ 、⿰ ，古金文作 ⿰ 、⿰ 、⿰ 。《説文解字》"聿，所以書也。楚謂之'聿'，吳謂之'不律'，燕謂之'弗'，……秦謂之'筆'。"象用手拿筆的樣子。

史　甲骨文作 ⿰ ，古金文作 ⿰ 、⿰ 、⿰ 、⿰ 。象手執中。中是盛筭策的器具。王國維認爲筭和簡策本是一物，都是"史"所執掌的事。

射　古金文作 ⿰ 、⿰ 、⿰ 。

手持物的，如：

得　甲骨文作 ⿰ 、⿰ 、⿰ ，古金文作 ⿰ 、⿰ ，或從彳作 ⿰ 、⿰ ，甲骨文作 ⿰ 。（得，《説文解字》誤作得。《説文》彳部："得，行有所得也。從彳、㝵聲。⿰ ，古文省彳。"又，見部："⿰ ，取也。從見、從寸，寸度之亦手也。"都把貝誤成了見。）

爲　甲骨文作 ⿰ ，用手牽象。古金文作 ⿰ 、⿰ 。石鼓文作 ⿰ 。《説文解字》寫作 ⿰ 。（《説文》以爲"⿰ 是母猴"不對。）

隻　甲骨文作 ⿰ 、⿰ 、⿰ 、⿰ ，象手持佳形，捕鳥在手，當是"獲"的原字。

執　甲骨文作 ⿰ 、⿰ 、⿰ 、⿰ ，象手持木形，是"執種"的"執"字。石鼓文更在木下加土作 ⿰ ，古金文作 ⿰ 。

啓　甲骨文作 ⿰ 、⿰ 、⿰ 、⿰ ，從手、從戶，象用手開門形。字有時更加上口作 ⿰ ，古金文作 ⿰ 。"又"以後誤成"攴"又寫成

　　 、 。

**取**　甲骨文作用於 、 、 ,古金文作 、 。

**及**　甲骨文作 、 ,古金文作 。象用手抑人,使他降服的樣子。

**及**　甲骨文作 、 ,古金文作 、 、 。《説文》作" ,逮也。從又、從人。"象用手逮人的樣子。

## 手使工具加到物上的

**牧**　甲骨文作 、 、 、 ,古金文作 、 。從又、從丨或亻,從牛、羊,象用手持物牧牛、牧羊的樣子。

**秦**　甲骨文作 、 、 ,古金文作 。象抱杵舂禾的樣子。

**舂**　古金文作 。象兩手抱杵擣臼的樣子。

**盡**　甲骨文作 、 、 、 ,象用手拿 洗刷器皿的形狀。(後來把 誤成聿,以爲從皿、聿聲,不是原字。)

**尞**　甲骨文作 ,《説文》" ,火之餘木也。"——現在作"燼"。——象用手持棍撥餘火的形狀。

**漁**　甲骨文作 、 ,象用手持竿釣魚;作 ,象用手持網打魚。(現用的漁是從 來的,甲骨文有 、 字,古金文有 字。)

**殸**　甲骨文作 、 、 、 、 , 象磬折形, 是它的懸繩。全字象用手持 打磬的形狀。(現在的"聲"字上半就是從它來的。這個字是古樂器"磬"的原字。)

## 人和工具的

**奴**　甲骨文寫作 、 、 、 ,象人和耒( )。 後誤成 ,遂成"奴"。

**耤**　甲骨文作 、 、 ,象人用手持耒首用腳踏它的橫木的形狀。

異　甲骨文作 𓂷、𓂷,古金文作 𓂷、𓂷、𓂷。象人頭上頂着器具怕它掉下來,兩邊用手扶着的樣子。

伐　甲骨文作 𓏃、𓏃、𓏃,古金文作 𓏃、𓏃、𓏃。都象用戈擊入人頸形(戈文有用手持戈砍進人頸的)。

矩　古金文作 𓏃、𓏃、𓏃、𓏃、𓏃。象人手持矩尺(工)形。("大"是人,誤成矢,遂成現用的"矩"。)

## 人使用工具加到物上的

蓐　甲骨文作 𓏃、𓏃、𓏃、𓏃。象人持"鶴嘴鎬" 𓏃 開墾林地的情形。(現用農字是從 𓏃、𓏃 變來的。古金文農字從田,從田是就墾田寫成的。《説文》作 𓏃,從晨、囟聲,囟是田的傳訛。)

舀　甲骨文 𓏃、𓏃,葉玉森説:"� 象杵,𐎀 象臼,⋮⋮ 象米挹出,臼旁跽者作雙手舉杵狀。叔家父簠"稻"作 𓏃,𐎀 象雙手舉杵,而略去杵形,⋮⋮ 象溢出之米,𐎀 象臼。又簹嬛簠"滔"字偏旁作 𓏃,𐎀 象杵,𐎀 象雙手,𐎀、𐎀 象米與臼。與卜辭尤合。乃古文舀字。《詩經・大雅・生民》'或簸或舀',《説文》'舀,抒臼也'。古亦假作稻。故簠文以 𓏃 爲稻。"

## 人和物的

斿　甲骨文作 𓏃,古金文作 𓏃、𓏃,石鼓文作 𓏃。象人持旗。

祝　甲骨文作 𓏃、𓏃、𓏃,古金文作 𓏃、𓏃、𓏃,象人祝於示前。

監　甲骨文作 𓏃,古金文作 𓏃、𓏃。象人俯首在皿上照形的樣子。

宿　甲骨文 𓏃 象人在席上,或作 𓏃,古金文加 𓏃 作 𓏃。《説文解字》作 𓏃。𓏃 也寫作 𓏃,《説文》以爲古"夙"字。𓏃、𓏃 都是席子 𓏃 形的誤筆。

臽　古金文作 𓏃。(㗱的偏旁。《説文》作 𓏃,小阱也,從人在臼上。)按象人陷落在坑裏。

**嬰** 古金文作✲。《説文》作✲，"頸飾也"。✲、✲象人項上戴貝形。

**休** 甲骨文作✲、✲、✲，古金文作✲、✲、✲，象人在木旁休止的樣子。古金文或從禾。

### 兩腳的

**步** 兩腳一前一後的"步"字，甲骨文作✲、✲。《説文解字》作✲。"從止、屮相背。"《釋名》："徐行曰步。"

**✲** 《説文解字》，"✲，足剌✲也。從屮、止。"這個"laba"腿的兩腳，甲骨文作✲、✲（"登"字偏旁）。

### 腳和物的

**陟** 甲骨文作✲、✲、✲，作✲、✲。古金文作✲，《説文解字》作✲。象用兩腳登山的形。

**降** 甲骨文作✲、✲，古金文作✲、✲、✲。象兩腳從山上走下來的樣子。《説文解字》作✲。

**涉** 甲骨文作✲、✲，古金文作✲、✲。石鼓文作✲。象兩腳涉水形。

**徒** 甲骨文作✲。——✲是✲的簡寫。✲是"四達之衢"、十字街頭，✲、✲象人兩腳走在街上的樣子。

**辵** 古金文和甲骨文表示在走路中間的事情時，常是畫上✲表示街路，畫上✲表示行走，因而構成了✲和✲相連的✲來。像：✲、✲、✲、✲等字所從的✲、✲都是。這個字在《説文解字》書裏寫成單字並且作爲"部首"，就是我們現在所説的"走之兒"來源——辵。

**出** 甲骨文作✲、✲、✲、✲，象腳從房出，(✲是倒✲，✲則是✲

的變形。)古金文作👣、👣、👣。

各 腳從房外向，是"出"；腳走向房來是"各"(格)。甲骨文作👣、
👣。古金文作👣、👣、👣、👣。

逐 甲骨文"逐"從止作👣、👣。象人腳在豕後追逐形，也有作👣、
👣的，隨着所逐動物不同寫出不同的形體。

逆 《說文解字》："👣，迎也。"這個迎頭接人的逆字，甲骨文寫作
👣，象人的腳步向來人迎頭走去。也有加上街路寫成👣、👣
的。古金文作👣、👣。

## 人和腳的

企 甲骨文作👣，象人舉踵形。《詩經·衛風·河廣》："企予望
之。"《說文解字》，"👣，舉踵也，從人、止聲。"

走 "走"字原是跑的意思。古金文作👣、👣、👣，象人揚臂舉腳快
跑形。

奔 古金文作👣、👣，象人快跑時腳步頻連的樣子。三腳，誤成三
丫，寫成了👣，遂轉成了現在從卉的奔。

## 人和人的

從 甲骨文作👣、👣、👣、👣，古金文作👣，象兩人相跟隨的樣子。
(加上👣作"從"：👣、👣、👣。)

北 甲骨文作👣、👣，古金文作👣、👣。象二人相背。

鬥 甲骨文作👣、👣、👣。象二人徒手相搏形。《說文解字》
作👣。

保 古金文作👣、👣、👣。

毓 甲骨文作👣、👣、👣、👣，王國維說："這個字從女、從𠫓，象人產
子的樣子，帶👣、👣、👣的是象產子時的水液。有從人的，跟
從女、從母的意思一樣。從字形來說，這個字就是《說文解

字》上"育"字的或體"毓"字。"毓"（毓）字從每、從𠫓，和甲骨文正是相同。

令　甲骨文作🔔、🔔、🔔，古金文作🔔、🔔、令。象奴隸主在上邊用口向他的臣宰或奴隸告誡指使的樣子。當初命和令是一個字，後來因爲詞性的關係和上面向下發的口形Ａ，形義被忘，更作出加上口旁的命字，古金文作命、命、命。

奚　甲骨文作🔔，象人用手牽一奴隸形，古金文作🔔。甲骨文奚也寫作🔔，古金文也或從女作🔔、🔔。

承　甲骨文作🔔，古金文作🔔，象兩手從下奉人形。

拯　甲骨文🔔象人陷在坑裏，有人從上用兩手拯救形。這個字就是後來𠃲（烝）字的原形。把𦥑誤成𠂇，人誤成卩，凵誤成山。

受　甲骨文作🔔、🔔、🔔，古金文作🔔、🔔、🔔。象兩人用手授舟形。一個送，一個接。

興　甲骨文作🔔、🔔、🔔，古金文作🔔。象兩人對面各用兩手對舉舟形。（古金文或從口作🔔、🔔）

卿　甲骨文作🔔、🔔、🔔，古金文作🔔、🔔、🔔，象兩人對食形。

物和物的

旦　古金文作🔔、🔔、🔔，象日出，還没離地形。

莫　甲骨文作🔔、🔔、🔔，古金文作🔔。象日落在草木叢裏。

桼　《説文解字》："桼，木汁可以鬃物，象形。桼如水汁而下。"🔔象木幹割皮，漆液如水一樣流出形。

集　甲骨文作🔔，古金文作🔔、🔔、🔔。象鳥落在木上。

隊　《説文解字》："隊，從高隊也，從𨸏，㒸聲。"甲骨文🔔象人（古，倒人）從𨸏下隊形。古金文🔔，從𨸏、從豕，就是隊的原字。

貯　甲骨文作�;、�;,象貝在�;裏形,�;,貯物器。古金文作�;、�;。

具體的象事的象形文字很多,我們在這裏不能一個一個地完全舉出來,就從這幾個例子來看,很可以看出來象事的也還是圖畫的簡化,構成事情的物的關係——物體之間的位置、方向、姿態等具體形象的速描。

它和象物的區別,就是:一個是個別的、孤立的、單一物體形狀的圖寫;一個是共同的、關聯的、兩個以上的物體形狀的合寫。

2. 抽象的象事的象形文字

事物之間的形態,從某一個角度去觀察,可以看出在幾個不同的事物之間,有它共同的形象。這形象在這種事物裏有,在那種事物裏也有;它既不是這種事物的獨特形象,也不是那種事物獨特形象。這種共通的事物形象是從許多具體事物上抽繹出來的——不過,它並不是什麼抽象的概念,而是依然有形可察的。我們叫它做抽象的象事的象形文字。

抽象的象事文字大致可分兩類:數量和形勢。

(1) 象數量的:

一　甲骨文作一,古金文作一。

二　甲骨文作二,古金文作二。

三　甲骨文作三,古金文作三。

四　甲骨文作三、三,古金文作三。

晚周金文"四"作�;、�;。秦碣石頌始作�;。四當是古呬字,�;象口,中象氣息。秦刻辭"不一"都寫成"不壹",摹印"三川尉印","三川"寫作"參川"。又,《說文解字》引古文一、二、三作弌、弍、弎,弎見於魏三體石經,數字寫成繁文是六國以後的事,和商業興盛有關係。

(2) 象形勢的:

上　甲骨文作⌣,古金文作⊑,象一在⌣或一上形。(上官豆
　　作⊥,新鄭兵符作上。)

下　甲骨文作⌒、⌒,古金文作⊤。象一在⌒或一下形。
　　(魚匕作下,秦詔版作下。)

　　　　上、下兩字的改寫也和商業有關,因爲⊑和⊑、⊤的字
　　形非常相近,容易混淆的緣故。

七　甲骨文作十、十,古金文作十、十、十。象一、丨兩物相切
　　形。是"切"的原字。(甲骨文"八、九、十"的"十"寫成"丨",
　　和"七"作"十"有分別。秦時把"十"作爲"八、九、十"的"十",
　　改古七字的"十"作"七",才形成了現在七、十兩字。)

八　甲骨文作)(、)(、)(,古金文作)(、)(、)(,象兩物相分背
　　的樣子。《説文解字》:")(,別也。象分別相背之形。"

亘　甲骨文作回、回、回、回,古金文(偏旁)作回、回、回、回、
　　回,象物體亘回形。

囗　《説文解字》:"囗,回也,象回帀之形。"

彡　甲骨文作彡、彡、彡、彡,用作"彡日"的"彡",象事物彡繹不
　　絕形。("鼓聲彭彭"的"彭"就用彡來記鼓聲的相續)古金
　　文作彡、彡,古書多用"彤"來代彡。(甲骨文"彭"作彭、彭,古
　　金文作彭、彭。)

(三) 象意的象形文字

　　形是具體的,意是抽象的,象意的象形文字這個名詞似乎有
些矛盾。爲什麼這樣叫它呢? 因爲這種文字從它的構造方法上
來看,是使用具體的物形,從所描畫的物形關係上,表出它所表

示的意象,也還是以物形爲主的、看圖識字的象形文字。

在結體上,它和象事的象形文字一樣,也是使用兩個或兩個以上的物形所構成的。所不同的:象事文字所寫的物形,它本身就是那件事情的主體之一,是那事情的寫生;而象意文字則不然,它不是意象的形體寫生,它只是意象屬性的記載,是構成那個意象本質屬性的圖解,或在某一事物上的具體表現,是受某一事物本質屬性的影響而變更了的物體關係,是幾個既成概念的結合。

這樣的文字可以分成兩類: 物體聯想和概念結合。

1. 屬於物體聯想的,像:

表　外表、表面等"表"的意象,因爲它在一般物體上普遍存在,並有固定的形體,沒法去畫。這個有意象,沒形狀的東西,怎樣表現出來?

象形文字用皮衣把它表現出來。《説文解字》:"㊟,上衣也。從衣、從毛,古者衣裘以毛爲表。"古代穿皮襖,毛朝外,用衣和毛兩物構成"表"字,用皮衣的表面來表現一般物體的表面。

閒　閒是空隙。空隙是無物的,自然也就無形可象。象形文字把這個一般事物共有現象,具體地表現在門上,用門縫來畫"閒"。怎樣能見出門中有縫? 象形文字用門中見月的圖畫表出縫來,古金文"閒"寫作㊟,《説文解字》作㊟。

夙　"夙"是早的意思,"早起"古代有説"夙興"的。早是時間性的概念,更沒具體形象。象形文字從勞動裏得到這個意象的辦法,甲骨文夙寫作㊟、㊟,古金文寫作㊟、㊟、㊟。㊟是月,㊟是人,象人早起操作,月亮還沒有落的樣子。

寒　寒冷是一種溫度感覺,能感出來,可看不見。象形文字用由
　　於寒冷而引起的物體變化來寫出它。《説文解字》:"⿱宀⿰,凍
　　也。從人在宀下,以茻(莽)薦覆之,下有仌(冰)。"古金文作
　　⿱,象屋(宀)裏有冰(仌、二)人在屋裏用草取暖。從這些
　　物的關係上表現出寒冷。

澀　物體相擦,有滑有澀,這種物物之間的關係,也没法可象。象
　　形文字用上下兩面此形,反正相掛,表現出來澀的意象。《説
　　文解字》:"⿰,不滑也。從四止。"

需　"需"是"濡"的原字。毛着水温軟的情形,也没有它獨自的
　　形象。
　　象形文字用雨落在"而"上來表示它,"而"是頰毛下垂的樣子。

邑　邑是部落,人們聚居的地方。它也是没有固定的形狀的。
　　象形文字把它兩個主要的屬性:圍牆和人,連着畫出來,表示
　　人所聚住的意象。甲骨文作⿰、⿰、⿰,古金文作⿰、⿰、⿰。口
　　是部落圍牆。

國　"國"字當初只寫"或"字。國,這個統治者鎮壓被剥削,被壓
　　迫階級的武器,也是没有形體可象的。象形文字,用武器和
　　口把它具體地形象了。甲骨文寫作⿰。古金文寫作⿰。後
　　更重口作⿴。

2. 屬於概念結合的,像:

劣　《説文解字》:"⿱,弱也。從少力。"

臭　《説文解字》:"臭,禽走,臭而知其迹者犬也,從犬、從自。"甲
　　骨文作⿰。

賣　《説文解字》:"⿱,出物貨也。從出、從買。"

鳴　《説文解字》:"⿰,鳥聲也。從鳥、從口。"甲骨文作⿰、⿰從
　　雞,作⿰、⿰從鳥。

武　《説文解字》：“㞢，楚莊王曰：‘夫武定功戢兵，故止戈
　　爲武。’”
　　甲骨文作𠈄、𡰥，古金文作𠈄、�、𣥐。

信　《説文解字》：“�，誠也。從人、從言。”

季　“季”是“稺”的原字，是“幼禾”。甲骨文作𣂪、𣂪。古金文作𣂪、
　　𣂪、𣂪、𣂪從禾子。

孫　《説文解字》：“𣱆，子之子曰孫，從子系，——系，續也。”
　　甲骨文作𣱆，古金文作𣱆、𣱆。

　　就以上所舉的幾個例子，可以看出來，用象形的方法表現意
象的文字，在構造上，有兩種情形：一種是並列了許多物形，從
它們之間的關係上，使人聯想到某一個抽象的意思；另一種是聯
綴幾個既成的文字，從字義的關係上，表出一個新的概念。

　　象意文字只是象形文字的一個部分，這類文字數量並不多，它
並沒有突破象形文字的範圍，用另一種方法，出現一種不同於象形
文字，單成一個體系的新文字。雖然抽象和具體，兩者在概念上是
抽象比具體爲高，但是象意文字卻依然是離不開具體的形象。

## 三、象形文字的標音化——標音文字的胚胎

（一）形聲字

　　語詞和圖畫固定地相結，成了象形文字。象形文字不足以
滿足記錄語言的要求，又出現了既象形又標音，形、聲並舉的“形
聲字”。

　　人類在“新人”時期出現原始圖畫時，語言和它所代表的概
念就已經從原始的模糊的狀況裏，經過音句、音字，進展到了幾
乎是完全的音節分明的地步。語詞初次出現了字根、字尾，開始

按照變格、變位的形式而變化,劃分詞類的原則在奠立着。

到氏族社會裏,人類這種已經進步了的語言和語詞所代表的概念,是跟圖畫文字裏的事、物圖形相適應的。

到奴隸社會,圖畫文字裏的事、物圖形,不能跟表現從新社會、新經濟基礎上所產生的意識形態的語彙相切合,於是把事、物圖形定型地和語詞固定相結,成爲定形(物、事形,不是寫法)、定音(不全是單音綴)的象形文字。

但是這種象形文字雖有象物、象事和象意三種辦法,可是還不足以配合當時所記的語言。像以前所説,由於口勢相同出現了許多音近意通的語詞,這類語詞從聽覺上可以依着習慣語法不致錯誤,可是畫成同樣圖形,再經過視覺,則不免容易混亂。譬如:

甲骨文🌿,象用兩手捧好了泥土的樹栽子。它的聲勢是 b(＊bung)。爲了分清所要表示的概念,把從"封樹"動作,規定了"封疆"的"被🌿的土地",用在🌿下加上個田形的🌿字來記錄。這樣,字是容易清楚不混的。

人走路相遇,走個對面,像兩手相捧似的,這個意思也説成＊bung。這一個語詞跟"封樹"的動作和形狀都沒大關係,畫🌿,畫🌿,雖然都可記音,但意思總是不能"一目瞭然"。這樣概念,在甲骨文裏,就用另外一種方法記出:畫出🌿來,表示街道,畫出🌿來,倒畫着表示對面走來,用圖形來記這件事情;另外在🌿的旁邊加上🌿字,指出它的念法,寫成了🌿。──假若不這樣做,只使用🌿的本來形體,是不會比"逢"清晰的。

這樣,就在象形文字之外,出現一種形、音並寫,既標形又標音的"形聲字"。

這種形、聲並記的方法,突破了原始的象形的文字構造,奠定了把象形文字向前推進一步,走上新的文字階段——表音文字的基礎。我國在三千年前就有了從象形文字發展到表音文字的胚胎,然而到今天使用的還是象形文字!

形聲字雖然是形、聲並舉,它所用的構字條件,形是不用説了,就是聲也還是已成的象形文字。我們説它基本上還是象形文字。

形聲字不是少數奴隸主或者他們的巫史之流所獨力發明的,它和象形文字一樣,在氏族社會圖畫文字裏就已經打下了基礎,他們只是把它發展了一下。

1. 形聲字的種類

形聲字有兩種:一種是象形字加標音的,一種是應用聲義旁標物類的。

(1) 在象形字上添加標音字的

這種文字是用象形方法構成的單字,就是不加上標音的文字它本身也不失原意,也不會和別的相混。其中有的當初就是自己獨立不依着標音的,所以有的文字常用兩體出現,有時是象形字,有時是形聲字。

甲、象物的象形字加上標音的,像:

齒　"𣦸"是齒的象形,不加"止"聲,也能認得。"止"是標音的字。《説文解字》:"𣦸,斷骨也。象口齒之形,止聲。古文作𪘽。"

網　《説文解字》:"网,庖犧所結繩以漁,從冂,下象網交文。"网,或從亡聲作𦌗(罔),或從糸作𦌸(網),古文作𥤿,(是罔的簡寫),籀文作𦉸。"

　　這個字甲骨文寫作𠔉,象形。就是籀文𦉸的原形。古金文(偏旁)簡寫作𠔉、𠔉,也象形,和《説文》是一致的。

"亡"的音標是後加的。

其 其是箕的原字。本身是象形字。後來給它加上了標音，又寫成箕、⊠、箕，丌，《説文解字》説它是"下基也，薦物之丌，象形。"在其字裏，"丌"作爲記音的符號。這個字的標音殷代是用"己"的，甲骨文寫作己。

貟 "員"和"云"是同音字。"員"字是"圓"的本字，甲骨文作鼎，古金文作鼎，是一個依附象形字。本字是企圖用○來象圓形，但是一個孤立的圓圈兒，不一定被認成"圓"，也許認成別的。於是在○下附上一個鼎，用鼎口的圓形規定了○的圓意。"鼎"字古金文常誤寫成"貝"，"鼎"字於是變作貟（娟字偏旁）。以後又加上"云"字作爲它的音標，遂成了"貟"字。《説文解字》雖記着籒文"員"字作鼎，但用"物數"來訓解貟和貟，已經是迷失本義了。

乙、象事的象形字加上標音字的：

飲 "飲食"的"飲"甲骨文作飲，象人俯在酉上飲水或飲酒的樣子。古金文作飲，把酉簡寫成酉，另外加上了標音的"今"字，於是象形字變成了形聲字。

鑄 鑄，我們説 dao，鑄模子 daomuz 的"鑄"字原來是象事的象形字，古金文作鑄、鑄，象兩手持鍊鍋（鑄）把熔化得火一樣的銅液向模子（鑄）裏倒去。這個字後來加上了"金"，又加了一標音文字"鑄"字，變成形聲字。（現在用的"鑄"字是古"鑄"字鑄、鑄裏面的鑄或鑄的發展。"鑄"也是"壽"（壽）字的聲標。）

牽 《説文解字》："牽，引而前也。從牛，冂象引牛之縻也，玄聲。"用繩子向前引牛是象事，加上"玄"字標音，則是形聲字。

泰 《説文解字》："泰，滑也。從廾水、大聲。"林義光説：泰，就是

"洮汰"的"汰"字。凡洮汰東西,都是把它放在水裏,趁着水滑,把它淘淨。🦥字是用雙手捧水(🦥)來象它的事,用"大"作爲它的讀音標識。

丙、象意的象形文字加上標音的:

**寶**　甲骨文"寶"字作🦥,把"貝"和"玉"藏在房子(🦥)裏,是一個象意的字。古金文"寶"寫作🦥、🦥、🦥、🦥,添加"缶"字作標注聲音的記號。甚至把"貝"、"玉"都省去,只在🦥下加上"缶"聲。

**宵**　宵古金文作🦥。從月在🦥下,小聲。——林義光説。月在🦥下,屋中見月,自是夜間。用🦥中見月象意。小是標音的文字。(《説文》:"🦥,夜也。從🦥,🦥下冥也,肖聲。"又"肖骨肉相似也,從肉、小聲。"按古金文"宵"下的🦥,不是"小"和"肉",而是"小"和"月"。)

以上三種,都是以形爲主,以聲爲副的形聲字例。

(2) 應用聲義,旁標物類的形聲字。

在研究這種形聲的時候,我們必須想起前邊所講口、舌擬勢和發聲語言的關係:從勞動身態發展而來的口勢,有這樣一條規律,就是:有什麼意思,便形成什麼口勢;有什麼口勢,便出現什麼聲音。所以在古代,人們從生活裏所體察出來的意態相近的事物,常是使用相同的聲音來説它。

譬如:彎曲的意思常用 kl 的口勢來説。柳條編的飯器,四周向裏 kolo 着的,叫筥盧。人體彎曲叫"佝僂"。像"筥盧"一樣的、像半個球形似的、向下扣着的房子叫"穹盧"等等。這些同聲同義的語詞都是它的例子。

就這個例子來説,有些 kolo 的東西,形狀顯著,可以用象形的方法寫下來，像：凵（笤，《説文解字》："凵，凵盧，飯器，以柳爲之，象形），（臼：古音當是"舊留"。《説文》："舊，雎舊，舊留也。"）。（丩，"糾繚"的"糾"。《詩經》"南有樛木"，傳："木曲下曰樛"，《韓詩》"樛"作"糾"，"糾"有 kl 兩聲）、一類的字都是。

社會向前發展，由於生産工具的改進、增加，出現了好多的新鮮事物，這些事物就在從口勢而來的音字的基礎上，得到了足以説明它引人注意的特徵（主要是形狀）的名字，這些陸續新出的名字，很多是難以畫出它不同於和它同一語音的其他事物的形狀。也還用 kl 聲勢作例：手彎、腳彎、彎刀、彎斧、彎羽、彎脊等等，從彎曲的特點上，都得了用 kl 發聲的名字，這是用口勢來表示概念；若是用象形方法寫出它來，都畫成彎形，就不能夠在共同屬性之外，很清楚地看出來，這是使用同一語音的不同事物，在文字上的不同所在。

利用標音的辦法，使這個困難得了一時的解決。就是把往象形字上標音的方法，翻用過來，作成了以聲爲主，以形爲副的形聲字。選用一個同聲同意的既成文字，作爲表示它聲音的符號，記録了語詞的聲音，再在那個聲音字旁，加上個事物所屬的物類的字形，這樣讀音知意，看物知類，就在共同之中，得到了分別。再用 kl 聲勢作例：（糾）是物體 kolo（糾繚）的樣子，在象形字上加上標音"凵"，變成（句，曲也，從丩、口聲[從朱駿聲改]）。和它用同一聲勢得名的字也都説"句"。但是不能一色完全寫"句"。全寫句，没法分別。於是在"句"旁加上它所屬的物類。"天寒足跔"的"句"，加上"足"；用手句，加"手"成"拘"；"羽曲"加"羽"成"翑"；"曲脊"的"句"，加"疒"成"痀"；金屬的"曲句"

加"金"成"鉤"；"曲竹捕魚具"的笱，加"竹"成"笱"；鐮——句刀的"句"，加"刀"成"刣"；鋤——句斫的斧類的"句"，加"斤"（斧）作"斫"；"車軶下曲者"的"句"，加"車"成"軥"……"句"，在這些字裏，既標讀音，又表語意，有兩層作用，因爲它有這種作用，舊日的"小學家"説它是"形聲兼會意"的字。也就從這種作用裏，透露出"聲近義通"的消息。

以下我們把形聲字分成三種來説：

① 直用標音文字的原有的聲意：

例：用"瞢"標音的字，都是和瞢同聲同義。

《説文解字》，"瞢，目不明也。"瞢，是𦟀的後起字。𦟀是𣉩的或體字，象人的眼毛上生了眵矂糊的樣子。（參看《孫常敍古文字學論集・周客鼎考釋》裏的"釋𦝼"。眼毛有眵矂遮蔽，看什麽都模糊"不明"。）

**夢**　夜色茫茫，看物"不明"，也説"瞢"。因爲要表明是説夜色，加上了"夕"，成了"從夕、瞢省聲"的"夢"。

**懜**　心神昏昏，意識"不明"，也叫"夢"，爲了指示它是心理現象，加上了"心"，寫成"從心、夢聲"的"懜"。

**懞**　"惛也。"從人、蔑聲——當是"懜"的或體。

**寢**　"作夢"的"夢"，《説文解字》寫"寢"，從宀、從爿、夢聲。意思是"寐而有覺也"。睡眠裏，恍恍惚惚好像看見了什麽似的夢境，也還是"不明"的意思。

**薨**　"死亡"叫薨（《爾雅》、《廣雅》），"從死、瞢省聲"。人死之後茫然無覺，這"不明"的意思，也用"瞢"來説，來記——封建社會，規定"公"、"侯"死叫"薨"，在階級社會裏，就連死的名字都不一樣啊！

甍　"凡屋通以瓦蒙之曰甍。"(程瑤田)"從瓦、曹省聲。"這是從
　　"蒙覆不明"的意思來的。

薨　草"萌芽"是"薨"。草剛剛萌芽的時候,不很明顯。"草色遥看近
　　卻無"的狀態,也是"不明",也叫"薨",用"艹"標出它的物類。

這幾個字都是有"模糊不明"的意思。在語音上用了和它們
意思相同的聲勢"曹"來説,在字形上,也直接地選用了"曹"形來
寫,"曹"字成了音標。在音標之外,又加上了"夕"、"心"、"宀"、
"死"、"瓦"、"艹",標識了它們所屬的物類和事類,成功了形聲
字。這個現象,在宋代就已經被王聖美所發現[1],並倡出"右
文"的學説來。

② 借標標音字的本聲它意的:

例:n聲勢的語音有貼近、按進和黏軟三種意思。"農"字是
從"奴"、"男"等"按近"的口勢發展來的。它的字形雖然是象人
兩手舉丷,從事開墾林地的樣子,它的"名"——説出那個概念
的語詞,卻是墾地的"奴"、"男"等詞意的引申。"農"字的本意還
是"按進"。但是從"農"得聲的字已脱離本意,像:

襛,"衣厚皃。從衣、農聲"。

醲,"厚酒也。從酉、農聲"。

濃,"露多也。從水、農聲"。

獳,"犬惡毛也。從犬、農聲"。(《字林》:獳,多毛犬也。)

膿,"腫血也。從血、農省聲",作"䑋";俗"從肉、農聲"作"膿"。

---

[1] 沈括《夢溪筆談·藝文》説:"王聖美治字學,演其義以爲'右文'。古之字書,皆從
左文。凡字,其類在左,其義在右。如木類,其左皆從木。所謂'右文者',如
'戔',小也,水之小者曰'淺',金之小者曰'錢',歹而小者曰'殘',貝之小者曰
'賤'。如此之類,皆以戔爲義也。"

癃，"痛也。從疒、農聲"。（癃，當是從"膿"引申出來的語詞。）

③ 使用標音字的本聲各意的：

例：雙唇破裂聲勢共有"分"、"合"兩意。

"皮"是雙唇破裂聲。這個字古金文作 ，是半 、
（革），象用手剝皮的樣子。它是從剝皮的動作"剝"轉來的，原是
"分"的意思。《説文解字》："皮、剝取獸革謂之皮。"《廣雅·釋
言》："皮，剝也。"都是就這"剝"的動作來説的。因爲"皮"有分開
的意思，所以好多從分披口勢得聲的語詞，在構字上用"皮"來標
音標意。

像：

析木————叫"柀"

碎石————叫"破"

分張————叫"披"

兩面分刃的刀————叫"鈹"

馬頭左右搖動————叫"駊"

旌旗左右搖動————叫"旇"

簸箕上下搖動————叫"簸"

水流上下搖動————叫"波"

地勢上下起伏————叫"坡"、叫"陂"

瘸腿行路、身體搖動————叫"尐"、叫"跛"

勞頓之後，精力頹散————叫"疲"

又因爲人穿皮子，用"皮"作衣服，把從"分剝"口勢來的"皮"
聲，使用到"披覆"的意思上去，於是又被用做標注和"分剝"相反
的"披覆"意思的音標。像：

《釋名·釋形體》："皮,被也,被覆體也。"

睡眠時蓋身的"寢衣"————叫"被"

披覆在肩臂上的大巾————叫"帔"

加在馬身上的車駕具————叫"鞁"

遮蓋的話(詖辭)————叫"詖"

披上的假髮————叫"髲"

添加的貨貝————叫"䞩"

雙唇破裂聲勢所有的兩種相反的聲勢,可以説都被"皮"字在標音時用遍了。

2. 形聲字的構造

形聲字的構造,就標音字和標形字的組合位置來説,有六種形式:

一、左形右聲　　像:松、栢、輝、煌

二、右形左聲　　像:歡、欣、翱、翔

三、上形下聲　　像:宇、宙、笙、竽

四、下形上聲　　像:堂、基、婆、娑

五、内形外聲　　像:聞、問、莽、鹽

六、外形内聲　　像:衷、裹、街、衢

形聲字的構造,就所用的標音字和標形字的數目來説,也有六種形式:

一、一形一聲　　像:攻,從攴、工聲。

二、二形一聲　　像:碧,從玉、石,白聲。

三、三形一聲　　像:寶,從宀、從玉、從貝,缶聲。

四、四形一聲　　像:尋,從工、從口、從又、從寸,彡聲。

——這四種都是使用一個標音的文字的。

五、一形二聲　　像：糵，從韭，弗、次都是標音的文字。

六、二形二聲　　　像：竊，從穴、從米，卨、廿都是標音的文字。

——這兩種都是使用兩個標音的文字的。這樣的文字，有人主張是"拼音字"，説："糵字所用的兩個標音的文字，"弗"和"次"，是合音的，"弗"、"次"兩個音相拼，就是"糵"字的讀音。"竊"字所用的"卨"、"廿"兩個標音的文字，也是拼音的——因爲"竊"字的讀音收 p，而作爲它的標音的"卨"字是"千結切"，切聲雖近，還缺少 p 音，所以又加上收 p 的"廿"。它的拼音方式是："卨"chiat 從"廿"jiap 裏吸收了它的 p，才拼得了"竊"音 chiap。

形聲字裏，標形的字和標音的字，它們組成的位置，有的可以變動，有的決不可變動；前者挪了位置不失原意，後者挪了位置另是一字。

例："詞"字，《説文解字》寫作"䚯"，從言、司聲。"言"字在下，"司"字在上。我們現在寫作"詞"，"言"字在左，"司"字在右，字意不變。——這是可以變動的字例。

"江"字，從水、工聲。書寫時候，"水"在左，"工"在右。但是，這個字可不同"詞"字，假若把"工"字挪到"水"字頭上，那就不是江河的"江"字，而變成了二氧化汞的"汞"了。挪位就成了別的字——這是決不可變動的字例。

有的可以換換一部分字形的，也有的決不可以，一換就成了另外一字。

例：雞字旁邊的"隹"，換成"鳥"也行。"雞"和"鷄"是一字，換了並不變更字意。——這是可以換換一部分字形的。

若把"唯"字旁邊的"隹"字也換成"鳥"字，則立時失去它形聲字的作用,而變成"鳴"字了。——這是決不可更換一部分字形的例子。

3. 形聲字的增加

隨着生產工具的改進,生產經驗的積累和生產技術的提高,人們的思想意識也在不停的發展着。因此,舊有的語詞常是不足以說明新的事物,舊有的文字也常常記載不了新的語詞;於是中國的象形文字,幾千年來,在數量上有很大的增加(見下表)。

| 時　　代 | 字　　數 | 所據的字書 |
|---|---|---|
| 漢　初 | 3 300 | 蒼頡(合蒼頡、爰歷、博學) |
| 西漢末 | 5 340 | 訓纂(訓讀蒼頡) |
| 後　漢 | 10 516 | 説文解字 |
| 魏 | 18 150 | 廣雅 |
| 晉 | 12 824 | 字林 |
| 梁 | 22 726 | 玉篇 |
| 宋 | 26 194 | 廣韻 |
| 宋 | 34 235 | 通志六書略 |
| 明 | 33 179 | 字彙 |
| 清 | 47 035 | 康熙字典 |

——像凸、甩、甭、擁、氫、她、逌等現在正在使用,而不見於"經典"的後起字,都在說明這個現象。——這些增加的字,就它的構造説,形聲字占很大部分。形聲字增加的情形,在爲新概念而造外,有以下幾種:

(1) 複輔音語詞的語音分化

用一個語詞和一個字形相結的文字，雖然比用一幅圖畫和說明它的整句相結的圖畫文字是進了一步，但是，常有些字形是和複音語詞相結的，一個字形讀兩個聲音。這類的文字受了一形一音字的影響，向形數和音數一致的路上發展，有許多一形複音的都逐漸地走向一形一音。

這樣的字，有只新作一個字的，也有兩個全作的。前者，例如"考老"，後者，例如"筥盧"。

### 考老

"考老"兩字原本是一個字，只是老人的"老"。它的語音是 ✳glo，它的字形是一個佝僂着腰拄着拐棍的老人。

甲骨、古金文(西周前)時代，"老考"還沒有分清。"老"字本文就念 ✳glo。到出現"祖考"、"皇考"等親屬概念之後，把老人分出家裏家外，把 glo 分記成 go"考"和 lo"老"。把佝僂的字形給"老"，另外再用"老"的上部加上一個標音的"丂"來構成了"考"，"考"是形聲字，它是"老"音的前半 go。"考老"兩字，分有了 glo 的聲音。"考老"並有"老人"、"長壽"的意思。所以"老"是年老，"考"也是年老。在文字完全變成一形一音之後，這"考者，老也"、"老者，考也"的形音義關係，便一時搞不清了。(自從東漢許慎在他的《說文解字》序裏把考和老作爲其文字構造條例的例子之後，這兩字，被多少"小學家"、"許學家"們，翻過來，掉過去，弄得"聚訟"不清。許慎說："轉注者，建類一首，同意相受，考、老是也。"把"考"和"老"的關係看做"轉注"。這只是他的文字訓解問題，不關乎構字方法。)

### 筥盧

筥盧，一種飯器，古字只寫成 ∪，畫它旁面。這種飯器的名字叫

“筥盧”(《説文解字》:“凵,凵盧,飯器,以柳爲之,象形。”又:“盧,飯器也,從皿、虍聲。”)凵是盧的物形。這種東西名叫“筥盧”,這種東西的圖形也自然叫“筥盧”。可見凵是複輔音的字。

複輔音凵,分化成一形一音的文字時,＊glu 變成了 gu 和 lu。於是各作一形,把凵的或體㇀(去)上加“竹”,來記 gu;又作個從皿、虍聲的“盧”來記 lu。

（2）語詞詞性的分化

最初的語文,動詞和名詞是不分的。古金文裏,還有些文字是這樣的。以後,逐漸在文字的形體上,加以區別,在原字旁邊標上物類,出現了形聲字。像:

“監”字原是一個人在盆上照形的樣子。照的動作是“監”(《尚書·酒誥》:“人無於水監,當於民監。”)裝水的盆子也叫“監”。(攻吳鑑銘云:“攻吳王夫差擇厥吉金自作御監”。)

後來“監”的字義,由“察”(察形)、“看”兩意的分離,“監”,常用作“監察”(《説文》:“監,臨下也。”)使用,關於“觀看”的意思,另外構成一個從目、監聲的“瞯”字(《説文》:“瞯,視也。”),和從見、監聲的“覽”字(《説文》:“覽,觀也。”)。至於盛水的大盆,又在“監”字旁邊,加上一個“金”字,構成一個“鑑”字來記(《説文》:“鑑,大盆也,從金、監聲。”)——這樣,一個監字就孳生了三個形聲字: 鑑、覽、瞯。

（3）本字被借,失掉本意後的再造形聲字

有好多語詞原來是有本字的。不過它的本字被借給別的語詞使用,以後,久借不還,自己的語詞反倒弄得沒字可用(把本字找回來,一時也不易認識)。記載這類語詞的文字,常是把文字找回來,再給它加個標形的偏旁,構成了形聲字。

### 父——斧

"父"字原來就是"斧"的本字,象手拿石斧的形狀。自從把它借作標記親屬的稱呼之後,很少知道它是石斧了。(《說文》:"父,矩也,家長率教者,從又舉杖"。)那麼"斧"字怎麼寫呢? 用形聲字來寫,在"父"下加上"斤"字,標注它的物類,成了"從斤、父聲"的"斧"字(斤就是斧)。

### 莫——暮

"莫"字本來就是"暮"字。自從把"莫"字借作"無","莫"字就兼有兩義。後來,莫字的"無"義漸強,在表示"日且冥"——眼看就要黑天的時光時,在"莫"的下邊又加上一個"日",構成了一個從日、莫聲的"暮"字來。

### 亦——腋

"亦"字原是臂腋的"腋"字,象形。把它借去當"虛字"使用之後,就不再表示本義。記臂腋時,反倒使用"從夕,亦省聲"的"夜"字作為標音,邊上加個"月"形。構成個從肉、夜聲的"腋"字。

(4) 地方語詞的交流。

語言的發展,是從多種多樣的語言,逐漸過渡到數目更有限的、更強有力的語言。同一事物,在不同的地方,常有不同的語詞,這不同的語詞形成了不同的形聲字。

### 鷁——鶂——鷊——鶬

"六鷁退飛過宋都"的"鷁",《左傳》寫的是從鳥、益聲作"鷁"。《經典釋文》上,在《左傳》"鷁"字下記出從鳥、兒聲的"鶂"來,《公羊傳》和《穀梁傳》只記了"鶂"字而沒有"鷁"字。"鷁"和"鶂"是一個字的不同寫法。鶂,《說文解字》說是:"鳥也,從鳥、兒聲,《春秋傳》曰:'六鶂退飛。'"又說:"鷊,鶂或從鬲。"又說:"鶬,司馬相如說:鶂從赤。""鷊"和"鷁"古音(先秦韻文的古音)同收一韻在錫部,"鶂"古音在齊部,齊是陰聲,錫是齊的入聲,帶聲隨 k 的。(假定齊部的韻是 a,錫部可能是

ak。)"鵋"古音在模部。

——這個同一語詞的不同標音,顯然是不同語音的結果。

**蚊——螡——蟁——蝱**

我們現在使用的"蚊"字,早先也寫作從虫,民聲的"蟁",或昏聲的"蝱",並且以爲從虫、文聲的"蚊"是"俗字"(《說文》)。"蚊"是楚語,秦(或秦、晉)叫"螡"。《說文解字》說:"螡,秦、晉謂之'螡',楚謂'蚊'。"(他書引《說文》多作"秦人謂之螡"或"秦謂之螡。"沒有"晉"字)

**椽——桷——榱**

椽,《說文解字》說是"榱也,從木、彖聲"。"榱"是什麼呢? 它說:"榱,椽也。秦名屋椽,周謂之榱,齊、魯謂之桷。從木、衰聲。"

椽、桷、榱同一東西,因方言的不同,而出現了三個不同的形聲字。

這些不同的形聲字,跟語言的發展一樣,逐漸地趨向一致。在許多同一意思的文字裏,依着各地通用的範圍和力量,而有所選擇。就上面的例子來看:"鵋"字、"蚊"字和"椽"字是從各地方言的基礎上,拔出來的金字塔尖。其他的幾個同義文字,逐漸地從失用落到銷亡。

(5) 筆下取材的出入

在方音之外,形聲字也有因人用字而增加的。這樣的形聲字,它的讀音完全相同,只是在構字取材上有些差異。

① 音標相同,形標相異的:

**膝——厀**

《說文解字》:"厀,脛頭卪也,從卪、桼聲。"

《釋名·釋形體》:"膝,伸也,可屈伸也。"從肉、桼聲。

**齲——瑀**

《說文解字》:"瑀,齒蠹也,從牙、禹聲。齲,或從齒。"

噑——獋

《説文解字》：“噑，咆也，從口、皋聲。獋，譚長説：噑從犬。”

② 形標相同，音標相異的：

氣——槩（氣、既，古音同在没部）

《説文解字》：“氣，饋客芻米也，從米、气聲。”又説，“氣或從既”，作槩。

飽——餬——䬳（包、孚、卯三字古音同在蕭部）

《説文解字》：“飽，猒也，從食、包聲。餬，古文飽從采，䬳，亦古文飽，從卯聲。”

姻——嬪（因、弼古音同在先部）

《説文解字》：“姻，壻家也，女之所因，故曰姻，從女、因，因亦聲。嬪，籀文姻從弼。”

③ 形標、音標完全相異的：

雇——鶚（户、雩古音同在魚部）

《説文解字》：“雇，九雇……從隹、户聲。鶚，雇或從雩。（從鳥、雩聲）”

逭——䭾（官、雚古音同在元部）

《説文解字》：“逭，逃也，從辵、官聲。䭾，逭或從雚、從兆。”段玉裁説：從兆是從逃的省字，從雚，雚是聲音。

舊——鵂（臼、休古音同在幽部）

《説文解字》：“舊，鴟舊，舊留也，從萑（讀若和），臼聲。鵂，舊或從鳥、休聲。”

④ 在本字外，别造形聲字的：

岳——嶽（岳、嶽古音同在屋部）

山嶽的"嶽"本作 (圖), 象高山重疊的樣子。"嶽"是形聲字。《説文解字》,"嶽, 東岱、南霍、西華、北恒、中泰室, 王者巡狩所至, 從山、獄聲。(圖)、古文嶽, 象高形。"

**吕——膂**(吕、旅, 古音同在魚部)

《説文解字》:"吕, 脊骨也, 象形。"又説:"膂, 篆文吕, 從肉、旅聲。"

**表——襤**(表, 麃, 古音都在宵部)

《説文解字》:"表, 上衣也, 從衣、從毛。古者衣裘。故以毛爲表也。"又説:"襤, 古文表從麃"。

## (二) 假借字

在早先年, 有這樣一個故事: 一個山西人, 從外邊托人向家裏捎錢。他既不識字, 又找不到會寫字的, 捎錢又必須帶信説明; 他寫了這樣一封信: 在信紙上只畫了一個飛蛾、一個蠅子、一個倒放着的水筲(shao)、兩捆韭菜、四個王八。這些不相干的圖畫, 從形狀上看, 誰也看不懂它的意思。但是他家裏的人, 卻從這篇信紙上的圖畫, 按着那些物形的名字——語詞的聲音, 念了出來。信是這樣説的: 我兒(蛾), 銀子(山西人説"銀子"和"蠅子"同音)捎到(筲倒)。二九(兩捆韭菜)一十八, 四八(四個王八)三十二。——共計五十兩[1]。

這樣借形標音, 只畫音標, 不畫類屬, 記音不記形的辦法, 在我國文字裏也有。一些有音可記, 無形可象, 無類可標的語詞, 在記録時又不能拋開不記, 要記它, 只有從和它的意思毫無關係

---

[1] 類似這樣情形的, 在日本有本州地方的"盲經"——文盲念的佛經。也是照圖念音的。例如:"吉祥陀羅尼"kichishiaodalani, 這幾字, 他畫了一棵樹(木 ki)、一對乳(chi), 合成 kichi; 畫一張貼子(狀 shiao), 念 shiao; 畫一個蜻蜓(蜻蛉 danbuli), 一支煙袋杆兒(羅宇 lau), 蜻蜓和煙袋杆兒都取它的頭音, 合成 dala, 再畫兩橫(二 ni), 念 ni。把這些圖照名字念音, 拼起來, 可以念出 kichishiaodalani。

的同音字裏找個成字,作爲標音記號。這種被借來當作標音記
號的既成文字,叫作"假借字"。

假借字和形聲字的區別,就在於用既成文字作爲標音之外,
是不是還附加了區別物類的標形字。——有標記物類的標形字
的,是形聲字;沒有,就是假借字。

這裏,我們舉幾個現在還在使用的假借字例:

萬　甲骨文作 ⚘、⚘,古金文作 ⚘、⚘,象蠍子。古金文以後變形寫
　　成 ⚘、⚘。把它當作數目字,和蠍子的形意無關。是假借字。

酉　甲骨文寫作 ⚘、⚘、⚘,古金文作 ⚘、⚘、⚘。象尊形。把它當
　　作干支紀數,和酉的形意無關,是假借字。

東　東本是編織的土籠。土籠不是方向,把它借作方向字使用,
　　是假借字。

而　古金文作 ⚘。《說文解字》:"而,頰毛也。象毛之形。"《考工
　　記·梓人》:"凡攫殺(殺)、援簭(噬)之類,必深其爪,出其目,
　　作其鱗之而。"意思是說:木工刻猛獸,一定要把爪刻得深深
　　的,把眼睛刻得突出來,把它的鱗和鬚都刻翹起來。這裏的
　　"而",是使用它的本義。"作其鱗之而",王引之說"而"是"頰
　　毛","之"是"與",是"起其鱗與頰毛"。我們現在使用的
　　"而",沒有一個是指"頰毛"的。把"而"當作一種表示轉折意
　　思的連詞來用,是假借的。

所　古金文作 ⚘、⚘。《說文解字》:"所,伐木聲也,從斤、戶聲。
　　《詩》曰:"伐木所所。"現在把它用作連接代名詞,和"伐木"無
　　關,是假借字。

我　甲骨文"我"寫作 ⚘、⚘、⚘、⚘,古金文寫作 ⚘、⚘、⚘。王
　　國維說"我字疑象兵器形。訓余爲借誼。"

難　古金文作 ⚘、⚘。《說文解字》:"鶾,鳥也,從鳥、堇聲。難,

或從隹。"鳥是本義,現在用作難易的"難",是假借字。

**新** "新"是"薪"的本字,古金文新作 𣂪、𣂪、𣂪。《説文解字》:"新,取木也,從斤、亲聲。"現在把"取木"的"新"寫成"薪",把"新"專用作新舊的"新"是假借字。

**舊** 甲骨文寫作 𥾨、𥾨、𥾨,古金文作 𦫳、𦫳、𦫳。《説文解字》:"舊,鴟舊,舊留也。從萑、臼聲。"舊留鳥是"舊"的本義,新舊的"舊"是假借字。

**關** 古金文"關"作 𨴇、𨴇,從門、從 𢇛,象形。《詩經·周南·關雎》"關關雎鳩",借"關"字來記鳥聲。

**次且** 甲骨文"次"作 𠄌,古金文"次"作 𠄌。當是古"吹"字,象人張口吹氣形。(次、吹雙聲,《莊子》"吹累"、"炊累"都是疊韻。"次"和"吹"雙聲,"次"和"累"疊韻;"吹"和"累"疊韻,是"吹"和"次"古同音。)且,甲骨文作 𠁁、𠁁、𠁁,古金文作 𠁁、𠁁。郭沫若先生説:"'祖妣'者,'牡牝'之初字也。古文'祖'不從示,'妣'不從女,其在卜辭,祖妣字,有下列諸形:祖,𠁁、𠁁、𠁁、𠁁;妣,𠂆、𠂆、𠂆、𠂆,是則'且'實牡器之象形。"

《易·夬》:"其行次且"。——"次且"就是:趑趄、趑雎、迡雎、趑趣、趑趄、趑趄,也是峙躇、峙躇,也就是躊躇、踟躇和踟躕。——借"次、且"兩字來記"行不進"的語詞,是假借字。

**諸** 古金文諸字直寫成"者",作 𦱻、𦱻、𦱻。古文"之乎"兩音急讀成"諸":

《檀弓》"吾惡乎哭諸?"——吾惡乎哭之乎?

"之于"兩字急讀,也成"諸"。如:

《孟子》"必形諸外。"——必形之於外?

——借"諸"字來記"之乎"、"之于"的合音,也是假借字。

像這些樣子的,無形可象,無類可標的,借用既成文字來標記語詞的假借字，在被大家通用之後，對它自己原有的本義常有遺棄。

　　有些被借用的字，在既借之後，自己的本義反倒丟掉。像："東"、"西"、"南"等字。

西　甲骨文作〔字形〕、〔字形〕、〔字形〕、〔字形〕，古金文作〔字形〕、〔字形〕、〔字形〕、〔字形〕。王國維從《説文解字》説，以爲象鳥巢。（《説文》："西，鳥在巢上，象形。——日在西方而鳥棲，故以爲東西之西。"）丁山以爲〔字形〕、象網形。它的本意是什麼，還待研究。

南　甲骨文"南"字寫作〔字形〕、〔字形〕、〔字形〕、〔字形〕，古金文寫作〔字形〕、〔字形〕、〔字形〕、〔字形〕。《説文解字》："南，艸木至南方有枝任也。"林義光以爲是"枲的古文，木柔弱也，〔字形〕象形，南任同音"。郭沫若先生據甲骨文〔字形〕、〔字形〕和《詩經》《國語》、古金文推定南是"鐘鎛之類之樂器。"南字的形狀並不象鐘鎛，它的本意是什麼，也還有待於進一步的研究。

百　甲骨文作〔字形〕、〔字形〕，古金文作〔字形〕、〔字形〕、〔字形〕、〔字形〕、〔字形〕。百字是用一〔字形〕構成。林義光以爲："當爲白之或體。"戴家祥以爲："假白以定其聲，復以一爲係數，加一於白，合而成百。"

白　甲骨文作〔字形〕、〔字形〕、〔字形〕。古金文作〔字形〕、〔字形〕、〔字形〕，以爲"伯長"字。"白"是什麼？《説文解字》："白，西方色也。陰用事，物色白。從入合二，二陰數。"這個説法顯然不是古意。林義光説："白與霅同字，象物遇濕魄然虛起之形。""霅"是濕了的皮革，白形並看不出這個魄然虛起的皮樣。或者説："象日之始出，其形初見，光恒白也。"也不象。總之，千百的"百"，伯長的"伯"，它們的本意是什麼，現在一時還沒有找着。

　　有些字在被借用之後，借義專有了那個借來的字形，使原字在使用的習慣上脫離本義。在本字上給加上偏旁，另構成一個用原字作音標的形聲字，來記錄本義。如：

鬚　　"鬚"的本字原是"須"字，象人面上生着鬚的樣子。自從"須"字借出去當作"待"、"應該"等義之後，在表示鬚髮時，反倒在"須"的原字上加上了"彡"，做成從彡、須聲的"鬚"字。

援　　援引的援字，本來就只寫作"爰"字。甲骨文"爰"作 𔒀。古金文作 𔒁。象兩隻手曳着一個東西。——在奴隸社會和初期封建社會裏，所謂"人君"上除陛時，防備傾跌，怕失威儀，使近臣牽引着他。臣的位賤，不敢用手親拉，中間用一個媒介物"瑗"，一個大孔的璧，作爲兩下裏的搭手。璧是扁圓形的有孔玉石，從旁面看是一條綫。"爰"字古文就正是象用璧援引的樣子。古金文"爰"字有時也寫作 𔒂、𔒃、𔒄、𔒅。《說文解字》作 𔒆，便是從 𔒇 變來的。自從"爰"字被借去當作記載"於是"之類的語詞之後，表示"牽引"的本義時，反倒在它本字"爰"形上加上一隻手，作成了從手、爰聲的"援"字來。

今　　甲骨文作 𔒈、𔒉、𔒊、𔒋，古金文作 𔒌、𔒍、𔒎。"今"從倒曰（古曰字作 𔒏），象低頭沈吟的樣子，當是"吟"字的原文。自從把它借出去，當作記載現時的時間概念之後，沈吟詠嘆的意思，反倒另在"今"字旁邊加上了一個"口"形，構成從口、今聲的"吟"來表示。

從造字的意義上來看，假借字是以不造字爲造字的。像許慎所說的"本無其字，依聲托事"的借形記音的文字。

若從用字的情形來看，除去上邊所說，純粹假借別的文字的假借字外，還有兩種類似假借的文字用法：一個是通用，一個是引申。

1. 通用——同聲通用的"手頭字"

用已成的文字,去記錄"本無其字"的語詞,這是假借字。和假借字相近的,還有一種通假字,這種字只是文字的通用,並不關乎文字的構造。它和假借字根本不同。是用已成的文字去記錄"本有其字"的"手頭字"。

在"執筆爲文"時,不論是記錄自己的思想,或是別人的語言。倉卒之間,有些個"本有其字"的文字,常因爲觀念模糊或聯想接近,隨手寫出同音異字的"別字"來。這別字,別人看了也還懂得。這樣隨手寫出的手頭字,在借用成字記音一點看來是同於假借,在它自己本有原字一點看來又不同於假借。可算是文字的通用,所以也叫"通假"。

在古漢語中文字的通用從字形上分可以有以下三種:

(1)異文通用

**處　所　許**

處,是休止的意思,古金文作 ![字形]、![字形]、![字形]、![字形]、象人休止在几上的樣子,虍聲。所,是伐木聲,從斤、户聲。許,是答應聽從的意思。從言、午聲,古金文作:![字形]、![字形]。《詩經·鄭風·大叔于田》"獻於公所"——用"所"當"處"。《晉書》"山公出何許"——用"許"當"處"。《詩經》"伐木許許",《説文解字》引作"伐木所所"——用"許"當"所"。

**考　攷**

考,是老。

攷,是敂,是敲打。《詩經·唐風·山有樞》"弗鼓弗考"——用"考"當"攷"。

**修　脩　悠　筬**

修,是修飾,修治的意思,從彡、攸聲。

脩,是乾肉,從肉、攸聲。

悠,是憂思,從心、攸聲。

悠,是長遠,從足、攸聲。

《廣雅·釋詁》:"修,長也"。——用"修"當"悠"。

《禮記·投壺》:"頸脩七寸。"——用"脩"當"悠"。

《國語·吳語》:"今吾道路悠遠。"——用"悠"當"悠"。

（2）省文通用——寫出來比原字筆劃還少的通用字

**秙　石**

"秙"是一百二十斤,相承以木石的"石"字來記。

**屍　尸**

屍骸字是從死、尸聲的"屍"。

尸祝的"尸",經傳多用它當作"屍"。

**蟊　蛑　牟**

蟊,是吃草根的蟲豸。漢代老百姓把榨取民財的貪官污吏,看做蟊蟲。他們說這種蟲豸,"吏牴冒取民財則生"。"蟊"字也有寫成"螯"的。古文寫作"蛑",從蟲、牟聲。

牟,是牛鳴。

侵牟、牟利等"牟"字都是用"牟"當"蛑"。

（3）增文通用——寫出來比原字筆劃還多的通用字

**荷　何**

荷,是荷花的"荷",從艸、何聲。

何,是擔何的何,從人、可聲。

《論語·憲問》:"有荷蕢而過孔氏之門者。"——用"荷"來當"何"字。

"感荷"、"拜荷"、"是荷"等"荷"字,也都是把它當作"何"字來用。

**翦　前**

翦，是箭翎——矢羽，從羽、前聲。

前，是剪斷——齊斷，從刀、歬聲。（歬，是前進的"前"的本字。甲骨文作⿱止舟，古金文省作肖。）自從把剪刀的"前"用作前進的"歬"字，遂又用箭翎的"翦"字當作前刀的"前"字。《詩經・甘棠》："勿翦勿伐。"——現在使用的"剪"字，"前"下重加一"刀"，是"前"的後起字。

**匪　非**

匪，是筐類的器具。用竹子編成的。從匚、非聲。後多用"筐"字來寫。

"非"見本書第 209 頁。《易・屯》："匪寇，婚媾。"用"匪"來當"非"。

（4）異文、省文、增文的混合通用

用聯綿字記載的複音語詞，通用文字很多。其中異文、省文、增文時有錯綜。

用"髣髴"作例：

《老子・十四章》"是謂無狀之狀，無物之象，是謂芴芒"。《老子・二十一章》又説："道之爲物，惟芒惟芴。芴兮芒兮，其中有象；芒兮忽兮，其中有物。"馬敘倫説，"芴芒即仿佛，《説文》：仿佛，相似視不諟也，然正當作忘忽，芴芒，惚恍並借字或後起字。《説文》：忽忘也；忘，不識也。"

《莊子・至樂篇》"芒乎芴乎，而無從出乎？芴乎芒乎，而無有象乎？"也是"芒芴"、"芴芒"顛倒着使用。從語源來看"芴""芒"雙聲，都是模糊不清的意思。

在芴芒一系的，有寫作忽荒、忽慌、惚慌、惚怳、忽怳、勿罔、耗荒……的；上古邈遠，叫作"洪荒"之世，"洪荒"也是"芴芒"，洪荒之世，也就是惚慌的時代。"洪荒"也有寫作鴻荒、鴻黄……的，暮色迷茫的時候叫昏黃、曛黃、纁黃，"昏黃"等詞也是"惚慌"。

在芒芴一系的，有寫作茫忽、荒忽、慌忽、荒眒的；有寫作洸忽、恍惚的；有寫作怳忽、怳欻的；有寫作方物、放物的；有寫作昉咈、肪胇、仿佛、佅佛、彷彿和髣髴的。

——像這樣的語詞，文字通用的範圍很廣，若不從它們的音聲變化的道路去找，一時不容易搞清。一旦發現它的綫索，無論它是寫出什麼不經見的形狀，大都可以和現存的語詞聯繫起來。

再舉兩個例：

**徘徊　盤桓　徬徨**

徘徊、盤桓和徬徨是同一語詞的音變。

徘徊有寫作俳佪、俳回、裴回、裴徊、裵回……的。盤桓有寫作磐桓、般桓、槃桓、洀桓、畔桓等字的。

徬徨有寫作傍偟、仿偟、方皇……的。

**芳菲菲　香噴噴**

《九歌·少司命》"芳菲菲兮襲予"，《東皇太一》"芳菲菲兮滿堂"，"芳菲菲"就是現在所説的"香噴噴"。"芳"是草香，"菲菲"的香氣有加上"香"字旁的寫成"馡馡"，"菲"的入聲説成"勃勃"，加上"香"，寫成"馞馞"，"勃勃"音轉説成"馛馛"、"馧馧"；"菲菲"的陰聲説成"噴噴"。

菲菲、馡馡、勃勃、馞馞、馛馛、馧馧、噴噴這些不同的字形、字音只是同一語詞的不同的説法和寫法，按着語音用字，它們也是通用的。

2. 引申

近似假借字的，除去"通用"之外，還有"引申"。

引申是語詞意思的擴大或延展。擴大是把文字原來的意思從個別的擴張到一般，延展是把文字原意從它本身向前層進地延長，從個別的到個別的。

　　許慎在他的《説文解字敍》中説："假借者，本無其字，依聲託事，令、長是也"，他是把引申當作假借的。"令"字原是張嘴向下面人下命令的樣子，"下命令"、"命令"都是"令"，把這個意思再延展一下，"下命令的人"也叫"令"，"令"只是一個意思向前延展引申，不是借出去給和它形義不相干的語詞做記音符號，説它是假借，那是不對的。"長"字本指髮長，甲骨文寫作 ƒ、ƒ，象人頭上長髮髟髟的樣子，由髮長，往前引申成長短的長，再引申成爲長出衆人之上的"長"——長老、縣長等意，這也是引申，而不是我們所説的假借。

（1）擴張

廉　　"廉"是粥。《釋名》："廉，煮米使廉爛也。"由米的廉亂引申爲一切的靡亂，也就是用煮米的廉亂去譬況米以外的事物廉亂。

稠　　"稠"是禾多，引申作稠密。

初　　"初"是裁衣的開始，引申説一般的開始。

曲　　曲象器皿笙盧的樣子，引申作爲委曲不直的意思。

表　　本指毛朝外的皮衣，亦指外衣，引申爲外表。

裏　　"裏"是衣內，引申爲裏面。

（2）延展

令　長　　都是由一個特定的意思引申到另外一個特定的義，新的意思是從那個字的原義茲生出來的。

寢　　"寢"是臥，引申一步，所寢的地方也叫"寢"。

年　　"年"是穀熟，引申一步，穀熟的時候也叫"年"。

月　　"月"是月亮,引申一步,從朔到晦,月亮的圓缺變化全程也
　　　叫作"月"。

（三）幾個舊説的批判

1. 造字人

關於造字人的傳説：

有説是聖人造的。

《易·繫辭下傳》："上古結繩而治,後世聖人易之以書契,百官以
治,萬民以察,蓋取諸夬。"只是混淪地説是"後世聖人",並没有指出是
誰來。

也有進一步地指出是伏羲造的。

《尚書·孔安國傳序》："古者伏犧氏之王天下也,始畫八卦,造書
契,以代結繩之政,由是文籍生焉"。

這一説前無所承,大概是從許慎的《説文解字敘》脱出來的。

也有説是倉頡造的,倉頡是什麽人? 其説紛紜不一。有説
倉頡是黄帝史官的。

《説文解字敘》："古者包犧（伏犧）氏之王天下也,仰則觀象於天,
俯則觀法於地,觀鳥獸之文,與地之宜,近取諸身,遠取諸物,於是始作
易八卦,以垂憲象。及神農氏結繩爲治,而統其事,庶業其繁,飾僞萌
生,黄帝之史倉頡見鳥獸蹏迒之迹,知分理之可相別異也,初造書契,
百工以乂,萬品以察,蓋取諸夬。"

這一席話是從《易·繫辭》敷陳出來的,只是連續地添了幾
個人名,又確鑿地説出造字人是黄帝的史官倉頡來。

也有説倉頡是古帝王的。

　　漢代緯書説：“倉頡四目。”而且把他和顓頊、帝嚳、堯、舜、禹、文、武並舉（《春秋演孔圖》、《春秋元命苞》）；《河圖玉版》説：“倉頡爲帝，南巡狩，登陽虚之山，臨于玄扈洛汭之水，靈龜負書，丹甲青文以授。”簡直把倉頡説成神話裏的帝王。

　　也有説倉頡是史皇的。

　　《淮南子·脩務訓》：“史皇産而能書。”以爲這個造字人生來就會寫字。在《本經訓》裏，又説：“昔者蒼頡作書而天雨粟，鬼夜哭。”

　　就《淮南子》兩篇連看，知道倉頡又有個名號叫“史皇”。

　　有只説倉頡是造書人的。

　　《吕氏春秋·君守篇》“倉頡造書”。

　　《韓非子·五蠹》“倉頡之作書也，自環者謂之私，背私謂之公。”

　　有只説他是好書人的。

　　《荀子·解蔽》：“故好書者衆矣，而倉頡獨傳者，壹也。”

　　以爲倉頡是在已有文字之後的一個好書者。

　　在倉頡之外，還有説是朱襄造字的。

　　《古三墳書》：“伏羲始畫八卦，命臣飛龍氏造六書。”

　　《帝王世紀》：“伏羲命朱襄爲飛龍氏。”

　　緯書不足信，但不失爲倉頡以外的另一傳説。

　　也還有説是沮誦、蒼頡作書的。

　　《世本作篇》：“沮誦、蒼頡作書。”

　　《太平御覽》引宋衷注：“沮誦、蒼頡黄帝之史官。”

　　在佛教東來之後，又有説是梵、佉盧和蒼頡三人分作的。

《法苑珠林》："造書者三人，長曰梵、其書右行；次曰佉盧，其書左行；少者蒼頡，其書下行。"

這些神話裏的人物，近來有人猜測倉頡是創契，沮誦是佐誦。即或是創契、佐誦，只是個想像中的文字創造人，正像把發明農業的事情集中到神農氏身上一樣。

我們從文字的發生和發展來看，知道它不是一時、一地由一兩個"聰明人"所能獨造的，文字乃是古人在共同勞動裏，由於生產工具的進步和生活需要，經過了悠長的歲月，從圖畫文字走到象形文字的。

在氏族社會共同勞動的基礎上，出現了圖畫文字。這種文字，準備了象形文字的基本條件；在奴隸勞動的基礎上，提煉了圖畫文字，出現了象形文字。所以說文字不是一個人獨立發明的，而是從勞動中創造出來的。

2."六書"

文字和語言一樣，它們都不是在"制定"法則之後，再去說話寫字。勞動的方法、程式和習慣，勞動時物體的位置和關係，決定了語言的次序和字體的結構。經過了若干年的語文生活，從語句和字體上，抽繹出來共同條理，才有了語法和構字法的知識。

文字構造方法是後人用歸納法找出來的。是在既有文字之後的知識。把它看做是"造字之本"，以爲文字是按照幾個既定的法則做成的，法在先，字在後，是錯誤的。

我國文字構造的條例——所謂六書——是東漢學者研究出來的。

"六書"的名字最初見於《周禮》：

《周禮‧地官‧保氏》:"保氏掌諫王惡而養國子以道,乃教之六藝:一曰五禮、二曰六樂、三曰五射、四曰五御、五曰六書、六曰九數。"是文只説六書是六藝之一,並没有説它的内容都是些什麼。直到鄭衆才説它是指着"象形、會意、轉注、處事、假借、諧聲"六種文字構造方法。

"六書"之細目最早的記録是《漢書‧藝文志》。《藝文志》的《六藝略》在"小學"十家之後,説:"古者八歲入小學,故《周官》保氏掌養國子,教之六書,——謂象形、象事、象意、象聲、轉注、假借,造字之本也。"

六書定義最初見於《説文解字敘》。許慎在他的序中説:

《周禮》八歲入小學,保氏都國子,先以六書:

一曰指事。指事者,視而可識,察而可見,上、下是也。

二曰象形。象形者,畫成其物,隨體詰詘,日、月是也。

三曰形聲。形聲者,以事爲名,取譬相成,江、河是也。

四曰會意。會意者,比類合誼,以見指撝,武、信是也。

五曰轉注。轉注者,建類一首,同意相受,考、老是也。

六曰假借。假借者,本無其字,依聲托事,令、長是也。

自從許慎提出這六個細目和定義,後來研究《説文解字》的人,就把它看作金科玉律,把《説文》裏的文字向這六書分派。可惜他的定義每條只有八個字,説得不夠清晰,引起了許多紛争。特別是轉注一項,從唐代直到最近,幾十個人,化費了很多精力,來探索什麼是"類"、什麼是"首",把這八個字的定義都翻轉遍了,你猜、我猜,始終没有猜着它的真意,大家都只是進到《説文解字》裏,没有再走出來。都是從《説文》看文字,很少接觸古文的真體；努力於作"倉許功臣"，不知不覺地做了許慎的俘虜。

在這裏，我們要知道研究中國語言文字學是以已知的直接史料爲主，從語言文字的本身去發現它的規律，《說文解字》只是其中一部分重要材料，而許慎的六書定義也只是一部分人士的見解。《說文解字》一書是研究中國文字，尤其是中國古文字的一把較好的鑰匙，許慎所寫的六書定義也不失爲較好參考。但是，這都不是主要的，主要的是古、今文字史料所昭示給我們的事實，是這事實所透露的規律。應從事實來選擇六書的名稱和定義，不可演繹許慎的定義去駕馭文字。

中國語言文字學不是《說文解字》學，若是拘牽在六書的名數和定義裏，那是《說文解字》學；中國語言文字學應從文字的發生、發展上發現它的條理和系統，六書的名字可批判地接受。

東漢六書家數、名目、次序和本書所說的象形文相比如下：

班固：象形、象事、象意、象聲、轉注、假借
鄭衆：象形、會意、轉注、處事、假借、諧聲
許慎：指事、象形、形聲、會意、轉注、假借
本書：象物、象事、象意、形聲　　○　　假借

我們這本書是從語文關係和文字構造上，把象形文字分成五項：象物、象事和象意三者是基本構造，其中象意一項出現較晚。這三個名字和《漢書·藝文志》所舉的幾乎完全一樣，只是我們有"象物"而它有"象形"罷了。——我們以爲這三樣都是使用象形方法的象形字。

我們這本書裏沒有"轉注"。我們不知道班固和鄭衆他們怎麼解釋，假如也都像許慎的定義和例子。那只是複輔音的分化，

是語詞和語音發展的變化，而不是文字構造的方法，就字形來説，老、考是象物和形聲的。

綜合本節各頁所説的例證，我們知道：象形文字是從圖畫文字的基礎上發展來的。它是人類社會發展的産物。

象形文字的構成有三種方法：象物、象事和象意。

象形文字的標音化出現了形聲和假借兩種辦法。這兩種辦法雖然是拼音文字的胚胎，但是幾千年來我們的文字卻依然停止在象形階段裏。

象形文字的完成是有它的歷史條件和人類（奴隸）勞動的經濟基礎，不是某一個人所能獨立創造的。

象形文字有它自己的構字方法。我們要發掘文字構造的規律，不要把文字去遷就某一個人所定的名、數和定義。

**習題：**

1. 文字的發生和發展有幾個大的階段？我們現在使用的文字是屬於哪一階段？

2. 中國文字是不是也經過了圖畫文字的階段？怎麼知道的？

3. 象形文字是在什麼時代形成的？怎麼知道？

4. 圖畫文字和象形文字有什麼不同？

5. 象形文字的構造有幾種？它們之間有什麼區別？

6. 象物的象形文字有幾種？每種各舉一兩個例子。

7. 象事的象形文字有幾種？每種各舉一兩個例子。

8. 象意的象形文字有幾種？每種各舉一兩個例子。

9. 爲什麼説象事和象意兩種文字也都是象形文字？

10. 象意文字爲什麼不能自己成爲文字發展的一個階段？

11. 形聲字有幾種? 每種各舉一兩個例子。

12. 形聲字所用的標音文字和字義有没有關係? 這是什麼道理?

13. 文字逐漸增加,爲什麼其中以形聲字的數目爲最多?

14. 什麼叫假借字? 它和形聲字有什麼不同?

15. 舉幾個假借字例。

16. 假借字和通用字有什麼不同?

17. 假借字和文字的引申意有什麼不同?

18. 舉幾個例子,證明中國的象形文字在現代還是時常在續造。

19. 從文字"通用"看"別字"。

20. 從象形文字説到中國文字的形象性。

21. 從象形文字説到古漢語教學時對語言文字該怎樣處理。

22. 從象形文字想"錯字、別字"的改法。


這一章裏所徵引的插圖,是從這幾本書參考來的:

●《比較文字學》(葛勞德著　林枞敬譯);

●《中國文字之原始及其構造》(蔣善國);

●《文化人類學》(林惠祥);

●《文化人類學》(西村真次);

●《黑白》(伊林著、董純才譯);

●《文字的起源》(賀昌群譯);

●《人類及人種》(鳥居龍藏);

●《原始文化》(《日本文化史大系》第一卷);

●《自然科學總論》(石井重美);

●《甘肅考古記》(安特生);

●《安陽發掘報告》第三期;

●《甲骨文編》(孫海波);

- 《三代吉金文存》(羅振玉)；
- 《金文編》(容庚)；
- 《説文解字》(許慎)；
- 《文源》(林義光)；
- 《古文聲系》(孫海波)；
- 《説文通訓定聲》(朱駿聲)；
- 《黃土地帶》(安特生著　松崎壽和譯)。

# 第五章　象形文字的演變

## 第一節　象形文字流變圖譜

我們現在使用的文字還是象形文字。

或者有人不相信，説："請問'女'字象什麼？'馬'字象什麼？'魚'字象什麼？'丘'字象什麼？……"是的，現在我們使用的文字已經不象形了。不過這個"不象形"，並不是突破象形範圍的另一種記錄語詞的方法，而只不過是象形文字寫法改變罷了。

我們根據文字史料，作出象形文字流變圖譜，從中可以看到我們的漢字應該説現在還停留在象形文字階段裏！

我們用圖譜的形式，説明這個問題：

女

殷（甲骨文）女字寫作 、、，

周金文作 、、、，

漢金文作 、，

東漢碑文作 、，

北魏墓誌作 、。

　　若把它們排列起來,下圖就解答了"女"爲什麼這樣寫。這個圖也就說明了:"女"字儘管如此寫,雖然一時看不出來它的形象,但是它還依然是象形文字!

按着這種辦法,我們再排列幾個字:

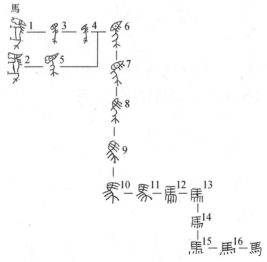

1—4:甲骨文　5—10:古金文　11:石鼓文　12:古陶文
13—15:漢印文　16:漢碑文

魚

1、2：甲骨文　　3—7：古金文　　8—9：古鉥文偏旁　　10—11：漢金文偏旁

丘

1—3：甲骨文　　4、5：古金文　　6—8：古陶文　　9、10：漢金文　　11—13：漢碑文

我們從圖譜裏，可以看到古代的錯別字：

鼎　　　貞

1—5：甲骨文　　6—8：古金文

　　貞卜的"貞"字甲骨文寫作"𐊜"，用"鼎"字來記。後來加上了個"卜"表事類，成了從卜、鼎聲的"鼑"。

　　因爲"鼎"和"貝"字形相似，又把"鼎"誤寫成了"貞"。現在這兩個字已經是截然不同了。

　　我們從圖譜裏，也可以證明語源：

　　"隹"和"鳥"古音都屬舌頭音，當是一個語源，從字形的流變可以得到證明。

2、3：甲骨文　1、4、13：古金文和它的偏旁　14—16：漢金文　17：《説文》

也可以從這裏追索"字源"。

1—3：古金文　4—7：甲骨文　8—12：《説文解字》篆文
9. 𡳐《説文》：踏也，從反止。)　10. 𡕒《説文》：從後至也，象人兩脛，後有致之者)　11. 𡕥《説文》：跨步也，從反夂)　12. 𡕥《説文：行遲曳夊夊也。)

在發掘現行文字爲什麼這樣寫的根源時，一系列的實例無言地、有力地證明了我們直到今天還是停滯在象形的階段。

## 第二節　歷代象形文字

### 一、殷墟貞卜文字——龜甲獸骨文字

　　龜甲獸骨文字是殷代盤庚遷殷以後直到帝乙或帝辛（紂）時代的地下遺物。離現在已經有三千多年了。

　　發現的地方是平原省安陽縣（今河南省安陽市）西北五里的小屯。小屯三面靠着洹水，就是《史記》所記項羽和章邯會盟在“洹水南殷虛上”的殷墟——殷代故城的遺址。

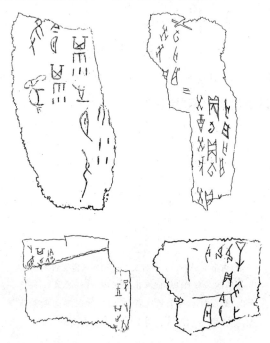

　　發現的時間，從殷墟地層曾被翻動過一點來看，刻在龜甲獸骨上的殷代貞卜文字，有一部分至少在隋仁壽三年（603）安葬卜仁的時候是見過太陽，見過人面的；可惜當時會葬的人沒有理會它。以後，隨着洹水河岸的頹落，農民鋤頭的翻動，自然出土的也不知有多少。到清代末年，小屯的農民已經把它常當作龍骨向藥店出賣了。直到1899年才由一個古董商人賣給端方，1900年又賣給王懿榮。王氏雖然認不清它，卻是非常寶愛。八國聯軍打進北京，王氏死難。1901年王氏家藏甲骨賣給《老殘遊記》的作者劉鶚。1903劉氏把所藏甲骨選拓1058片，印成《鐵雲藏龜》六冊，從此龜甲獸骨文字才開始出版流通。1904年孫詒讓研究《鐵雲藏龜》，作成《契文舉例》二卷，甲骨才第一步從玩賞家的手裏脫出來，走向學術的大路。從這以後，收藏、影印、考釋、研究它的人逐漸增多，其中以羅振玉、王國維、董作賓和郭沫若先生等人的貢獻爲最大。

　　1915年羅振玉親到小屯考查殷墟遺址，1928年國立中央研究院派董作賓到殷墟調查。10月，再派他試掘。12月，李濟主持安陽發掘事宜。直到1929年3月，殷墟才得到科學的正式發掘。

　　所謂"龜甲"，是安陽田龜的腹甲，所謂"獸骨"則是些牛胛骨、脛骨，鹿骨和其他獸骨。

　　殷人信卜。事先治龜甲，把已經鋸掉兩旁突出部分的龜腹甲，去掉膠質鱗片，刮平坼紋，錯磨光澤；然後再在它的裏面——貼近腑臟那面，鑿出棗核形長溝,更在溝邊鑽一圓洞。貞卜時,用火向鑽鑿的洞溝加熱。龜甲被灼,把它的表面從鑽鑿的薄處,炸開一縱一橫的裂璺,甲骨文的卜、ㄣ、丫、ㄏ、ㅑ、ㅓ等“卜”字,便是它的樣子。貞人,掌管貞卜的史官就根據這裂璺斷事。斷完,便把所得的卜辭用刀子刻在卜紋的附近,作爲記錄。至於骨卜的方法和龜卜是相同的。

刻在龜甲或獸骨上的文字,就用途說,是“貞卜文字”、“卜辭”;就刻字來說,是“契文”、“書契”;就材料來說,是“龜甲獸骨文字”、“甲骨文”;加上出土地點來說,則是“殷商貞卜文字”、“殷墟卜辭”、“殷墟書契”或“殷契”等等。

書和契是兩種事,董作賓說,他看見有三塊骨上的文字是用紅筆寫的。有一塊白色陶片上的字是用墨筆寫的。契刻則是每畫兩刀,先一刀較直,後一刀較斜。字形大的,有拇指大,小的、則小如蠅頭。

龜甲獸骨文字的書契藝術,就已經出土的文字,可以分成五個時期。第一期是盤庚、小辛、小乙、武丁,合計約有一百多年。第二期是祖庚、祖甲、合計約四十年。第三期是廩辛、康丁,合計約十四年。第四期武乙、文丁,合計約十七年。第五期是帝乙、帝辛,合計約八十九年。

第一期的文字,氣魄宏放、熟練,以大字爲代表(其中也自然有不少工整秀麗的中、小字作品)。第二期的文字,有嚴飭工麗的風度。第三期的文字寫得很頹靡,筆劃奪譌,形體顛倒,從他們學習書契的遺迹裏,常看見其他各期所不嘗見過的錯誤。第四期的文字寫得很勁峭生動。第五期的文字以“蠅頭小楷”爲多,而且都很工整。

　　龜甲獸骨文字不是原始象形字，是經過了相當發展的東西。在現在已知的象形文字的直接史料裏，要以龜獸骨文字爲最古老了。

　　把龜甲獸骨文字照原樣摹下來的字書，有：孫海波的《甲骨文編》。

　　而像商承祚的《殷墟文字類編》，朱芳圃的《甲骨學文字編》等，則是臨寫的，和原形不一致。

## 二、殷周金文

　　殷周金文是殷周兩代的青銅器銘文的簡稱。這種文字宋代也叫作"鐘鼎彝器款識"，一般多説"鐘鼎文"。學術上有時説"周金文"、"殷周金文"，有時混着説"古金文"，有時簡直地叫"金文"。

　　殷周青銅器的種類很多，彝器方面大約可分四種：屬於食器的，有鼎、鬲、甗等烹飪器，簋、簠、盨、敦、豆、盧等盛食器，俎、匕等治肉器。屬於酒器的，有爵、角、斝、盉、鐎等煮酒器，尊、觚、觶、方彝、卣、觥、鳥獸尊、壺、罍、鉼、罐、缶、鐎、匜、桮等盛酒器和飲酒器，禁、勺等陳酒器。屬於水器和雜器的，有盤、匜、鑑、盂、盆、甄等盛水器，枓、盌等酌水器，瓿、皿、鑵、鉹、區、行鐙等雜器。屬於樂器的，有鉦、句鑃、鐸、鈴、鐘、鐘句、錞于、鼓等。它們有很多是帶着銘文的。此外，像戈戟等兵器，車鍵、馬銜、日常服御以至於不知名的器具上，也多有銘文。

　　青銅器的用處，就彝器來説，也有四種：天子、諸侯在廟裏祭祀時所用的，是"宗器"。巡狩，出征，在行舍舉行奠告之禮時所使用的是"旅器"，也叫"行器"。陪嫁的，是"媵器"。殉葬的，是"明

祖丁父癸卣　　　　　過伯簋

器"。——這種器具在銘文上找不出徵驗,傳世彝器有的製造粗
惡,花紋不精,甚至"瓿"中穿無底的都是明器。至於兵器、車器
等等,多是實際應用的。

　　青銅器銘文的字數,各器不同。有少到一個字的,有多到五
百左右字的(毛公鼎 497 字,可抵一篇《尚書》)。

　　至於字體,殷周兩代也有差異。殷代的字有雄壯的,也有秀
麗的,筆劃首尾略微纖銳。西周初期還接續殷代的作風。西周
後期的字體,筆劃停均,不露鋒鋩,還有"宗周"文字的正軌。春
秋戰國,異體都出來了。齊、徐、許各國盛行細長的字體。也有
恢復了兩頭尖尖的舊體的,也有加上花點和襯筆的。也有寫成
奇字不能辨認的,也有寫得太草率幾乎不成字體的。也有寫成
圖案字——所謂"鳥書"的。這些美化了的文字,也可以說是中

國最初的圖案文字,是和當時新的土地佔有形態的出現以及城
市經濟的興起相適應的。

史頌匜　　　　　　王子适匜　　　　許子簠

□□宰鼎

　　殷、周金文的發現，在記錄上，要數漢武帝汾陰得鼎爲最古。其後，以宋代收集的爲較多，近代收最多。

　　殷、周金文出土的情形：有的是由於所謂"地不愛寶"的自然暴露，有的是農民在勞動時，無意地掀出來的；也有的是事先設計，作科學發掘的。自然暴露的，像漢武帝元鼎元年（前116）汾陰巫錦給百姓祠魏脽后土營旁，發現地面有"鈎"似的突起，掊開，得了一隻大鼎；晉義熙十二年（416），盧江霍山崩裂，揀得六個鐘。農民在勞動中無意逢到的，像清乾隆十一年（1746），臨江百姓耕地得十一個古鐘；1923年山西渾源東峪村高鳳山掘土發現很多銅器。至於計劃發掘的，有的是人民自己掘的，像1928年洛陽故城古墳的發掘，1933年安徽省壽縣楚器的發掘。有的是政府計劃開工的，像1934年中央研究院在安陽洹水北岸侯家莊所作的殷代墓地發掘。

　　著錄殷周金文的書約分兩個時期：宋代和近代。宋代書上所收器數，據王國維的《宋代金文著錄表》所收，已有六百三十六器（裏面包括着漢器）。近代書上所收的，就羅福頤1933年校補的《三代秦漢金文著錄表》一書來看，已有五千七百八十器。

　　把殷周金文輯成字典的有好幾家，其中照原字摹下來的，而且字數較多的，要數容庚的《金文編》了。孫海波的《古文聲系》雖也把甲骨文和古金文照樣描下來，可做參考，但是字數不多，而且也比較草率一些。其他像吳大澂的《說文古籀補》、丁佛言的《說文古籀補補》等都是臨寫，大小肥瘦和字體結構

鳥篆劍格

常有些出入。

## 三、戰國文字

### 1. 刀布文

"貨幣是交易發達的產物。"現在所見的六國刀布,有可以根據錢上所記的地名和它出土地方看出國別的。空首布出在關、洛,是周制。三字、四字、六字刀和各種四朱,出山東,並且多記齊國地名,是齊制。寶化三品,出山東,也是齊制。梁、山陽、虞、安邑四地,列國屬趙,那麼梁正、梁充、山陽、虞、安邑等錢都是趙制。蒲反、垣、共也是趙地,那麼蒲反布、共、垣等圓錢,也都是趙制。涅是韓地,則涅金兩種爲韓

制。方尖足小布出山西、河南、河北,是燕趙韓魏制。明刀、尖首刀,都出在北京附近,也是燕趙制。直刀有甘丹、白人(就是柏人),都是趙地,更是趙制證據。圓足布、大尖足布,文多和小方尖足布相同,大概也是燕、趙、韓、魏制。重一兩十二銖,十四銖,兩種圓錢在關中,該是秦制。

刀布文字,一般的都非常簡率,和殷周彝器的銘文不同。城市經濟使數目字筆劃加多,使應用文字筆劃減少。

我們從刀布文可以看出中國象形文字在戰國時代已經趨向簡化。

### 2. 古鈢文

戰國時代的文字,在刀布之外,還有一種"鈢"文。"鈢"就是

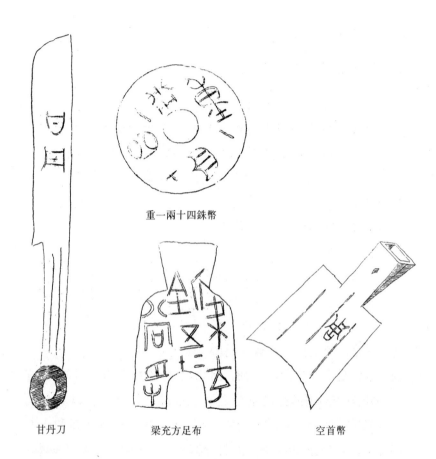

重一兩十四銖幣

甘丹刀　　　　　　梁充方足布　　　　　　空首幣

古代的"璽"字。這種東西沒有定制。形狀、大小,都不一樣。文字的精粗、巧拙也有很大差異。璽從《左傳》、《國語》等書去看,春秋時就已經有它,但是近代所發現的很多古鉨,多是戰國時代文字,它的大量出現和廣範圍應用使鉨印增多,是和當時的城市經濟相應的。《周禮・地官・司市》:"凡通貨賄,以璽節出入之。"同書《掌節》:"貨賄用璽節"。戰國璽出土很多,足證那時候商賈往來的頻繁。

古鉥文，和刀布文布在趨簡一
點上是一致的。例如安作、和
平安小幣文相同。皮字寫作，和皮
氏小幣的相同。其中當常有些變
體字——到現在還不可能認出來的
"奇字"。

古鉥的發現也很晚。前人因爲
它的字體有些難識，在著錄時，常把
它放在漢印後面。甚至有不著錄的。
到清末才確定了它的名字。

把古鉥文編輯成字典的，有羅
福頤的《古璽文字徵》。

### 3. 古匋文

陶器上有文，是由於商業上的需
要。在作爲商品向外交易時，陶人才
想到在他們窯裏的出品上加上文字。古匋文，一般的以一字爲
多，也有兩字以上的，多到十幾個字也有。多是用"範"印上的。

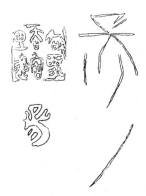

古匋文的發現也很晚。陳介祺是最先收藏古匋的人,同時也是收藏古匋最多的人。

大約在清代同治、道光年間,在山東省臨淄,出現了古匋。到光緒初年,在河北、易州也有古匋出土。雖然有"前有齊魯,後有燕趙"的成説,可惜關於發現古匋的時間和地點還不大詳細。臨淄所出的,多記里名,不記年月,没有在十個字以上的。易州所出的,多記工人姓,像"右匋攻湯"、"左攻□"、"匋攻□"等。有記八年、十年、十四年的,多的到十幾個字。

古匋文和刀布文、古鉩文時代相同。可以從文字上比較出來。像:"旗"作,"秦"字作,"波"字作等,都和古鉩文相似(古鉩作、、)。像:"賹"作、"節"作、"墨"作等字和刀布文的、、等相合。

把古匋文輯成字典的,有顧廷龍《古陶文舂録》。

## 四、秦漢金文

秦人的金文,原是整齊嚴肅的。到戰國時代,它也因爲新的土地佔有形態的發展,城市經濟的興盛,和隨着這個經濟而來的政治和軍事的錯綜複雜關係和東方各國一樣,文字一般趨向簡易急就。我們從商鞅的大良造鞅方量和大良造鞅戟上的銘文,可以看出來,在秦孝公時代(孝公十八年是公元前 344 年),一向整飭的作風開始放縱了。像大良造戟的筆法,作字一定是較快的。這樣加速度的寫字方法,提高了當時的文字記録能力。適合於當時繁忙的事務。

這種文字發展,在統一六國之後,"官獄多事","官獄職務繁",辦事人"苟趣簡易"的情形下,更有很大的進步。這草率痛快的字體和寫法，"施之徒隸"，出現了隸書。我們從秦始皇廿六年(前221)詔，或二世元年(前209)詔等秦代的金文裏，可以看出來秦代一般公文書寫的情形。

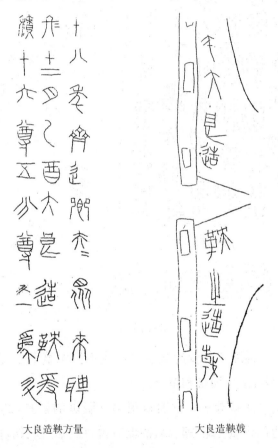

大良造鞅方量　　　　　　　大良造鞅戟

　　秦統一後的金文，多表現在"權"或"量"上。有刻上的，也有鑄上的。在直接刻、鑄之外還有一種是釘上詔版的。詔版是一種略如覆瓦形的銅版，上面刻着秦始皇或二世的詔書的東西。在權、量、詔版以外，像兵器和兵符以及其他器物上也常有字。

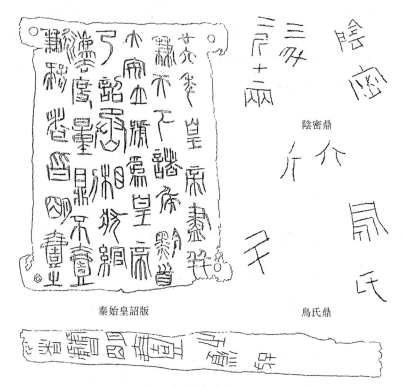

秦始皇詔版                                        陰密鼎

                                                 鳥氏鼎

廿六年詔殘量

　　秦代這種潦草急就的文字到漢代不但繼續下去,而且也得了發展,發展成了漢隸和章草。

　　漢代包括新莽──銅器也很多。服御的器具,約分十類:烹煮用具有鼎、甗、鍢、鏤、鍪,酒器有盉、卣、壺、鍾、鈁,挹注用具有斗、勺,盥洗器有盤、洗、鋗、盆、匜,照明的有鐙,薰香的鑪,照模樣的有鏡,繫帶的有鉤,染絲的有梧,平繒的有熨斗。此外,還有一些別的雜器。漢器上的字體是繼承了秦器文字的作風而又放縱了的。

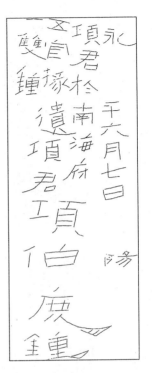

房桃枝買地鉛券　　　　　　項伯鹿鍾

　　我們上面只說了秦漢金文"趨簡"的一面，它們還另有"嚴整"的一面。

　　秦人的文字和東方六國相比，是很守規矩的，我們從秦公簋、石鼓文、詛楚文等很可以看出那"嚴整"一面。這嚴整的秦文到統一六國之後，由李斯的上奏建議，便成了當時的標準文字，"罷其不與秦文合者"，遂使天下"書同文字"。這樣，嚴整的秦文就成了秦國的官書正字，所謂"小篆"，和"隸人佐書"的簡易文字同時並用。

　　秦公簋是春秋時器，新郪虎符是戰國末年的東西，兩下相比可以看出秦人文字的風格。把新郪虎符的字和泰山刻石比較

（參看後文），可以看出用作"同文"的標準的"小篆"的來路。

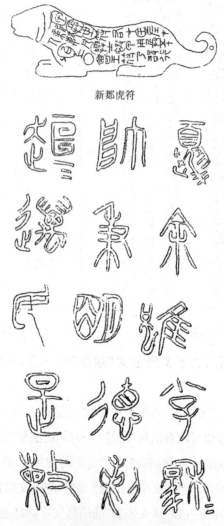

新郪虎符

秦公簋蓋上的一部分文字

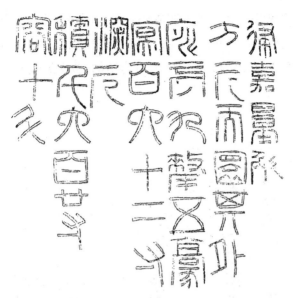

新莽嘉量(部分)

　　西漢文字的寫法是"承秦遺制"的。《後漢書·光武紀》注引漢制度説："帝之下書有四：一曰策書，二曰制書，三曰詔書，四曰誡敕。策書者，編簡也，其制長二尺，短者半之。篆書，起年月日，稱皇帝，以命諸侯王。三公以罪免亦賜策，而以隸書，用尺一木，兩行，惟此爲異也。"是篆書和隸書並用的。漢的隸書在秦隸的基礎上發展得更簡易一些，上邊我們已經舉了幾個例，不再重複，這裏再舉幾個篆文的例子，把它和新鄭虎符比較一下，可以看出漢代的篆書繼承秦代的情形。起初和秦篆一樣，在方整裏，還有些圓味，以後圓味漸少，強調了方整，形成了"圖案文字"所謂"漢文式"的半記録，

舞陽丞印

定陵邑印(封泥)

半裝飾的花紋。這時隸書在應用上佔了主要的位置,漢篆便方方整整地僵死在器物之上,而不再向前發展了。

　　把秦漢金文編輯成字典的,有容庚的《金文續編》。

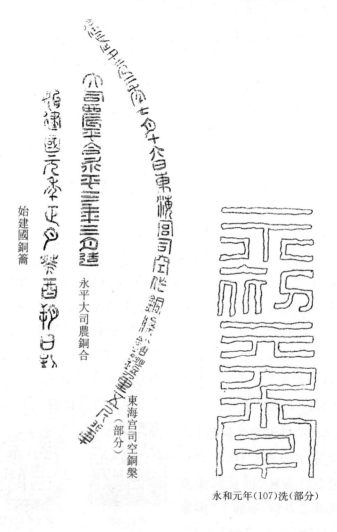

始建國銅籤

永平大司農銅合

東海宮司空銅槃（部分）

永和元年(107)洗(部分)

## 五、秦、漢石刻文

秦、漢留下的文字遺迹,除我們在前面所說的金文之外,還有一個和金文一樣重要的部分——石刻文。

我國古石刻文,就現在所知,最早的作品,要數石鼓文了。其次是詛楚文。這兩種石刻都是秦人在統一天下以前的東西。它們的字體結構和筆法,都和秦公簋是一系的。

石鼓文在唐代初年才被發現。發現後,經過好多次的搬動,唐代鄭慶餘把它搬到鳳翔府夫子廟。五代,兵火裏又把它散失。宋代,經司馬池把它重找回來。大觀年間從鳳翔運到東京(開封)。金人破宋,把它拉到燕京。清代把它放在國子監裏。抗日戰爭中,把它搬出北京。

所謂石鼓並不是鼓形,而是徑約三尺,上小下大,頂圓底平,四面稍有方意,近似饅頭形的東西。一共有十個,每個周邊都刻着四言詩——詩是歌詠田獵的。石頭的形制是"碣",因而也有人

石鼓文(縮小)——某石鼓的部分文字

叫它"獵碣"的。通過它和古金文的虢季子白盤我們可以想像中國古代寫成清稿的詩篇（這只就詩的文字而言，並不指寫字的材料）。

石鼓是什麼時代的東西呢？自從發現以來其説不一。馬敘倫根據《史記·秦本紀》和石鼓本文證明它是"秦物，而作于文公"。

詛楚文是秦國爲和楚國戰爭，而向秦楚兩國共同的尊神——皇天上帝和丕顯大神巫咸——控告的狀子。在張儀用商於之地六百里騙使楚國絶齊之後。楚懷王氣惱興師，和秦國在藍田會戰前夕的作品。同時，楚國也正在用《九歌》娛請東皇太一衝秦。《九歌》和詛楚文兩下裏遥遥相對，是一對久已被人忽略了的珍貴史料（詳見我的《楚辭九歌整體系解》）。

詛楚文一共發現三個：一個是巫咸文，宋代嘉祐年間在鳳翔府開元寺得到的。一個是大沈厥湫文，治平年間渭水農民在朝那湫旁發現的。一個是亞馳文，在洛陽劉沈家得到的。這三塊石頭以後又全都丢失了。

不但原石都丢了，就是宋代的拓本也久已不存。現在只能從絳帖、汝帖等幾塊法帖裏，看見它一點形骸。清代馮雲鵬的《石索》，現代的容庚、鄭振鐸等人的書上也有轉摹。

詛楚文（部分）

　　秦統一中國之後,始皇帝東巡,從嶧山、泰山、琅邪、之罘、碣石到會稽,刻了六處石刻。現在這六個石刻,殘存的不多了。之罘、碣石和會稽刻石很久不知下落,嶧山刻石,在唐代就已被野火燒壞,泰山二十九字先在山頂玉女池上,以後挪到碧霞元君廟,乾隆五年(1740)被火燒壞,殘石上,現在僅僅存了十個字。

　　秦統一後的幾個石刻是"同文"之後的小篆。

　　前漢和新莽的石刻文,發現的數目並不多。《石交錄》(一本講石刻的書)説:"漢代金石刻,金文多出西漢,石刻大率皆東漢。"宋歐陽修也説:"我家收集古迹,所記錄的,三代以來鐘鼎彝盤銘刻等,樣樣都有,到後漢才有碑文,打算找前漢時代的碑碣,始終沒有得着。"宋代的趙明誠收藏古碑刻不少,也僅僅得了建元二年鄭三益闕一種。它是否前漢的東西,也很難説,因爲劉聰和苻堅他們也都有建元的年號。

　　現在確實知道是前漢的石刻,有魯孝王五鳳石刻(五鳳二年

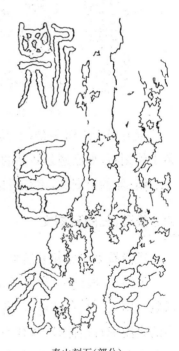

泰山刻石(部分)

是公元 56 年),它是金明昌二年在太子釣魚池旁發現的。此外,趙廿二年群臣上壽刻石,出在永年;河平三年麃孝禹刻石,出在肥城;元鳳中廣陵王中殿題字,出在甘泉。——這都是歐、趙兩家所不曾見過的。

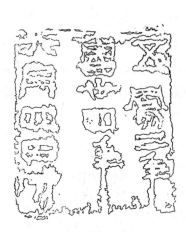 

魯孝王五鳳石刻　　　　萊子侯刻石

至於居攝墳壇兩刻（況其卿墳壇刻石、上谷府墳壇刻石）和萊子侯刻石，那已經是新莽的東西了。

漢、新的石刻文，還有秦隸的風骨。

## 六、後漢、三國石刻文

後漢石刻文比起前漢來，在數量上，有很大的增加。

那時，一般門生、故吏爲他們的府主"伐石頌德"，已經成了風氣。用宋代收藏家歐、趙等人的著録和酈道元《水經注》上所引的東漢碑石相比校，宋代只殘存十之四五，若再用清代王昶、孫星衍各家的著録和歐、趙等書以及洪适《隸釋》、《隸續》相校，則只十存二三了！

三國石刻文，魏和吳兩國都有發現，只是蜀還沒有"片石"的發現。

綜合起來看，後漢、三國的石刻文字有三種：篆書的、隸書的和篆隸合書的。

1. 篆書的

後漢刻石傳世的數目雖然不少,可是使用篆文的並不多。這現象說明篆文已經退場。使用篆文的石刻像:少室石闕銘、開母廟石闕銘、蘭臺令史殘碑、魯恭王墓二石人胸前題字等。再就是一般碑額。

吳天發神讖文(部分)

東漢熹平石經經殘石(《詩經·小雅》
《南有嘉魚》及《南山有臺》)

三國時,吳的禪國山碑、天發神讖文,魏的蘇君神道碑等,也都是使用篆書的。

2. 隸書的

後漢石刻文,通常多叫作"漢碑"。實際不全是碑,在碑以外還有"碣"和"摩崖"等別的形制。這時期文字,主要的是隸書。有

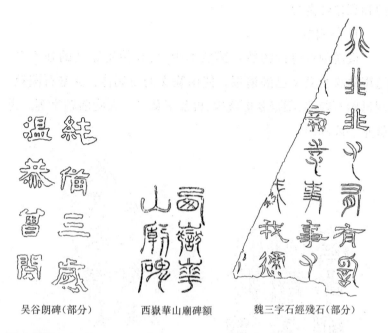

吴谷朗碑(部分)　　　西嶽華山廟碑額　　　魏三字石經殘石(部分)

接近篆書的,像祀三公山碑;代表過渡期的,像楊君石門頌;三國時,吳的九真太守谷朗碑,字體很接近楷書。

這時隸書已經和從秦代傳遞下來的隸法不同,從急就速成的隸法轉成工整,嚴緊,左右取姿的"八分"。像乙瑛碑、孔宙碑、西嶽華山廟碑等,姿媚,端麗,離開秦隸,而自己另成了一種楷式。

3. 篆隸合寫的

篆、隸合寫的石刻,是魏廢帝正始年間所建立的石經。這一套石經,像清代的三體千字文似的,每一個字都寫出三樣。魏正始石經是用古文、小篆和漢隸三種字體寫成的,因而也叫它魏三字石經。

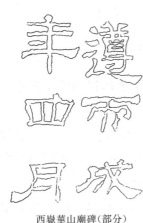

西嶽華山廟碑(部分)　　　　　石門頌(部分)

魏三字石經的行款，有直行寫下來的。有分作三點，鼎足地寫下來的，所謂品字式的。

寫字人，是邯鄲淳、衛覬、嵇康等人。

六朝時，這套三字石經散失了。到唐貞觀初年，已經十不存一。宋皇祐五年(1053)，在王文康家，得了三字石經拓本八百一十九字，刻石洛陽。洪氏《隸續》所錄的，就是這本。清光緒二十一年(1895)洛陽龍虎灘出土《尚書·君奭》一百十字。1923年洛陽城東朱家圪壋又發現了六大方碑塊和一百四十多小塊，經文是《尚書·無逸、君奭》，《春秋·僖公、文公》，《尚書·多士》，《春秋·文公》。以後，續有出土。

著錄光緒以後出土的三字石經，有孫海波《魏三字石經集錄》。把兩漢三國石刻文字編輯成字典的。有翟云升的《隸篇》。

魏三字石經(品字式)

他的書,是照拓本原字雙勾下來的。再有,顧藹吉的《隸辨》也是把漢碑文字編成字典的,不過他的書,是臨寫碑字,很多字失掉了原形。

## 七、漢、晉木簡

我們上面所提到的歷代象形文字直接史料,多半是經過一番手工,不管是刻的或鑄的,還不是第一手的最直接的材料。真正的古人的親筆字迹,像漢代魯恭王在孔子宅裏所拆出來的"壁中書",晉代不準在魏安釐王墓裏所掘出來的"竹書",被發現之後,都喪失了。後代人不能夠親眼看見,所以講古代象形文字不能不據金、石文字從刻工的刀子裏去看當時的寫法。

現在我們從甲骨文上看見了有殷代的朱、墨寫本。從木簡上看見了漢、晉兩代筆迹。好多從金石文字上還找不到的文字變化關鍵,可以從漢、晉木簡裏尋出來直接有力的變化軌迹。有人説:"自流沙墜簡出,而書法之秘盡洩。"就是因爲木簡文字在中國象形文字的演變上是一個主要的材料。

1902到1903年間,英國印度政府官吏匈牙利人斯坦因(Marc Aurel Stein)遊歷我國新疆天山南路,在和闐的南邊,發掘古寺廢址,得到了很多唐代以前的遺物。以後,又在尼雅河的下流,發現了魏、晉之間的寫字木簡大約有四十枚。斯坦因在他

所著的《于闐的故迹》一書裏,曾經揭載了木簡的照片。法國沙
畹(Emmanuel-Edouard Cnavannes)給他作注解。1907 到 1908
年間,斯氏重游新疆全土和甘肅西部,在敦煌西北長城遺址,發
掘出兩漢人所寫的木簡,約近一千多枚,又在尼雅河下流故址,
得到後漢人所寫的木簡十幾枚。在羅布淖爾東北的海頭故城,
得魏木簡百餘枚。這些都是當時的公文和屯戍簿籍。斯氏在
1908 年所得的木簡,沙畹又給他作了考釋,影印成書。羅振玉
和王國維重新加了一番考證,在 1914 年春天印成《流沙墜簡》三
卷,《考釋》三卷,《補遺》一卷,《附錄》二卷。

　　木簡出在敦煌的,都是兩漢的東西,出在羅布淖爾北的,則
是魏末以至前涼。出在和闐的,全部不過二十多枚簡,没有年月
可考,大概是後漢和魏、晉時的。

　　木簡的紀年,有前漢武帝的天漢、太始,宣帝的本始、元康、
神爵、五鳳、甘露,元帝的永光,成帝的陽朔,平帝的元始,孺子嬰
的居攝,新王莽的始建國、天鳳、地皇;後漢光武帝的建武,明帝
的永平,章帝的建初、元和,和帝的永元,順帝的永和,桓帝的永
興。有魏陳留王的景元、咸熙。有晉武帝的泰始,懷帝的永嘉和
愍帝的建興各簡。

　　木簡上的字體,神爵、建武、永元等木簡是草書的,泰始以下的
則蛻變成正書而參雜了些草書的意味。其他像春君、王母、君華和
急就等簡,都是很精美的隸書。干支譜有的和新莽的嘉量文相近。

　　把木簡按年代排起來,我們可以從這些古人的親筆文字上,
看出中國象形文字是在什麽時代,經過什麽程序,從秦隸分成章
草和八分而走向今天我們還在使用着的"正楷"。

　　把木簡文字編輯成字典的,有《西域出土漢晉真迹字鑑》。

這部書是把西域出土的木簡文字從它的照片上剪下來,按類貼成,照像影印的。

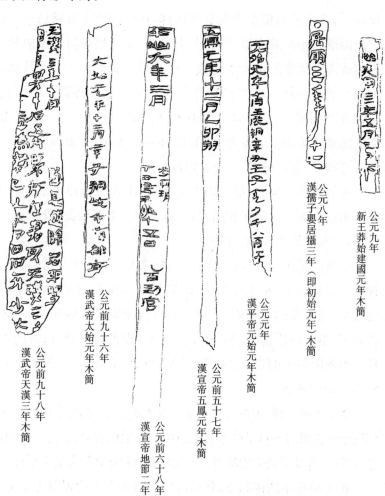

公元九年
新王莽始建國元年木簡

公元八年
漢孺子嬰居攝三年（即初始元年）木簡

公元元年
漢平帝元始元年木簡

公元前五十七年
漢宣帝五鳳元年木簡

公元前六十八年
漢宣帝地節二年木簡

公元前九十六年
漢武帝太始元年木簡

公元前九十八年
漢武帝天漢三年木簡

公元二六五年三國
魏咸熙二年
（晉武帝泰始元年）木簡

公元二六四年三國
魏元帝景元
五年（咸熙元年）木簡

公元八七年漢章帝元和四年（章和元年）木簡

公元六一年
漢明帝永平四年木簡

公元十四年
新始建國天鳳元年木簡

公元五五年
東漢光武帝
建武三十一年木簡

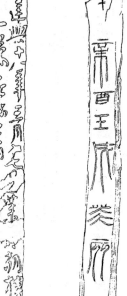

公元二六九年
晉武帝泰始五年木簡

公元三三〇年
晉愍帝建興十八年
（晉成帝咸和五年）木簡

干支譜（殘）

春君簡

## 八、晉、南北朝、隋、唐石刻文

東漢刻石的風氣最盛，建安十年(205)曹操曾經下令禁止立碑，也沒能徹底制止。晉代咸寧四年(278)，又禁止作石獸碑表，可是私造的依然很多。《金石錄》一書所記的，已有二十多件。

宋、齊、梁、陳的碑刻，以焦山瘞鶴銘從趙宋以來最爲有名。傳說是梁代陶弘景寫的，也很難信。

北朝不但沒有禁止立碑的命令，而且因爲盛行道教、佛教，對造象刻經、浮圖、幢柱等的製作，反倒擴大了石刻文的範圍，諸如鄭道昭雲峰、天柱兩山題刻，小鐵山刻經頌，龍門山造像等，在書法，在數量各方面都有和前代不同的地方。

長樂王丘穆陵亮夫人尉遲造像記

洛州刺史始平公造像記

比丘尼慈香慧政造像記

晉爨寶子碑

宋爨龍顏碑　　　　隋龍藏寺碑

　　這時代的石刻文字是介於隸楷之間的,像晉代的爨寶子碑,北魏的中嶽靈廟碑,是隸是楷很難分別。並且這時代的別字、錯字也極多。《魏書·世祖紀》説,始光二年三月造新字數千多,頒佈到各地,這些新字、奇文在石刻上常常出現。這時代,從文字的結構來説,可以説是從秦代"書同文"以來,最混亂的時代。

　　隋代的石刻文,字體整齊,完成東漢以來由隸到楷的新階段,開闢了唐代的風氣。龍藏寺碑統合分隸,很有韻致。美人董氏、蘇慈、宋永貴等各墓誌,都是整齊端麗的小楷。雜着異體的(像曹子建碑)這時比較少了。

　　唐代三百年間,石刻文很多。李世民很好寫字,他以封建帝王的身份,倡導了當時的風氣。李世民死後,各臣陪葬在昭陵的就有一百五十多人,當時都各自立碑,寫作都是一時名手(現存的還不到三十座碑)。武則天改國號稱"周",制定新字,頒行天下。她的新字也常見在碑上。唐代的石刻文字在楷字之外,也間或有篆有隸,乃至於行、草各種。

　　輯録漢以來碑刻文字編成字書的,有羅振鋆和羅振玉所輯的《碑別字》五卷(增訂本),羅振玉《碑別字拾遺》一卷,潘存、楊宇敬編《楷法溯源》。

## 九、晉、南北朝、隋、唐寫本

　　晉、唐人的筆迹,現在已知的有兩種:法帖真迹和發現的寫本。前者,像蜀都帖(王羲之)、倪寬贊(褚遂良)等法帖上的文字的真迹。後者,像清末在西北發現的各種寫本。

　　近世發現的古寫本,以敦煌石室爲最有名。

晉太康時人書諸經集要

梁建安王偉書摩訶般若波羅蜜經

隋開皇時書大方等大集經

唐中葉時人書父母恩重經

五代人書觀音經

這是 1900 年的事。

甘肅省敦煌縣東南三十里有一座鳴沙山。山麓有三座廟，俗名上寺、中寺、下寺。上中兩寺是道觀，下寺則是僧寺。寺舊名"三界寺"。現在都寫着回回文。寺左右有石室千餘。從唐到元，都叫作"莫高窟"。俗名"千佛洞"。各洞都有壁畫，這些洞裏，有一個洞是滿藏着圖書的。它的外面，是用了一堵裝飾着圖像的間壁隔好。因此，經歷了一千多年也沒有人知道。清光緒二十六年（1900），廟裏王老道打掃沙土，把間壁牆掃破了，藏書露出來，從此石室藏書，才爲世人所知。

石室遺書發現後，沙州道臺曾經用公文，並且附帶了一些東西，呈報蘭州巡撫衙門，那巡撫不明白古代文物的重要。又聽説數量太多，需要七輛大車才可載完；爲了省錢省事起見。他批令全部寫本仍舊留在原處保存，由王道士看管。王道士把寫本鎖起來，把他發現的各種物品的目錄，也銷毀了。

事情過了七年，光緒三十三年（1907），西洋人聞風前來，於是石室遺書大部分被無恥盜取而流散到歐洲。等到中國政府從西洋人方面知道消息，派人前去，則精華已盡，只剩一部分殘餘了。

唐宋以後的象形文字史料，主要的寫本和印本，本書從略。

## 第三節　書本上的歷代象形文字名稱

我們在上一節，依着象形文字所在的器物和時代，約略地介紹了龜甲獸骨文字、殷周金文、戰國文字、秦漢金文、秦漢石刻文、東漢三國石刻文、漢晉木簡、晉南北朝隋唐石刻文、晉南北朝隋唐寫本等等。這些只是一部分象形文字史料的名字。這些名字之外還有另一套從書本上傳下來的字體名字。這些名字現在已成爲古文字學常識的一部分，簡單説明如下：

## 一、古文

"古文"這一個名詞是和"今文"相對而言的，它相對的關係是在漢代。漢代的經書一般是用那時的現行文——今文寫的。魯恭王壞孔子宅，所得孔子壁中書（戰國末年的寫本）和漢人讀本上的字體不同，是篆書；又和漢"承秦遺制"的大篆、小篆有些不同。於是從相對的年代上着想，叫它"古文"。

許慎的心目裏，對古文有兩個看法。一、古文是大篆小篆以外的另一種篆書字體，是在"罷其不與秦文合"、"書同文字"之前的，不合於秦文的六國文字，也就是像"孔子壁中書"的字體的六國文字。二、各地"郡國亦往往於山川得鼎彝，其文即前代之古文"的青銅器銘文。

山川出土的鼎彝上的銘刻文字，就是我們上面所舉的殷、周青銅器銘文。這時代很長，從殷周時代到戰國。

壁中書上的古文，也就是和今文經相對的古文經上的文字，是戰國末年人所寫的。這種文字我們現在可以從《説文解字》書裏和魏三字石經上看出它的形象——筆劃一般是頭粗尾細，這是因爲用漆寫的關係。晉代人就着這頭粗尾細的形狀，象蝌蚪似的，因而起了個"科斗文"的名字。

總之，《説文解字》所代表的漢人見解，以爲秦字之外（實際是以爲那就是秦字之前的）的文字是"古文"。就現在已有的史料來看，他們這個概念是含糊的，他們把古金文的一部分和秦文裏籀文同時的六國文字當作秦文以前的文字，和山川鼎彝上的文字作相等的看法，是把一部分當作了全部。

在這含糊的"古文"概念下，常常有人根據《說文》古文把六國文字當作原始的文字。像式、弍等字的問題就是其中的一例。

## 二、大篆（籀文） 小篆

《漢書·藝文志》著錄小學十家四十五篇，它的第一篇篇目是"《史籀》十五篇"。注："周宣王太史作大篆十五篇，建武時亡六篇矣。"就在這一段的敘錄裏又說："《史籀篇》者，周時史官教學童書也。與孔氏壁中古文異體。"我們現在雖然看不見《史籀篇》的原形，但是從《說文解字》裏還可以看見許慎所引的籀文——《史籀篇》的字體。

許慎在他的《說文解字敘》裏，把《藝文志》的自注和敘錄合起來，說："及宣王大史籀著大篆十五篇，與古文或異。""史籀"從此一直傳作人名，周壽昌據《漢書·古今人表》以爲"史籀"就是"史留"。唐蘭並且把"周宣王"改成"周元王"，以遷就史留在《古今人表》的春秋戰國之際的年代。

王國維以爲"史籀"是書名，不是人名，說："籀讀二字，同聲同義。又古者讀書皆史事。昔人作字書者，其首句蓋云'大史籀書'以目下文。後人因取句中'史籀'二字以名其篇。大史籀書，猶言大史讀書。漢人不審，乃以'史籀'爲著此書之人，其官爲大史，其生當宣王之世，不知'大史籀書'，乃周世之成語，以首句名篇又古書之通例也。史籀一書，殆秦人作之以教童。"把它看做秦人字書是有理的。

從《說文解字》書上所引的《史籀篇》文字和出土的先秦文字

相比,則見出所謂"籀文"和秦文是一系,秦公簋、石鼓文、詛楚文等金石文字在結體上是和籀文一致的。

漢人所傳秦書有八體,頭兩體是大篆和小篆。這兩種字體的確立,許慎在他的《說文解字敘》上這樣說:"秦始皇帝初兼天下,丞相李斯乃奏同之,罷其不與秦文合者。斯作《倉頡篇》,中車府令趙高作《爰歷篇》,太史令胡毋敬作《博學篇》;皆取史籀大篆,或頗省改,所謂小篆是也。"在此三人作《倉頡》、《爰歷》和《博學》等字書之前,秦文就是籀文。爲了"罷其不與秦文合者",他們先整齊了秦文。這整齊了的秦文,是從舊有的秦文字書《史籀篇》整理出來的。原先的秦文,《史籀篇》文字叫大篆,從《史籀篇》整齊來的秦文叫作小篆。這"大"、"小"兩個相對的名字,代表了秦文的先後。這先後兩種秦文在"古文由此絕矣"的秦代,還是秦文的正體之一,也是"書同文字"的標準字體之一。

從《史籀篇》整齊出來的小篆,秦人所寫的,我們可以從泰山刻石、瑯邪刻石和會稽刻石的徐鉉臨本裏看到一部分。

總之,大篆是秦統一以前的篆文,以《史籀篇》爲代表,也叫籀文。小篆則是秦統一後,從《史籀篇》加以整齊的,用作同文標準的新訂篆字。

# 詞典使用法

# 目　　録

# 緒　　言

　　本書是爲了幫助熱愛祖國傳統文化的學生，及初學古漢語的人士，學習閱讀古書和古典文學作品而寫的。它是一個工具性質的學科，而不是理論的詞彙科學。因而有些從詞彙學看來是必要的東西，在這裏被割捨了；有些看來似乎是衆所熟知的事理，被加重了。

　　準確、適用，應該是本部分的重點要求。

　　這裏主要闡述有關詞典和詞典使用方法，以及詞彙理論和實踐。當然，這裏所説的詞典和詞彙都是就古漢語文學語言來説的。

　　關於古漢語文言詞典和詞彙，無論從理論和實踐哪一方面來説，作者的學習和研究都是很不夠的，甚至有些部分還是才開始摸索，這對準確、適用兩大要求都有一定距離。希望看過或用過本書的同學以及各位朋友和同志，隨時給予指正，以便進一步修改，使它更好地爲閱讀古書和古典文學作品服務。

　　詞典，在這裏包括着所謂字典和辭書。

　　文字是詞的書寫形式。儘管有它相對獨立性，但是脱離詞彙的文字是不存在的。單音節詞，一個詞一個書寫形式，字和詞是正好對應的；雙音節詞，一個詞有兩個書寫形式，驟然看來，好像其中任何一個文字都沒有寫詞，似乎文字並不是詞的書寫形式，至多只是音節符號。殊不知這些所謂音節符號不但和拼音符號不同，而且它還受詞義影響在書寫形式上有一定表現；如果不是在寫詞的音節，也是沒有作用的。強調詞彙不妨礙理解文字，而且更有助於文字理解；強調文字往往由於積習忽視了詞彙，甚而忘掉了文字是一種什麼性質的東西。

辭書的詞不外詞組和成語——所謂固定詞組，也是屬於詞彙性質的。

因此，這裏只用詞典一名，不分別什麼字典和辭典。

我國歷史悠久，文化遺產異常豐富。在語言文字學領域之內，古往今來，各種各樣的詞典是數不勝數的。

但是，由於古今漢語語言的發展變化，更主要的是由於隨着社會的發展、進步，各時代的階級意識對詞典的影響，所有舊詞典不僅在編輯思想、編纂體制、所收條目、説解用語，在某些反映社會思想意識的詞義解釋上和今天的需要不全適應，而且有些是很不正確。因此，舊詞典雖多，真能合用的卻很少。

建國以來，在中國共產黨的領導下，我們的詞典工作者，面向廣大工農群衆，以幫助他們學習文化爲主要任務，先後出版了不少普及型的小詞典。例如：《學文化字典》、《新華字典》、《同音字典》等。工作是辛勤的，成績是顯著的。

當前國家正組織很多人力，正式分別開展了編寫大規模的詞典工作。將由商務印書館出版的《現代漢語詞典》和將由中華書局出版的新編《辭海》都不僅着筆寫成初稿，而且都已經一再地分別向全國各地有關單位和個人徵求意見，爲期不久，行將定稿了。

本書根據舊詞典的性質、作用和流通情況，權且介紹七種舊的古漢語文言詞典和兩部包括一定數量古漢語文言詞彙的舊的現代漢語詞典。

要介紹的七部古漢語文言詞典，按出版年代排次是——

1.《康熙字典》

2.《經籍籑詁》

3.《中華大字典》

4.《辭通》

5.《聯綿字典》

6.《辭源》

7.《辭海》

在這七種古漢語詞典中，前三者是以單音節詞為主的，4、5兩種是以雙音節詞為主的，最後兩種是綜合性的，它不但兼收單音節詞、雙音節詞和一些典故成語，而且也雜收了一些社會科學和自然科學的術語，是兼有小百科辭典性質的。

從普及的程度來說，6、7兩種是比較通俗一些的。它可以幫助我們解決在閱讀一般古書和古典文學作品時，遇到的古漢語文言詞彙問題，也可以幫助我們作一般的古漢語文言詞彙研究。第1種《康熙字典》，雖然也是屬於這種性質的，但是，它在注音和解詞上都不如6、7兩種清楚明白。它的特點只是收字多。

至於2、3、4、5四種詞典，都是比較專門一些，不是通俗普及的。如果對古漢語文言沒有一定程度修養，一般人一時是不容易掌握和運用的。它們都比較艱深，對我們學習六朝以前的文學作品，特別是先秦作品，是有很大幫助的。

在編制上，1、3、5、6、7 五種都是部首字典，2、4 兩種都是分韻詞典。

在這七種詞典之中，重點是《辭海》和《辭源》。

作爲輔助的主要參考詞典是《漢語詞典》。

詞彙學習是必須和實踐結合起來的。邊學邊用，邊用邊學。

古漢語文言詞彙實踐必須和作品結合起來，從實際的語言中看語言詞彙。假如單從詞彙來看詞彙，是很不容易成功的。

# 第一章　查　字

## 第一節　如何從部首查字

部首詞典,在通行的舊詞典中,是比較多的。在社會上的影響也較其他種類的詞典大一些。甚至於有些新的按詞的音節依拼音字母編排的詞典,也在使用部首詞典的部從,附編了《部首檢字表》,如《新華字典》就是其例。掌握部首詞典是很必要的。

部首詞典的查字方法是:

一、先分析字形結構,搞清部從,找出部首;

二、數清部首之外的剩餘筆畫數目;

三、從字典中找出所要部首;

四、然後依部首外的其餘筆數,從部中按"畫數"查字。

數筆畫的事情很簡單,不用説明。部首詞典的主要問題在定部首。因此,在如何查部首詞典的問題上,我們只集中地講部首問題。

### 一、什麽是部首

1. 形聲字和部首

現行漢字是從商周時代發展來的。它通過長時期的演變,已經不同於先秦文字了。雖然如此，在字形結體上，它還因襲了當初的結構關係，特別是原來用形聲寫詞法寫成的字。例如：楊，從木、易聲；晴，從日、青聲。儘管它現在已經不再象形，但是作爲詞義所屬的物類標誌，還是在起着積極的指示作用。例如，"木"旁的字，一般屬於樹木；"石"旁的字，一般和巖石有關。形聲字形旁的符號作用，在詞典編輯上，給人們開拓一條道路——同旁類聚，即把標志物類的形旁匯集在一起，用共同的標誌物類的字形作爲總綱，統帥一群文字。把它和未曾類聚的散亂字彙對比來説，是給人以很大方便的，使它似若綱在網，便於查檢。例如：

盂　盌　盛　盒　盪

這些字是以"于"、"夗"、"成"、"央"、"湯"等詞的書寫形式，利用它們的寫詞性能，給它們的同音詞作標記音節的"聲符"的；用"皿"來標記它們所屬的物類——"飯食之用"，一種盛物的器皿。用這個可以標記共同物類的"皿"作總綱，把這些字都聚集在一起，"皿"就成爲這一部字彙的首腦，於是組成了"皿部"字群。"皿"就成爲它們的部首。

漢字，在它從圖畫文字質變爲形象的音節表意文字體系——建立真正文字的時代起，就先後地完成了六種寫詞方法，即象物、象事、象意、形聲、轉注、假借。形聲寫詞法是一種富有生命力的方法，直到變爲符號的音節表意文字，變成現行漢字，它還是富有能産力的。我們現用的"氫"、"鈉"、"氘"等就是用它造成的新形聲字。形聲字在詞典裏，比重是比較大的，而且是隨時不斷增加的。這個絕對優勢地位保證了部首詞典的歷史地位。

2. 部首在字形結構中的部位

形聲字的形旁和聲符,在字形結構上,絕大多數是形在左邊,聲在右邊的。例如:

哺　姑　騎

但是,也並不全然如此,有些形聲字在形、聲位置的配搭上,是——

右形,左聲,部首在右的。例如:

匐　胡　儔

上形,下聲,部首在上的,例如:

莆　苦　岑

下形,上聲,部首在下的,例如:

尃　辜　岱

外形,內聲,部首在外的,例如:

圃　固　衢

內形,外聲,部首在內的,例如:

聞　贏　岡

因此,在分析部首從事查字時,具體的文字要作具體處理,不能都按左形右聲去找。

3. 非形聲字的部首

在六種寫詞方法中,"假借"一法是利用同音詞關係,使用別的詞的書寫形式來寫詞的。它是不造字的。除"假借"、"形聲"之外,還有使用其他寫詞方法造成的字。例如:

皿（𥁃），原來是用象物寫詞法寫成的。

盥（𥁴），原來是用象事寫詞法寫成的。象人伸出兩隻手在盆子裏洗手的樣子。

益（𥝋），原來是用象意寫詞法寫成的,利用水（氺＝水）溢出器皿之外的物事關係,表示事物之多,超出原有限度之外的意思。

這些詞,在意義上,就物類來説,都不是隷屬於"皿"的。它們和"盂"、"盌"之類的形聲字不同。它們受到形聲字部從的影響,也必須有所從屬,分別歸類,才能完成部首詞典的整個體系。於是也就按着它們字形結構中比較重要的事物形象,從屬於相應的部首之下。這樣,"盥"、"益"之類的字,雖非形聲,也以"皿"爲主,和"盂"、"盌"之類同歸在"皿"部。

這就是"部首"的形成,和它包括寫詞方法的廣泛性。也就是部首對於它所統攝的文字既起標誌物類事類作用,也並不全標物類事類的道理。

## 二、部首詞典的編制

### 1. 部首的編排

在緒言裏提到的七種舊詞典,除第 2、第 4 兩種是依照韻部編排的分韻詞典外,其餘五種都是按照字形結構、依偏旁部首編排的部首詞典。

這些詞典的部首一共有 214 個。它們是以楷書爲準,按筆數多少排隊,參考筆畫形式或部首文字所寫詞的事物類屬,從少到多,由簡到繁,依次站隊,排比而成的。

這個部首行列,是從明末《正字通》、清初《康熙字典》因襲下來的。除《中華大字典》略有調整外,其餘幾部詞典都是完全相同的。

它們把 214 個部首分屬子、丑、寅、卯等 12 集。分集的情況是:

| | | |
|---|---|---|
| 1〜2 畫 | 在子集 | 29 部 |
| 3 畫 | 在丑集、寅集 | 31 部 |
| 4 畫 | 在卯、辰、巳三集 | 34 部 |
| 5 畫 | 在午集 | 23 部 |
| 6 畫 | 在未集、申集 | 29 部 |
| 7 畫 | 在酉集 | 20 部 |
| 8〜9 畫 | 在戌集 | 20 部 |
| 10〜17 畫 | 在亥集 | 28 部 |

換句話説,它們是:

一二子,

三丑寅,

四畫分在卯巳辰,

五在午來六未申,

七筆酉,

戌八九,

十筆以下亥裏有。

2. 部首及其名稱

爲了教學或交際上的方便,214 個部首是要各有名稱才能説出來的。部首名稱有三種:一種部首本身就是詞的書寫形式,它可以按詞稱名,例如:"人部"、"馬部";一種部首是純粹符號性的,它並不是詞的書寫形式,不能用詞稱名,只能給它一個符號名稱,例如:"亠部"。至於北方民間把"辶"叫做"走之兒",把"卩"叫做

"硬耳朵"等等,則是一種形象稱呼,是另一種稱名方法。

在應用上,一般採取前兩種的部首名稱,説:"×部""×部"。

它們的名稱是:

| | | |
|---|---|---|
| 子集29部 | 匸 xǐ | 屮 chè |
| 一 | 十 | 山 |
| 丨 gǔn | 卜 | 巛(川) |
| 丶 zhǔ | 卩 jié | 工 |
| 丿 piě | 厂 hǎn | 己 |
| 乙 | 厶 sī | 巾 |
| 亅 jué | 又 | 干 |
| 二 | 丑集9部 | 幺 yāo |
| 亠 tóu | 口 | 广 ān |
| 人 | 囗 wéi | 廴 yǐn |
| 儿 ér(rén) | 土 | 廾 gǒng |
| 入 | 士 | 弋 yì |
| 八 | 夂 zhǐ | 弓 |
| 冂 jiǒng | 夊 suī | 彐(彑) jì |
| 冖 mì | 大 | 彡 shān |
| 冫 bīng | 女 | 彳 chì |
| 几 | 寅集22部 | 卯集11部 |
| 凵 kǎn | 子 | 心 |
| 刀 | 宀 mián | 戈 |
| 力 | 寸 | 戶 |
| 勹 bāo | 小 | 手 |
| 匕 | 尢 wāng | 支 |
| 匚 fāng | 尸 | 攴 pū |

| | | |
|---|---|---|
| 文 | 片 | 穴 |
| 斗 | 牙 | 立 |
| 斤 | 牛 | 未集 22 部 |
| 方 | 犬 | 竹 |
| 无 | 午集 23 部 | 米 |
| 辰集 13 部 | 玄 | 糸 mì |
| 日 | 玉 | 缶 |
| 曰 | 瓜 | 网(網) |
| 月 | 瓦 | 羊 |
| 木 | 甘 | 羽 |
| 欠 | 生 | 老 |
| 止 | 用 | 而 |
| 歹 è | 田 | 耒 lěi |
| 殳 shū | 疋 shū | 耳 |
| 母 | 疒 nè | 聿 yù |
| 比 | 癶 bō | 肉 |
| 毛 | 白 | 臣 |
| 氏 | 皮 | 自 |
| 气 | 皿 | 至 |
| 巳集 10 部 | 目 | 臼 |
| 水 | 矛 | 舌 |
| 火 | 矢 | 舛 chuǎn |
| 爪 | 石 | 舟 |
| 父 | 示 | 艮 gèn |
| 爻 yáo | 禸 róu | 色 |
| 爿 qiáng | 禾 | 申集 7 部 |

| | | |
|---|---|---|
| 艸（草） | 釆 biàn | 高 |
| 虍 hū | 里 | 髟 biāo |
| 虫 huǐ | 戌集 20 部 | 鬥 |
| 血 | 金 | 鬯 |
| 行 | 長 | 鬲 lì |
| 衣 | 門 | 鬼 |
| 襾 yà | 阜 | 魚 |
| 酉集 20 部 | 隶（逮） | 鳥 |
| 見 | 隹 zhuī | 鹵 |
| 角 | 雨 | 鹿 |
| 言 | 青 | 麥 |
| 谷 | 非 | 麻 |
| 豆 | 面 | 黃 |
| 豕 | 革 | 黍 |
| 豸 zhì | 韋 | 黑 |
| 貝 | 韭 | 黹 zhǐ |
| 赤 | 音 | 黽 |
| 走 | 頁 | 鼎 |
| 足 | 風 | 鼓 |
| 身 | 飛 | 鼠 |
| 車 | 食 | 鼻 |
| 辛 | 首 | 齊 |
| 辰 | 香 | 齒 |
| 辵 chuò | 亥集 28 部 | 龍 |
| 邑 | 馬 | 龜 |
| 酉 | 骨 | 龠 |

### 3. 部首變體

再其次是要記住部首的變體。形象的音節表意文字質變爲符號的音節表意文字之後,詞的書寫形式,在部從的結構關係上一般没有改變,但是在部首的寫法上,同一部首,往往是隨着它所在的位置,配合全字佈局,變成了不同的形式。一些因襲《説文解字》的部首字典,並没有把它們分開。例如:

思　想　愉　快　恭　慕

"心"、"忄"、"小"三種不同形式都收在"心"部。換句話説,一般的部首詞典只有"心"部,没有"忄"、"小"部。如果不熟悉這類部首變體,檢字時是有困難的。

除個别例外,譬如:"灬"是"火"部變體,但"無"字、"爲"字都不從"火"卻歸火部,而"鳥"、"馬"又都不在火部。一般的部首變例大體是這些:

從"亻"的在"人"部,例如:俗、傾;

從"刂"的在"刀"部,例如:列、劑;

從"㔾"的在"卪"部,例如:危、卷;

從"允"的在"尢"部,例如:尫;

從"兀"的在"尢"部,例如:尲、尪;

從"〈"的在"巛"部,例如:く;

從"〈〈"的在"巛"部,例如:巜;

從"川"的在"巛"部,例如:州、巟;

從"彑"的在"彐"部,例如:彖、彘;

從"彐"的在"彐"部,例如:彗、彠;

從"忄"的在"心"部,例如:性、情;

從“⺗”的在“心”部，例如：恭、忝；
從“扌”的在“手”部，例如：扶、接；
從“攵”的在“攴”部，例如：敬、整；
從“旡”的在“无”部，例如：既；
從“歺”的在“歹”部，例如：歾(死)；
從“氵”的在“水”部，例如：浪、潮；
從“氺”的在“水”部，例如：泰；
從“灬”的在“火”部，例如：煦、然；
從“爫”的在“爪”部，例如：爭(新字形作争)、爰；
從“牜”的在“牛”部，例如：犧、牲；
從“犭”的在“犬”部，例如：狩、獵；
從“王”的在“玉”部，例如：理、瑟；
從“礻”的在“示”部，例如：社、福；
從“衤”的在“衣”部，例如：袖、褫；
從“内”的在“内”部，例如：禹、禽；
從“罒”的在“目”部，例如：睪、罘；
從“罒”的在“网”部，例如：署、羅；
從“罓”的在“网”部，例如：罔；
從“罓”的在“网”部，例如：罕；
從“⺶”的在“羊”部，例如：羔、羨；
從“月”的在“肉”部，例如：脂；
從“艹”的在“艸”部，例如：花、茲(新字形作兹)；
從“覀”的在“襾”部，例如：要、覈；
從“辶”的在“辵”部，例如：進、遮；
左從“阝”的在“阜”部，例如：陂、陡；

右從"阝"的在"邑"部,例如:鄰、都;

從"镸"的在"長"部,例如:镺、镼。

### 4. 部次調整

部首次序的排列,一般是相同的。掌握一部部首詞典就可以旁通於別的部首詞典。這個一致性,對使用詞典的人,是有很大方便的。部首隊伍如何編排才更便於使用,這是值得考慮的。但是改良的結果必須超過原有便宜能力。《中華大字典》在這方面提出了一個修訂行列,在順序和分集上都有些改動。以子集爲例,例如:

（1）把"入"、"八"兩部提前和"人"部相鄰;

（2）把"几"部提前和"儿"部相接,放在"人"、"入"、"八"三部之後;

（3）把"刀"、"力"、"勹"、"匕"、"匚"、"匸"六部接在提前了的"儿"、"几"兩部之後;

（4）把"凵"部提在"冂"、"冖"兩部之前,一同放在"匚"、"匸"兩部之後;

（5）把"卩"、"厂"兩部顛倒,提到"十"、"卜"兩部之前,一同在"冂"、"冖"兩部之後;

（6）把"冫"部改在"十"、"卜"兩部和"厶"、"又"兩部之間。

按下表對照就可以比較出來:

相同的符號表示各組相應的部首,用它顯示前後順序上的差異。

《康熙字典》　一丨丶丿乙亅二亠人儿入八冂冖冫儿凵刀力
　　　　　　　勹匕匚匸十卜卩厂厶又……

《辭源》　一丨丶丿乙亅二亠人儿入八冂冖冫儿凵刀力勹匕
　　　　　匚匸十卜卩厂厶又……

《辭海》　一丨丶丿乙亅二亠人儿入八冂冖冫儿凵刀力勹匕

　　　　　匸匚十卜卩厂厶又……

《聯綿字典》　一丨丶丿乙亅二亠人儿入八冂冖冫几凵刀力
　　　　　勹匕匸匚十卜卩厂厶又……

《中華大字典》　一丨丶丿乙亅二亠人入八儿几刀力勹匕匸
　　　　　匚凵冂冖厂卩十卜冫厶又……

在分集上，《中華大字典》則是：六畫在未，七畫在申，八畫
在酉，九、十兩畫在戌，十一畫以下在亥。

### 三、部首字典的困難

#### 1. 主要困難——部從難定

無論怎麼移動部首次序，如果不是打破它的部從框框，從頭
另起爐灶，怎麼也改變不了這種字典的根本體制，因而也改變不
了它在應用上的困難。例如：

這種類型的字典有"禾"部，有"田"部，可是我們在"禾"部查
不到"香"字，在"田"部查不到"里"字。原來它們另有獨立的
"香"部和"里"部。我們想"黑"下四點，在結構上，按照這類字典
的體例，應該在"火"部，可是它自己卻獨立成部，在"火"部是查
不到"黑"的。這種字典的部從關係是從《説文解字》體制承襲下
來的。它的編者，可能假想所有讀者似乎都像自己一樣，已經掌
握了以《説文解字》爲基礎的漢字部從和結構。並沒有從不甚瞭
解或根本不瞭解漢字結構的人們着想。因此——

"務"字對某些人來說，往往找三次："矛"部、"文"部和"力"
部。一般人是不曉得"務"字是從"力""孜"聲的。

"慶"既不在"广"部，也不在"夂"部，而是在"心"部的。

"繭"不在"艸"部，也不在"巾"部、"虫"部，而是在"糸"部的。

"韓"（＝轄 xiá）一般人怎麼也想不到它是在"舛"部的。

"嚲"（duǒ）在口部，這也是不易想像的。

"與"並不從"臼"，卻放在"臼"部。

"冀"從"異"，而"冀"在"八"部，"異"在"田"部。

有的字即或是熟悉《説文解字》的人也很難猜到。因爲《説文解字》的部首和部從並不和後來的部首詞典完全相同。部首詞典是在楷書的特點上，以《説文解字》爲基礎，在部首上有併合增減，在部從關係上有改易變更。例如《説文解字》沒有"亠"部，而有"京"、"交"等部。後來的部首詞典卻把"京"、"交"都歸入"亠"部，而原來在"高"部的"亭"，在"亯"部的"亶"也歸入"亠"部。再如"西"、"襾"在《説文解字》原是兩個各自獨立的部首，後來的部首詞典卻以"西"入"襾"，從而取消了"西"部。可見完全依靠《説文解字》所分析的文字結構，來推尋現行部首詞典，也並不是到處皆通的。何況一般讀者也並不都熟悉《説文解字》！ 但是，這種情況究竟是少數，這並不影響部首詞典的性能，因爲形聲字多，這條綫索在應用上是可以起些作用的。沒有看過《説文解字》，不十分熟悉字形結構的人，也可以在一定程度上，從形式推出一些結構關係來。儘管有些例外，它並不妨礙這條綫索的作用。

2. 克服困難的方法

（1）注意容易忽略的部首

掌握部首詞典的主要關鍵在於熟悉部首。有哪些部首？ 它們都是怎樣編排的，誰和誰是鄰居？ 哪些在全書的前部，哪些在中間，哪些在後部？ 要有一些印象才便於翻檢。

　　各個部首,隨着部從關係和使用頻率的大小,被人記憶的程度是不一樣的。有的很容易記住,有的容易被忽略。因此,有些詞的書寫形式,本來是獨自成部的,由於受到某些形式相似而使用頻率較高的部首的影響,往往把一個獨立成字的部首拆成這部或那部,反復分析檢索多少遍還是找不到它。結果,原來它自己就是一個部首。這一方面是由於部首詞典本身的弱點,另一方面也是讀者對部首印象不清,甚或是輕視部首的結果。

　　爲了有效地利用時間,把查字工作達到如探囊取物的程度,至少有些部首是必須注意的。少走彎路,少花費冤枉時間。例如:

　　　身　面　自　鼻　牙　齒　舌　首　皮　革　韋　羽　毛
　　　　　角　血　歹　疋　而　老
　　　日　見　音　食　立　行　走　飛　至　采　非　聿　隶
　　　生　長
　　　田　里　邑　阜
　　　風　雨
　　　鹿　鼠　黽　龍　龜
　　　麥　麻　韭　黍　(豆)
　　　金
　　　耒　臼　矢　矛　戈　鼓　鼎　鬲　鬯　鬥　龠　鬧
　　　黃　赤　白　黑　玄　色　高　齊　香　甘

　　這只是些例子而已,至於應該特別注意的部首到底是哪些,要根據個人當前掌握詞典的情況來作適當的規定。

　　(2) 利用檢字和索引

　　最後,要充分利用"檢字表"和"索引",一般部首詞典差不多都帶有"檢字表"。它收了一些不易判斷部從的字,指出它在哪一集,哪一部,有的還注出所在頁數,是比較方便的,不過一般"檢字表"收字不多,並不是每字都有,例如《辭源》。有的把詞典所收的字完全列出來,像"索引"又不是"索引",字數過多,眉目不清,反倒不易檢索,例如《中華大字典》就是這樣。

比較好的是"索引",使用"索引"時,要掌握它的體制和用法。例如《辭源》的索引是用四角號碼編制的,那麼,必須學會這種檢字法,才能使它發揮作用。《辭海》(1948年再版合訂本)沒有索引,但是它附錄的《國音常用字讀音表》,除注明語音外,也注出了所在頁數和欄數,雖然不能包舉全書,在一定程度上也起了索引的作用。像"羣"1116/6,就是說這個字是在1116頁第6欄裏。用它在294頁第4欄找到"囊"字,相聯地以"囊"爲首各條也都連類而及了。它這個附錄,是假定查字人已經知道"羣"字在"羊"部,"囊"字在口部而作的。因而對不知道某些生字部從的人來說,也是有一定困難的。換句話說,要使這個附錄起索引作用,必須熟悉部首字典的編制和部從關係。

## 第二節　如何從韻部查字

有一種舊詞典,它的編制不是按什麼"手部"、"馬部"分別部從按筆畫數排字,而是用了"一東"、"二冬"、"三江"、"四支"等名目按詞的音節所在韻部編排的。這種詞典,是依韻部查字的分韻詞典。

從分韻詞典查字,關鍵問題在於辨認韻部。本節重點在韻部。瞭解韻部就比較好查了。

## 一、什麼是韻部

### 1. 韻和韻部

詞的音節，就一般情況來説，在結構上可以分作聲、韻、調三個部分。聲，是指音節開頭的輔音説的；韻，包括介音、元音和收尾的元音或輔音；調，則是指整個音節的聲調説的。這三部分除韻腹和聲調之外，其他部分並不是所有音節都具備的。以現代漢語作例，從下邊表解，可以看得出來：

| | 聲 | 韻 | | | 調 |
|---|---|---|---|---|---|
| | | 韻 頭 | 韻 腹 | 韻 尾 | |
| 廉 | 1 | i | a | n | ´ |
| 倆 | 1 | i | a | | ˇ |
| 濫 | 1 | | a | n | ` |
| 拉 | 1 | | a | | − |
| 演 | | i | a | n | ˇ |
| 芽 | | i | a | | ´ |
| 安 | | | a | n | − |
| 阿 | | | a | | ` |

用現代漢語作譬喻，民間藝人把廉、演、濫、安等收韻相同的音節歸爲一類，叫"言前"轍；把拉、倆、芽、阿等歸爲一類，叫"發花"轍。"言前"、"發花"只是從一個韻轍裏抽出來兩個單音節詞，利用它們的共同收韻給它們所在韻轍作代表，作爲轍的名稱。

用古漢語文言寫作的韻,在詞的音節上也一樣可以同韻類聚。例如:陽、詳、良、香、商、房、章、昌、薑、長、張、穰、方、襄、將、創、亡、孃、牀、常、霜、牆、鏘、匡、王、央、强、葛、芳、狂等,把這些收韻相同的音節類聚在一起,成爲一個收韻部類,並從這一類之中,找出一個詞,利用它的音節代表共同收韻,作爲這一部有共同收韻的音節的名稱,從而建立韻部,定出韻部的名字。過去的語言學家在分析韻部時就以"陽"來叫這一韻部,於是建立了平聲陽韻。

古韻書的韻部是四聲分立的。"陽"、"養"、"漾"、"藥"平上去入各成一韻。這和我們現在還流行的十三轍每轍各調兼收是不相同的。

2. 韻部和口語的關係

現代漢語的分韻類聚,民間藝人有十三轍。轍和韻在原則上是相同的。但是在韻的分合標準上,除前面提到的,是不是按聲調分類之外,還有精粗之分。

十三轍是以實際的方音爲基礎的。古漢語文言詞典所用的韻部系統,是既和各地方音發生關係,而又有超乎具體方音的部分。

十三轍是現時的語音。古漢語文言詞典所用韻部,有的是歷史的,非現時的。

因此,古漢語文言詞典所用韻部,有些是和各地口語不相應的。這不僅是現代如此,就是隋唐時代的作品也是這樣。我們試以白居易《新製布裘》詩作例:

桂布白似雪,吳棉軟於雲。
布重棉且厚,爲裘有餘溫。

> 朝擁坐至暮,夜覆眠達晨。
>
> 誰知嚴冬月,支體暖如春。
>
> 中夕忽有念,撫裘起逡巡。
>
> 丈夫貴兼濟,豈獨善一身?
>
> 安得萬里裘,蓋裹周四垠。
>
> 穩暖皆如我,天下無寒人?

在這首詩裏,雲、温、晨、春、巡、身、垠、人等八個詞的音節,有一個共同的地方,就是發聲雖然不同,收韻卻有相同之處,就是在現在,聽起來還是能感到它都是和-en有關係的。這種現象,民間藝人把它叫做合轍押韻。他們把雲、晨、春等這八個音節歸屬於"人辰"轍。

白居易的語音和現代不大相同,當時人感到的韻脚,是和我們不一樣的。可是在道理上卻是沒有什麼不同。

分韻詞典所使用韻部,既和白居易時代的口語有關,又和我們現代語有一定聯繫。它是一套從隋唐時代編定的韻書系統下來,而又經過整理拼合過的所謂《詩韻》(《佩文詩韻》的簡稱)系統。

這套《詩韻》韻部,是從隋陸法言《切韻》來的。它和隋唐時代的各地方音有關,可是,它又不是一個具體的方言音系。在分韻的標準上是比較嚴格、比較狹窄的。有些在方音上是合轍押韻的,但在韻書上卻是不同韻部。就以經過宋人歸併,較寬一些的《詩韻》來說,這個出入還是難免的。例如前面所舉白居易詩,按作者所用"老嫗能解"的口語來說,"雲"、"温"是和"晨"、"春"、"巡"、"身"、"垠"、"人"合轍押韻的,應在一個韻部。然而,就在放寬分韻界限的《詩韻》裏,"雲"和"温"各在一韻,都不和"晨"、

"春"等同部。

由此可見,《詩韻》韻部,既和口語有關係,又和口語有距離。不僅由於古今語音變化,才跟現代漢語這樣,就是在隋唐時代也是如此。

從它和口語有相關的一面,我們可以摸到一些輪廓,便於查分韻詞典;同時,從它和口語有距離(不論是歷史的或方言的)這一面,又給我們以很大困難。

分韻詞典雖然不多,但在困難大於方便的情況下,如何利用它,是我們應該注意的問題。

## 二、分韻詞典所用的韻部及其名稱

通用的分韻詞典是按照《詩韻》編寫的。所謂《詩韻》是《佩文詩韻》的簡稱。它是以宋代《平水韻》爲藍本的,因此也有人就把它叫《平水韻》,全書共 106 韻。而《平水韻》是從《切韻》、《唐韻》、《廣韻》這一系統合併而成的。

常見的《佩文詩韻釋要》、《詩韻合璧》、《詩韻全璧》等書,就是這種《詩韻》。

《詩韻》106 個韻部是按平、上、去、入四聲分韻排比的。平聲字多,分作上平、下平。上平、下平和現代漢語陰平、陽平不是一回事。

106 韻的名稱和次序如下:

平聲 30 韻

上平聲 15 韻

| | | | | |
|---|---|---|---|---|
| 1 東 | 2 冬 | 3 江 | 4 支 | 5 微 |
| 6 魚 | 7 虞 | 8 齊 | 9 佳 | 10 灰 |

| | | | | |
|---|---|---|---|---|
| 11 真 | 12 文 | 13 元 | 14 寒 | 15 删 |

下平聲 15 韻

| | | | | |
|---|---|---|---|---|
| 1 先 | 2 蕭 | 3 肴 | 4 豪 | 5 歌 |
| 6 麻 | 7 陽 | 8 庚 | 9 青 | 10 蒸 |
| 11 尤 | 12 侵 | 13 覃 | 14 鹽 | 15 咸 |

上聲 29 韻

| | | | | |
|---|---|---|---|---|
| 1 董 | 2 腫 | 3 講 | 4 紙 | 5 尾 |
| 6 語 | 7 麌 | 8 薺 | 9 蟹 | 10 賄 |
| 11 軫 | 12 吻 | 13 阮 | 14 旱 | 15 潸 |
| 16 銑 | 17 篠 | 18 巧 | 19 皓 | 20 哿 |
| 21 馬 | 22 養 | 23 梗 | 24 迥 | 25 有 |
| 26 寢 | 27 感 | 28 儉 | 29 豏 | |

去聲 30 韻

| | | | | |
|---|---|---|---|---|
| 1 送 | 2 宋 | 3 絳 | 4 寘 | 5 未 |
| 6 御 | 7 遇 | 8 霽 | 9 泰 | 10 卦 |
| 11 隊 | 12 震 | 13 問 | 14 願 | 15 翰 |
| 16 諫 | 17 霰 | 18 嘯 | 19 效 | 20 號 |
| 21 箇 | 22 禡 | 23 漾 | 24 敬 | 25 徑 |
| 26 宥 | 27 沁 | 28 勘 | 29 艷 | 30 陷 |

入聲 17 韻

| | | | | |
|---|---|---|---|---|
| 1 屋 | 2 沃 | 3 覺 | 4 質 | 5 物 |
| 6 月 | 7 曷 | 8 黠 | 9 屑 | 10 藥 |
| 11 陌 | 12 錫 | 13 職 | 14 緝 | 15 合 |
| 16 葉 | 17 洽 | | | |

## 三、分韻詞典在使用上的困難

分韻詞典,在清代是比較多的,因為那時的韻文和詩都是以

《平水韻》爲全國的共同準繩的。因爲科舉制度的約束,以《佩文詩韻》爲名的《平水韻》是所有文學之士人人必知,人人必須遵守的。哪一個詞在哪一韻,對他們説來,一般是記得很清楚的。分韻檢字,對他們來説,並不是有多大困難的。

　　"五四"以後,由於文學語言的質變和古今漢語的差異,這106韻對於我們來説是非常陌生的。用現代漢語語音來推,很不好掌握。

　　例如:纖、鮮、掀,這三個詞在現代漢語都説"xiān",可是它們在分韻詞典裏卻依《平水韻》分屬三韻:

　　　　纖在鹽韻;

　　　　鮮在先韻;

　　　　掀在元韻。

　　再如:舵、剁、裰、踱,這四個詞現代漢語都説 duò,可是在分韻詞典中分屬四韻:

　　　　舵在上聲哿韻;

　　　　剁在去聲箇韻;

　　　　裰在入聲曷韻;

　　　　踱在入聲藥韻。

　　齎、羈、譏、机、屐、激,這六個詞,現代漢語都説 jī,分韻詞典卻分屬六韻:

　　　　齎在平聲齊韻;

　　　　羈在平聲支韻;

　　　　譏在平聲微韻;

　　　　机在上聲旨韻;

屐在入聲陌韻；

激在入聲錫韻。

不僅如此，就是同一字型，由於假借寫詞和音變造詞，也往往分屬好幾個韻部。例如：

瘅　在平聲寒韻説 dān，"火瘅"是小兒病；

在上聲哿韻説 duǒ，是"勞也"，"怒也"；

在去聲箇韻説 duò，也是"勞"。

敦　在平聲元韻説 dūn，是"迫也"，"厚也"；

在平聲寒韻説 tuán，是"聚兒（貌）"；

在去聲隊韻説 duì，是一種器皿；

在去聲願韻説 dùn，是"竪也"。

在還没有完全掌握它們都標記着幾個不同音詞的時候，這些不同的音義往往是不能找到的。因而也就不能分辨，常常用錯。如果詞典裏注明它又見於什麽韻，還可以查找，假如没有注明，那就根本想不到了。

### 四、解決困難的辦法

這類分韻詞典，近一二十年的印本，有附帶檢字或索引的。例如：世界書局出版的《經籍籑詁》前面有目録索引，《辭通》後面附有按四角號碼編成的全書索引。充分利用這些"鑰匙"，分韻詞典的困難是很容易解決的。

假如没有附帶索引。可以使用舊的檢韻書來代替。例如《初學檢韻》、《字類標韻》等書都可以幫助解決所屬韻部問題。

這裏只舉一例。

《初學檢韻》是清代姚文登按照《康熙字典》編製的。它是把《佩文詩韻》所錄各字，分部從依筆畫編次而成的韻部索引。它在每一字下都注明了這個字是在哪一聲，第幾個韻部，和韻部的名字。一個文字，若是它所標志的音節有幾個不同讀法，分別見於數韻，它就在每韻裏必把不同音節重迭寫出。若是文字相同而詞義不同的，也分別注出。同一詞在文字上有不同寫法的，也有注明。

下面從《初學檢韻》裏舉出三個收字較少的部首作例：

## 甘部

甘下平聲十三覃❹甚上聲二十六寑劇過也甚去聲二十七沁義同❻舚下平聲十四鹽佩韻作甜❼魌下平聲十三覃甞注見嘗

## 生部

生下平聲八庚❺牲上平聲十一真❻產上聲十五潸❼甡上平聲四支甥下平聲八庚甦注見穌

## 用部

用去聲二宋❷甫上聲七麌甬上聲二腫❼甯去聲二十五徑俗作寧

沒有這一類的工具書，《辭源》、《辭海》也可以解決檢韻的問題。這兩部書，每一個文字下面都有標音的條目，而且是居首的第一項。在這一項裏，都記着"××切，×韻"。例如：

　　［灝］何老切，音皓，皓韻。
　　［樂］【甲】逆學切，覺韻。五聲八音總名。【乙】勒咢切，音

落,藥韻。喜也。【丙】義效切,效韻。愛好也。

我們可以根據這兩個字在具體作品中的寫詞作用及其詞義,確定它是應該屬於哪一韻。譬如:"顧而樂之"的"樂"就要到入聲十藥韻裏去找。

## 第三節　四角號碼檢字法

### 壹　漢字檢字法概述

詞的書寫形式是文字。檢字方法是詞典編製的基础,也是詞典使用的綫索。它不僅是編製詞典和使用詞典的一個關鍵問題,同時也是編製和使用圖書目録與資料索引的一項重要方法。

簡易,快速和準確,這三者是衡量各種檢字法的尺度。

古漢語文言詞典,過去是使用部首檢字法或分韻檢字法的。這兩種方法對現代讀者來說,既不簡易,也不快速,而且,也並不準確。

近幾十年來,許多人先後地研究出一些新的編檢漢字的方法。有從詞的語音形式着手的《音序檢字法》,有從詞的書寫形式着手的《起筆檢字法》、《末筆檢字法》和《號碼檢字法》等等。

在漢語詞的書寫形式已經質變爲拼音文字體系之前,《音序檢字法》對復查已經認識的字來説,是很方便的。但是,对尋找不曾認識的生字來説,則是很不方便的。試想:連這個文字所寫的詞都不知道,不知音節,又怎麼能會按"音序"尋找生詞呢?結果,所有音序詞典都不得不在它的詞典正文前后,附加一個字形檢字表(一般是部首檢字表)來作补助。

從詞的書寫形式編製的檢字法,新的方案,一般是打破了部首檢字系統。其中使用較多的是《起筆檢字法》和《四角號碼檢字法》,在新版的舊的古漢語文言詞典中《四角號碼檢字法》的用途是比較大的。

## 貳　四角號碼檢字法簡介

### 一、一般方法

《四角號碼檢字法》是一種號碼檢字方案。它是根據漢字的方塊形式特點編製而成的。我們介紹這一種方案並不意味着說它就是最完美的;只是因爲它的應用範圍比較廣泛而已。除前面提過的《辭源》《辭通》兩部詞典都附有這種檢字索引外,還有許多別的工具書和資料索引也是用它編製的。不僅如此,好多圖書館的書名卡、作者卡也是用它編排的。看來,掌握這種檢字法在學習和研究工作上是有許多方便的。

《四角號碼檢字法》是把每个字形都當作四方塊兒,分作左上、右上、左下、右下四個角。以左上爲第一角,右上爲第二角,左下爲第三角,右下爲第四角。

又把各字各角筆畫形式歸納爲十種類型;每種類型又各給它一個號碼作標記。十种類型的形式、名稱和號碼是這樣:

頭 0

| | |
|---|---|
| 一（丿乚ㄟ） | 橫 1 |
| 丨（丿丨） | 垂 2 |
| 丶 乀 | 點 3 |
| 十 乂 | 叉 4 |
| 扌 | 插 5 |
| 口 | 方 6 |
| 乛 乚 匚 乚 厂 乛 | 角 7 |
| 八 丷 八 人 ㄥ | 八 8 |
| 小 ⺌ 小 个 忄 | 小 9 |

有一個《筆畫號碼對照歌》總括了這十種類型，便於記憶。這首歌是：

> 橫一垂二三點捺，
>
> 叉四插五方框六，
>
> 七角八八九是小，
>
> 點下有橫是零頭。

查字時，先就整個字形按照四角順序，分析類型，依形定號按次排碼。定出號碼之後，再照號碼數目多少，依數目序列翻檢，就可以找出所要尋找的字來。譬如：

仁＝丿〔2〕、一〔1〕、丨〔2〕、一〔1〕，
　＝2121

征＝丿〔2〕、一〔1〕、丨〔2〕、一〔1〕，
　＝2121

獣＝丨〔2〕、丶〔3〕、一〔1〕、乀〔3〕，
　＝2313

誨＝亠〔0〕、𠂉〔8〕、口〔6〕、母〔5〕，
　　＝0865

## 二、幾項附則

Ⅰ. 取角定號，要注意的是：

1. 字的上部或下部，只有一筆或一個複筆時，無論它在什麼地位，都當作左角；同時它的右角爲"0"。

例如：

$\overset{3\ 0}{家}$　$\overset{4\ 0}{索}$　$\overset{8\ 0}{善}$　$\underset{5\ 0}{單}$　$\underset{9\ 0}{察}$　$\underset{5\ 0}{母}$

2. 已經作爲一角取得號碼的筆畫，若再充當它角時，也作爲"0"。

例如：

$\overset{1\ 0}{\underset{3\ 0}{天}}$　$\underset{0}{造}$　$\overset{5}{\underset{0}{拼}}$　$\overset{3}{\underset{0}{外}}$　$\underset{0}{更}$　$\overset{4\ 0}{\underset{8}{大}}$

3. 用"口""門""行"等整個字形作外框時，它們的下角要改取內部筆形。

例如：　**固**＝6060　　　**闌**＝7790　　　**衡**＝2143

但是，在這類外框上下左右還有其它筆畫時，這條辦法就不適用，還須四角另算。

例如：　**涸**＝3610　　　**爛**＝9782　　　**蘭**＝4422

Ⅱ. 取筆查字，要注意的是：

1. 相似筆形的區別

a. "點下有橫是零頭"。但是這橫筆的左右方若和別的筆形相連，就不能作"0"，應該把點獨文出來歸于

"3"號。

例如：字 房

b. "方框六"若是方框的筆形上有一筆伸長突出，就只能看作"1"或"7"，不應該當作"6"。

例如：益 屏 開

c. "七角"。但是角筆兩端沒有接觸別的筆形時，兩端不能用"7"包下，應有號碼。

例如：司 刃 刁

d. "八八"。八形筆式若和別的筆交叉時，不能看作"8"。

例如：英 笑 尖

2. 筆形位置的選擇：

a. 獨立的或平列的筆形，不問高低，概以最左或最右的筆形爲角。

例如：北 痕 伏 帘

b: 最左或最右的筆形，若有別的筆形壓在它的上面，或接在它的下面，那就取壓在上面或接在下面那一筆形作角給號。

例如：

宅取"丶"。喜取"十"。亭取"亅"。

興取"八"。

c. 有兩複筆可取時，若在上角，應取較高的複筆，若在下角，應取最低的複筆。

例如：

**勤** "力" 土取 4 不取 7。　**成** "戊" 取 5 不取 7。

**掩** "奄" 下取 1 不取 6。　**閘** "甲" 取 5 不取 6。

d. "撇" 若是它下面有承接筆形時，雖長，也不給號，應取它的承接筆形定號。

例如：

**春** 不取兩撇以 "日" 形定角。

**碼** 不取撇筆，只以 "口" 形定角。

e. "撇" 在左上角时，作左角給號。它若在字的右半，雖高也不作角。

例如：

**勾** 取 丿 作左角。　**鈎** 的 "勾" 就不取 丿 作角。

**鳴** 在右半最高，也不取作角。

**眸** 的 "牟" 在右半，丿 雖最高，也不取作角。

3. 詞典中四角同碼文字的排列順序——附角

四角同碼字較多時，按 "附角" 號碼排次。

"附角" 是指右下角上方最貼近而露鋒芒的一筆。如果該筆已經用過，便把這附角定爲 "0" 號。

例如：

**突** $3043_0$　**宏** $3043_2$

**宕** $3060_1$　**窗** $3060_2$　**客** $3060_4$　**宙** $3060_5$

**官** $3060_6$　**窘** $3060_7$　**容** $3060_8$　**審** $3060_9$

# 第二章　定　音

　　從詞典中查到所要文字之後，接之而來的問題便是釋詞——搞清這一個書寫形式寫的是哪個詞或哪幾個詞。它同時包括着兩個方面：詞的音節是什麼？ 詞的意思是什麼？ 音和義它們是一個統一體的兩個方面。

　　關於詞的音節，在舊詞典中很多是以"反切"的方法來標記的；也有在反切之外，還加以相應的同音詞，用它作爲"直音"的記音手段。反切、直音之後，一般詞典還注明它所屬的《詩韻》韻部，用來標明這個音節的韻和調。例如：

　　　　戎　如融切，東韻。

"如融切"便是反切，"東韻"便是"戎"所屬的韻部和聲調。

　　　　悟　五路切，音誤，遇韻。

反切是"五路"，韻、調屬去聲遇韻，而"音誤"——念作"誤"，則是它的"直音"。

　　音節是漢語詞的物質形式。詞的讀音正確與否關繫到詞和作品的理解與應用。在利用舊詞典作閱讀古書和古作品的工具時，必須注意到詞的音節問題。

　　因此，在使用舊詞典時，對於反切方法要有一定程度的理解,有作一般處理的能力。但是,由於時代關係,光靠反切並不一定正確,還必須充分利用現代漢語詞典中的拼音給以輔助,加以調整,然後才能把音節正確地定下來。

現代人讀古書是以現代語音爲準的。把反切當作拼音字母那樣簡單精確來要求,是不合乎實際的。

因此,我們使用舊詞典,在定音方面要雙管齊下,既看到反切、直音,更要看到現代的拼音。在這兩者之中,如果要有選擇的話,無論如何不能放掉現代讀法。若是現代詞典裏沒有,再考慮反切。而考慮反切時,也還是以現代語音作參證的。

現代漢語詞典大家都很熟悉,這裏不介紹。以下只以反切爲中心,略述查字之後的定音問題。

## 第一節　反切的一般方法

### 一、反切的結構和作用

反切,最初叫做"反",以後才叫做"切"。"××反"和"××切"是一回事情。後來把"反"和"切"合在一起作爲這種記音方法的名字。

反切是用兩個字組成的。這兩個字叫做"切語"。其中,前一個字叫"切語上字",後一個字叫"切語下字"。上字是用來標記聲母的,下字是用來標記韻和聲調的。聲母有清音、濁音。在形成北京音系的歷史過程中,清、濁音和聲調在演變上有一定關係。因此,上字對聲調也起作用。下字中有入聲。入聲調在北京音系,元明時代已經逐漸消失,分別派入平、上、去三聲裏。這兩點,對北方的一般讀者説來,因爲古今方音差異,自己又沒有入聲和某些濁音,在分析音素、拼合音節和確定聲調上,是有很大困難的。但是,屬於這兩類音節的詞並不太多,從多數和少數的比例來看,特別是使用經過改良了的反切切語——使用《音韻闡微》系統的詞典,絕大部分的文字還是可以拼得出它所寫的詞的音節的。

## 二、反切方法簡介

1. 反切的基本方法

從反切定音的基本方法是:

(1) 分析切語上字和切語下字的音節,明確其聲、韻、調;

(2) 從切語上字的音節中提出它的"聲"來,從切語下字中提出它的"韻"和"調";

(3) 把從切語上字提出來的"聲"和從下字提出的"韻"、"調"拼合在一起,構成一個音節。

例如:軫　章忍切

(1) 先把"章"的音節 zhāng 分析成 zh-āng,把"忍"的音節 rěn 分析成 r-ěn;

(2) 然後把"章"的 zh 和"忍"的 ěn 提取出來;

(3) 再把 zh 和 ěn 拼在一起,構成 zhěn。zhěn 就是"軫"字所寫的詞的音節。

這種辦法也可以用圖解表示出來:

圖解一:

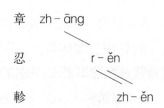

圖解二:

| 畛 | | | | |
|---|---|---|---|---|
| 切<br><br>語 | 切　語　上　字 | | 切　語　下　字 | |
| | 章 | | 忍 | |
| | 聲 | 韻　調 | 聲 | 韻　調 |
| | zh | āng | r | ěn |
| 音　節 | zh | | ěn | |

反切的基本方法是比較容易掌握的。

但是,由於古今語音的變化,有些切語只靠這個方法還是不行的。還需要其他條件作輔佐。

2. 切音的幾條附則

由於漢語語音的發展變化,制定反切的語音基礎是和現代漢語有相當距離的。《辭海》等書所用的切語,雖然經過改良,但是它的基礎仍然不是近、現代的,並沒有從根本上解決詞典切音和口語之間的矛盾問題。

爲了使舊詞典上的反切切音能够和現代漢語音系相合,根據漢語語音發展的歷史情況——平、上、去、入四聲改變作平、上、去三聲,而平聲又分作陰平和陽平,入聲的消失和平聲分陰、陽,一般説來,都和切語上字所標記的聲母清、濁有關係。

這裏提出幾條用反切切音的附則,作爲參考。

(1)平聲韻,一般是——切語上字是清音的,聲調變陰平;切語上字是濁音的,聲調變陽平。

（2）入聲韻，切語上字是濁音的，它的聲調一般是——全濁歸陽平，次濁歸去聲。

至於切語上字聲母是清音的入聲音節，在普通話中，有歸陰平的，有歸上聲的，有歸去聲的，就沒有比較清楚的條理可循了。

看起來切語上字的濁音在規定聲調上是有相當作用的。利用它可以解決一部分反切切音問題。不過，就東北同學來說，有些濁音是沒有的。從語言生活中體會辨認是很困難的。爲瞭解決辨認濁音的困難，從《辭海》、《辭源》所用的《音韻闡微》切語中，摘出濁音的切語上字，列成一個《濁音切語上字簡表》作參考。利用它，可以相對地處理一些平聲韻或入聲韻的切語聲調問題。

### 濁音切語上字簡表

1. 按現代漢語依字母順序排列
2. 帶●的是全濁，帶◎的是次濁。
3. "並"、"牀"、"從"等是舊的聲母標記符號，爲將來作參考，目前暫且不要管它。

| bì | 弼 ● 並 | | 匙 ● 禪 | cóng | 叢 ● 從 |
|---|---|---|---|---|---|
| | 避 ● 並 | chóng | 蟲 ● 澄 | cú | 徂 ● 從 |
| | 陛 ● 並 | | 崇 ● 牀（崇） | dí | 迪 ● 定 |
| bù | 步 ● 並 | chú | 除 ● 澄 | dì | 第 ● 定 |
| cén | 岑 ● 牀（崇） | | 鋤 ● 牀（崇） | dù | 杜 ● 定 |
| céng | 層 ● 從 | chuán | 船 ● 牀（船） | duò | 惰 ● 定 |
| chái | 柴 ● 牀（崇） | chún | 唇 ● 牀（船） | é | 額 ◎ 疑 |
| chí | 馳 ● 澄 | cí | 慈 ● 從 | | 俄 ◎ 疑 |
| | 池 ● 澄 | cóng | 從 ● 從 | | 莪 ◎ 疑 |

| | | | | | |
|---|---|---|---|---|---|
| è | 鄂 ◎ 疑 | lú | 盧 ◎ 來 | pó | 婆 ● 並 |
| féng | 馮 ● 奉 | lǔ | 魯 ◎ 來 | pú | 蒲 ● 並 |
| fú | 扶 ● 奉 | lù | 禄 ◎ 來 | qí | 齊 ● 從 |
| | 符 ● 奉 | lú | 閭 ◎ 來 | | 奇 ● 群 |
| | 伏 ● 奉 | lù | 律 ◎ 來 | qín | 勤 ● 群 |
| hé | 何 ● 匣 | mèi | 寐 ◎ 明 | qú | 渠 ● 群 |
| | 核 ● 匣 | mí | 迷 ◎ 明 | | 衢 ● 群 |
| | 曷 ● 匣 | mì | 密 ◎ 明 | quán | 權 ● 群 |
| hú | 乎 ● 匣 | mó | 模 ● 明 | qún | 群 ● 群 |
| | 胡 ● 匣 | mò | 莫 ◎ 明 | rén | 仁 ◎ 日 |
| huá | 滑 ● 匣 | mù | 暮 ◎ 明 | rì | 日 ◎ 日 |
| jí | 集 ● 從 | | 木 ◎ 明 | rú | 儒 ◎ 日 |
| | 疾 ● 從 | nà | 那 ◎ 泥 | | 如 ◎ 日 |
| | 極 ● 群 | nè | 訥 ◎ 泥 | rù | 縟 ◎ 日 |
| jì | 劑 ● 從 | ní | 尼 ◎ 泥 | shé | 舌 ● 牀(船) |
| | 忌 ● 群 | | 泥 ◎ 泥 | shí | 時 ● 禪 |
| jié | 傑 ● 群 | nì | 匿 ◎ 泥 | | 石 ● 禪 |
| | 截 ● 從 | | 溺 ◎ 泥 | | 食 ● 牀(船) |
| jú | 局 ● 群 | | 逆 ◎ 疑 | shū | 殊 ● 禪 |
| jù | 巨 ● 群 | nú | 奴 ◎ 泥 | shú | 贖 ● 牀(船) |
| | 遽 ● 群 | nuó | 儺 ◎ 泥 | shǔ | 蜀 ● 禪 |
| | 聚 ● 從 | nuò | 諾 ◎ 泥 | tí | 題 ● 定 |
| lè | 勒 ◎ 來 | nǚ | 女 ◎ 泥 | tián | 田 ● 定 |
| lí | 離 ◎ 來 | luó | 羅 ◎ 來 | tóng | 同 ● 定 |
| lì | 吏 ◎ 來 | pí | 皮 ● 並 | tú | 徒 ● 定 |
| | 力 ◎ 來 | pín | 貧 ● 並 | tuó | 駝 ● 定 |

| | | | | | | | | |
|---|---|---|---|---|---|---|---|---|
| wú | 無 | ◎ | 微 | xù | 敘 | ● | 邪 | yù | 玉 | ◎ | 疑 |
| | 吳 | ◎ | 疑 | xuán | 懸 | ● | 匣 | | 喻 | ◎ | 喻(以) |
| | 吾 | ◎ | 疑 | xué | 穴 | ● | 匣 | | 欲 | ◎ | 喻(以) |
| wù | 兀 | ◎ | 疑 | yí | 宜 | ◎ | 疑 | yuán | 元 | ◎ | 疑 |
| | 物 | ◎ | 微 | | 疑 | ◎ | 疑 | yún | 雲 | ◎ | 喻 |
| xī | 奚 | ● | 匣 | | 移 | ◎ | 喻(以) | zhà | 乍 | ● | 牀(崇) |
| xí | 習 | ● | 邪 | yì | 義 | ◎ | 疑 | zhé | 轍 | ● | 澄 |
| | 檄 | ● | 匣 | | 逸 | ◎ | 喻(以) | zhí | 直 | ● | 澄 |
| xì | 系 | ● | 匣 | yú | 愚 | ◎ | 疑 | zhù | 柱 | ● | 澄 |
| xié | 諧 | ● | 匣 | | 魚 | ◎ | 疑 | | 助 | ● | 牀(崇) |
| | 邪 | ● | 邪 | | 于 | ◎ | 喻(雲) | zú | 族 | ● | 從 |
| xú | 徐 | ● | 邪 | | 余 | ◎ | 喻(以) | zuò | 祚 | ● | 從 |

3. 切音附則的運用和限度

上面提到的有關濁音平、入兩聲在切語中的作用的兩條附則，是可以解決一些切音疑惑的。例如：

槐　乎乖切，音懷。佳韻。

佳韻是平聲。可是"乖"(guāi)"槐"(huái)聲調不同。爲什麼會把切語下字的聲調在切出音節之後改變爲陽平呢? 因爲它的切語上字"乎"所標記的聲母是一個濁音的。查前面的濁音表就可以知道。

狎　檄押切，音匣。洽韻。

洽韻是入聲。它的收韻，在早先年有些像-ap 似的，帶輔音韻尾-p。作切語時代的語音，切語下字"押"的音節大致像廣州的 ap。可是現在我們已經把它的收韻由入聲-ap 變成了非入聲的-ia 了。"押"現代漢語是陰平聲,"匣"的聲調是陽平,爲什麼這個入聲韻會變作陽平呢? 查前面的濁音上字表,可以看到它的切語上字原來是一個全濁的。入聲音節聲母是全濁的一般變陽平。

　　　睦　莫禄切,音木。屋韻。

　　屋韻是入聲。早先年,它的音節有些像廣州音,大至是收-uk的,帶有韻尾輔音-k。現在消掉它的韻尾輔音,只用-u 了。這個入聲音節爲什麼不變別的調,而偏成去聲呢? 查濁音表看,"莫"是一個次濁音。入聲歸三聲,聲母是次濁音的音節一般歸入去聲。

　　這幾條反切濁音附則,雖可以解決一部分問題,但是這還是不徹底的。若把它當作拼音字母那樣來要求,還是不可能的。這不僅是因爲它不能概括所有情況,實際上就是這濁音附則也往往會遇到例外。例如:

　　　惑　胡國切,音或。職韻。

　　職韻是入聲。切語上字"胡"是全濁音。入聲,全濁,一般應歸入陽平聲。可是"惑"現在説成去聲。

　　　曰　欲掘切,音越。月韻。

　　"曰"是入聲月韻。切語上字"欲"是次濁音。入聲,次濁,一般歸於去聲。然而現在我們卻把"曰"讀成陰平聲。

　　不僅如此,除聲調之外,還有古今四方音系上的聲、韻變革問題。濁音附則只能相對地解決部分聲調問題,在古今聲、韻對

應上,它就無能爲力了。例如:

　　　攜　胡睽切,胡惟切。齊韻。

　　齊韻是平聲,"胡"是濁音,平聲濁音變陽平,這條是好使的,攜現在讀陽平。但是,它的切語下字"睽"現在讀 kuí,"惟"讀 wéi,"胡睽"、"胡惟"只能切出 huí,不能拼出 xié 來。

　　　跋　步活切,曷韻。

　　"跋"在入聲曷韻,切語上字"步"是全濁,應該歸入陽平。現在念 bá,在聲調上這是和那條附則相應的。但是,它的切語下字是"活",現在念 huó,照現代音"步活"只能切成 buó,不能拼成 bá。

　　由此看來,反切方法即或添加上附則,也不能完全解決正確讀音問題。漢語的歷史發展,規定了反切適應能力的有限範圍。

　　我們應該掌握反切方法,可是不應該完全依靠這種方法。

　　因此,在還沒有學習古漢語語音之前,實際上學習之後也是一樣,要以現代漢語詞典——普通話語音爲準。我們認爲,查詞典用反切,只用它基本方法就可以了。能切出來的,就試拼一下;不能切出的,就不要膠著在裏面。想把反切當作拼音字母那樣準確好用,是一個不符合實際的要求。

　　舊詞典的定音工作,必須和現代漢語結合起來,反切只是一種參考性質的語音標記。

　　遇到現代漢語詞典沒有收的文字,使用反切時,切語上下字也要以現代漢語語音作輔助,同時參考它的"直音"音節。

### 三、切語下的韻目作用

舊詞典中,每一反切切語之下都標有《詩韻》韻目。這個韻目起兩種作用:一是在切音上,指示收韻和聲調;二是在作品上,可作檢韻的索引。例如:

　　影　倚驚切,梗韻。

就是說,這個切音的收韻是屬於梗韻的。它和"梗"、"丙"、"警"、"省"等詞的音節是有共同的收韻的。"梗韻"屬上聲。這就指示出"影"也必然在上聲,從而規定了字的聲調。這是有關切音的一種作用。

在這個作用中,我們需要注意的一個問題是:平聲在《詩韻》只有一個,而現代漢語卻有陰平、陽平之分;《詩韻》有入聲,例如:

　　戟　基隙切,陌韻。

"陌韻"屬入聲。可是現代漢語沒有入聲。像這些地方,如果能掌握切語上字的清、濁是可以相對地解決問題,可是要求大家死記這個切語上字表,也沒有十分必要。最簡單而又比較切實的是再查一查現代漢語詞典的標音。

至於可作檢韻索引一事,則是就閱讀唐宋以來的韻文和詩歌說的。在不曉得作品韻腳時,可以利用舊詞典在字下所注韻部來查定。或用它作綫索再查韻書。檢查分韻詞典可以用它作索引,從而判定所查文字的韻部。

找到韻部,但是還不知道它在聲調上屬哪聲,在韻目上的次序是第幾個,可以查下面所附的《詩韻韻目檢調表》。

### 詩韻韻目檢調表

1. 四聲只記"平"、"上"、"去"、"入",不記聲字。
2. "上平"、"下平"都是平聲,不等於現代漢語的陰平、陽平。
3. 數目字表示在那一聲調中的排列順序。

| | | | | | |
|---|---|---|---|---|---|
| dōng | 東上平 1 | jì | 霽上 8 | qīng | 青下去 9 |
| | 冬上平 2 | | 霽去 8 | ruǎn | 阮上 13 |
| dǒng | 董上 1 | jiā | 佳上平 9 | sòng | 送去 1 |
| duì | 隊去 11 | jiàn | 諫去 16 | | 宋去 2 |
| gǎn | 感上 27 | jiāng | 江上平 3 | shān | 删上平 15 |
| gē | 歌下平 5 | jiǎng | 講上 3 | | 潸上 15 |
| gě | 哿上 20 | jiàng | 絳去 3 | tài | 泰去 9 |
| gè | 箇去 21 | jìng | 敬去 24 | tán | 覃下平 13 |
| gēng | 庚下平 8 | | 徑去 25 | wēi | 微上平 5 |
| gěng | 梗上 23 | jiǒng | 迥上 24 | wěi | 尾上 5 |
| guà | 卦去 10 | jué | 覺入 3 | wèi | 未去 5 |
| hán | 寒上平 14 | kān | 勘去 28 | wén | 文上平 12 |
| hàn | 旱上 14 | má | 麻下平 6 | wěn | 吻上 12 |
| | 翰去 15 | mǎ | 馬上 21 | wèn | 問去 13 |
| háo | 豪下平 4 | mà | 禡去 22 | wò | 沃入 2 |
| hào | 晧上 19 | mò | 陌入 11 | wū | 屋入 1 |
| | 號去 20 | qí | 齊上平 8 | wù | 物入 5 |
| hé | 曷入 15 | qià | 洽入 17 | xī | 錫入 12 |
| | 合入 15 | qiǎo | 巧上 18 | xiá | 黠入 8 |
| huī | 灰上平 10 | qīn | 侵下平 12 | xiān | 先下平 1 |
| huì | 賄上 10 | qǐn | 寢上 26 | xián | 咸下平 1 |
| jī | 緝入 14 | qìn | 沁去 27 | xiǎn | 銑上 16 |

| xiàn | 霰去 17 | yàng | 漾去 23 | yuàn | 願去 14 |
|------|--------|------|--------|-------|--------|
|      | 豏上 29 | yáo | 肴下平 3 | yuè | 月入 6 |
|      | 陷去 30 | yào | 藥入 10 | zhēn | 真上平 11 |
| xiāo | 蕭下平 2 | yè | 葉入 16 | zhěn | 軫上 11 |
| xiǎo | 篠上 17 | yóu | 尤下平 11 | zhèn | 震去 12 |
| xiào | 嘯去 18 | yǒu | 有上 25 | zhēng | 蒸下平 10 |
|      | 效去 19 | yòu | 宥去 26 | zhī | 支上平 4 |
| xiè | 蟹上 9 | yú | 魚上平 6 | zhí | 職入 13 |
|      | 屑入 9 |      | 虞上平 7 | zhǐ | 紙上 4 |
| yán | 鹽下平 14 | yǔ | 語上 6 | zhì | 寘去 4 |
| yǎn | 琰上 28 |      | 麌上 7 |      | 質入 4 |
| yàn | 豔去 29 | yù | 御去 6 | zhǒng | 腫上 2 |
| yáng | 陽下平 7 |      | 遇去 7 |      |        |
| yǎng | 養上 22 | yuán | 元上平 13 |      |        |

## 第二節　定音應以現代漢語語音爲準

　　古漢語文學語言詞彙的特點之一是語音的隨時性。司馬遷是用漢代語音讀書，柳宗元是用唐代語音來讀的，我們則是用現代漢語語音來讀的。任何返古的企圖（例如主張用所謂古音來讀），都是錯誤的，而且是不可能的（現在所說的古代語音都是擬定的，並不是真實的）。

　　舊的古漢語文言詞典中的反切，由於作者的時代限制和他們的超方言思想，對於古今四方的具體語音系統都不完全相應。因此，拼出的音節，就一定的歷史時期和一定的方言地域來説，

有些是相應的,和口語音系基本一致;有的就不完全相應,或很
不相應。

在還没有拼音字母性質的記音符號時,有時用"直音"作反
切相助,以濟其窮。在已有拼音字母之後,就應該以現代的拼音
字母記音詞典爲主。反切只可以做爲參考。只有遇到現代詞典
没有收的文字時才只好依靠反切。

因此,我們用舊的古漢語文言詞典讀書時,一定要充分利用
新出的或較近的,用拼音字母或注音字母注音的詞典。例如:
《新華字典》、《漢語詞典》、《國音常用字彙》等等。而普通話審音
委員會公佈的《普通話異讀詞審音表》更爲重要。

下面舉兩個例子,用來説明即或可以用反切切出音節來,也還
必須依靠現代漢語語音給予訂正,才能正確;否則,就要發生錯誤。

例如:"住",現代漢語説 zhù。

《康熙字典》:

住 廣韻 持遇切, 集韻 韻會 厨遇切。𡘋(並)音"駐"。

《辭源》(舊):

住:逐裕切,遇韻。

《辭海》(舊):

住:逐裕切,音㢑,遇韻。

"持"現代漢語説 chí,"厨"現代漢語説 chú,"遇"現代漢語
説 yù。上字取聲,下字取韻。ch-ü 相拼,只能成 chù,而不能
成 zhù。

"逐"現代説 zhú,"裕"現代説 yù。zh 和 ü 相拼,只能成
zhù,也不能成 zhù。

　　"音駐"若認得"駐"還好辦。假如連"駐"也不認識，就不知道它該説什麽音了。

　　"音牏"就是這樣。一般人誰也不熟悉它。再查《辭海》找"牏"。可是它又有兩種説法：1. 駝侯切，音投，尤韻；2. 逐裕切，音住，遇韻。後一音和"住"的"反切"相同，又音爲"住"。甲＝乙，乙＝甲，一個不知道，兩個就都不知道了。這是查舊部首字典常常遇到的一部分困難。

## 一、利用《漢語詞典》作參考

　　在已經有了用拼音符號記音的詞典之後，反切可以不用，免得切出似是而非的音節來。我們收字較多的新的切合當前一般需要的詞典雖然還沒有出版，但是，解放以後出版的帶注音字母的舊詞典改本，例如：中國大辭典編纂處 1957 年重印的《漢語詞典》，還是可以利用的。

　　這部詞典收詞範圍，是"語文中常用、間用及雖罕用而須供查考之辭，均行採收（單字之極罕用者，所收以十三經所有者爲限）"。因而對一般古漢語文學語言詞彙來説，是基本够用的。

　　它的標音符號，用的是注音字母。這個問題不大，只要把它和拼音方案對照來用就行了。詞典後面所附《注音字母和拼音字母音節對照索引》可以查看。

　　《漢語詞典》是按注音字母編成的音序詞典。這對我們讀古書從文字找詞的要求來説，是相反的。不過，並無困難，因爲它在詞典後面附了一個《部首檢字表》，只要弄清字形部從，從部首按筆畫找字，除極少見的文字外，一般是可以找到它的所在的。從《部首檢字表》查到頁數，按頁數去找，就可以得到它的念法。

例如：《辭海》女部

【嫚】

〔甲〕暮晏切，音慢，諫韻。

〔乙〕紆專切，音娟，先韻。

暮 mù，晏 yàn，切成 miàn，和"音慢"màn 不相合；

紆 yū，專 zhuān，切成 yuān，和"音娟"juān 不相合。

遇到這種情形，可查《漢語詞典》，從它的《部首檢字表》，在女部十一畫裏，找到"嫚"字，按它下面指出的頁數——100 頁，就可以從詞典本書 100 頁上找到嫚（ㄇㄢ 蠻）

如果對注音字母不熟悉，可以再找書後《注音字母和拼音字母音節對照索引》，在ㄇㄢ旁邊對照出 man。然後再按ㄇㄢ的聲調記號，把 man 讀成 màn。就得到所要音節。

至於"嫚"的〔乙〕項切音，在《漢語詞典》裏是沒有的。那就按它下面標注的"音娟"，從《漢語詞典》查"娟"字。按《部首檢字表》的指示，在 542 頁，找到娟（ㄐㄩㄢ 捐），然後，把注音字母ㄐㄩㄢ換成 juān，就可以得所要音節了。至於有些文字，雖能切出，可是心裏有懷疑，例如：

【紉】 尼寅切

尼 ní，寅 yín，拼成 nín。和一般讀法不同，可查《漢語詞典》來定。

或者有的文字切語和直音都不認識的，無從分析，例如：

【諕】 呼虢切，音謼，麥韻。

"虢"有些人對它陌生，不能分析它的聲、韻、調，不能進行切音。而切語下面的注音"君"字更不相識。這樣,與其查檢"號"、"君"兩字詞音,不如直接查《漢語詞典》。可以很快地從《部首檢字表》得到它的頁數,找到譹(ㄏㄨㄛ 火),然後再換成拼音字母 huò。

由此看來,反切很不方便,也很不精確。不但方法過於陳舊,而且它所反映的語音系統,已經過時,對現代漢語來説,有很多是不能使用的。拼出來的詞的音節是不合乎普通話的要求的。

既然如此,在我們新的合於閲讀古書要求的大詞典——譬如新《辭海》之類——還没有出版之前,把幾種舊詞典,截長補短,配合使用,是有益的。

當然,利用注音舊詞典來配合,並不僅僅就限於《漢語詞典》一部書。只要能會用部首或四角號碼等,按字形找到所要文字,並能指出頁數,找到注音記號,那就可以使用。例如《國音常用字彙》就是其中之一。

## 二、必須跟上普通話詞彙的語音規範

推廣普通話是我們生活中的一項重要任務。古漢語文言,從古以來,在詞彙語音方面,就是跟着時代語言的,有鮮明的隨時性。認爲搞古漢語文言就可以不考慮普通話是錯誤的。

舊詞典中的反切,在語音上,有很多是不與普通話相符的。上面舉的例子,已經説明了這一事實。這裏,再用所謂"異讀詞"來説明這事。

利用一個字形來寫好幾個詞,使它成爲幾個詞共同使用的書寫形式。因爲它標記的詞多,從文字方面來看,就出現了"異讀字"和"異讀詞"問題。只有少數是同一詞的語音和讀書音的異讀問題。隨着漢語發展,有些異讀詞,在過去音節上區別是比較多的。可是到現代它們已在發展中,省併了不少,不再像詞典所注那麼多了。這就該按新的情況來使用,不能再拘於詞典切語之間的區別了。

　　例如:

　　【解】

　　〔甲〕皆矮切,蟹韻。

　　　　① 判也,剖分也。

　　　　② 離散也。

　　　　③ 説也,析言事理也。

　　　　④ 脱也,免除也。

　　　　⑤ 開放也。

　　　　⑥ 曉悟也。

　　　　⑦ 意識也。詳見解條。

　　　　⑧ 消釋怨隙也。如云和解。

　　　　⑨ 達也。

　　　　⑩ 上也。

　　　　⑪ 樂節也。

　　　　⑫ 醫家謂汗出病退曰解。

　　〔乙〕下矮切,音蟹,蟹韻。

　　　　① 卦名,坎下震上也。緩也。

　　　　② 足迹也。

　　　　③ 同獬。

　　　　④ 同蟹。

　　　　⑤ 通嶰。

⑥ 通灂。

⑦ 古地名。

⑧ 姓也。

〔丙〕皆隘切,音廨,卦韻。

　　① 聞上也。參閱解元、發解條。

　　② 發也。凡送遣人物曰解。如解犯、解餉。

　　③ 同廨。

〔丁〕系隘切,音邂,卦韻。

　　① 通懈。

　　② 通避,見解后條。

　　③ 接中也。

〔甲〕皆矮切,皆 jiē,矮 ǎi,拼成 jiǎi。但是,現代漢語說 jiě。

〔乙〕下矮切,下 xià,矮 ǎi,切成 xiǎi。普通話說 xiè,不
說 xiǎi。

〔丙〕皆隘切,皆 jiē,隘 ài,切成 jiài。普通話說 jiè,不
說 jiài。

〔丁〕系隘切,系 xì,隘 ài,切成 xiài。普通話說 xiè,不
說 xiài。

這樣,詞典上的四個切語,對現時說來,實際只有 jiě,jiè,
xiè 三個了。而且三個音節的韻、調又都不和切語下字的目前讀
音相應。我們必須放下切音按現代漢語語音來讀。

再如:

【離】

〔甲〕力移切,音梨,支韻。

　　① 同鸝。

　② 分散也,分別也。

　③ 絕也。

　④ 割也。

　⑤ 遭也,罹也。

　⑥ 陳列也。

　⑦ 歷也,即經歷之義。

　⑧ 卦名。

　⑨ 明也。

　⑩ 草名,與稻相似。

　⑪ 山梨也。

　⑫ 通籬。

　⑬ 通縭。

　⑭ 通蘺,香草也。

　⑮ 通螭。

　⑯ 通璃。詳流璃、琉璃條。

[乙] 離蟻切,音邐,紙韻。

　　見離跂、離靡條。

[丙] 里義切,音寱,寘韻。

　① 去也。

　② 離支,見離支條。

[丁] 里詣切,音麗,霽韻。

　① 著也。

　② 偶也。

　③ 離縱,見離縱條。


[甲] 力移切,力 lì,移 yí,切成 lí;

[乙] 離蟻切,離 lí,蟻 yǐ,切成 lǐ;

〔丙〕里義切，里 lǐ，義 yì，切成 lì；

〔丁〕里詣切，里 lǐ，詣 yì，切成 lì。

這四個分別，由於古今語音變化，由於變義造詞促成的書寫形式區別，由於不必要的語音區別的消失，在普通話裏已經只說一個 lǐ 了。假如膠著在詞典中四個切語的區別，强作四個不同音節來讀，豈非倒行逆施！

在查字、定音的工作上，必須跟上時代語音。

### 三、充分利用《普通話異讀詞審音表》

舊的注音字典，如《漢語詞典》和《國語常用字彙》，一般是根據北京音編寫的。

但是，普通話語音並不完全等於北京音。在漢語規範化學術會議之後，普通話審音委員會自 1956 年 4 月起，開始審訂異讀詞的讀音。經過有關方面的討論和研究，1958 年 4 月出版了《普通話異讀詞審音表》和《本國地名審音表》初稿。1959 年 8 月又出版了《普通話異讀詞審音表初稿》續編。

在審音表裏，有許多異讀詞是古漢語文言詞彙相關的。因此，我們在使用舊注音字典作定音參考時，要和《審音表》對照着使用。

《審音表》是根據群衆的語音和漢語發展的規律，新近規定下來的。它和前一段所說，已經被寫在詞典裏的異讀不同，很容易被只看見詞典的人所忽略。當然我們再出版的新詞典必然是按它標注的。

總之，這些古漢語文言詞彙語言形式中的新形勢，是必須即時跟上去的。

例如：

【勞】

［甲］勒敖切，音牢，豪韻。

　　① 勤也，苦也。

　　② 病也。

　　③ 憂也。

　　④ 功也，事也。

　　⑤ 伐其功也。

　　⑥ 農器名，無齒耙也。

　　⑦ 遼之假借字。

　　⑧ 姓也。

［乙］勒傲切，音澇，號韻。

　　① 慰也，謂因其勞而慰之也。

　　② 勞來，見勞來條。

［甲］勒敖切，勒 lè，敖 áo，拼合成 láo；

［乙］勒傲切，勒 lè，傲 ào，拼合成 lào。

這兩個音節，在群眾中間早已失去分別，可是某些拘守詞典的人還強調它們的分別。《漢語詞典》還照舊分注ㄌㄠ、ㄌㄠ兩音。自從普通話審音委員會公佈《普通話異讀詞審音表》之後，［乙］項的音節，才被正式廢止了。"勞軍"的"勞"不再說 lào，而是一律用 láo。這是符合當前普通話詞彙語音情況的。

# 第三章　取　　義

## 第一節　憑什麽條件選取詞義

使用詞典閱讀用古漢語文言寫成的作品時，在查字、定音（有的還須和下一步結合起來才能確定）之後，接着而來的是對詞義的選用問題。

除去少數的詞，或者只是作爲雙音節詞一個音節的書寫形式外，在詞典裏，一般文字下面，往往是羅列了不少意義的。詞義分析得越精細，越是好事；因爲它能够給讀者提供更多更好的選用餘地，以便精確地理解作品。但是，這對初學者或是還不大熟悉古漢語文言的人們來説，有時反成爲一種負擔，甚至是一種困難。詞義分解得越多，越使他們感到眼花繚亂；有時覺得，好些條是相似相近的，不知採用哪個好；有時覺得，這個也能解通，那個也能解通，不知如何是好，拿不定主意；有時覺到哪一條都恰當。

這個問題，對一般人都是存在着的，只是程度不同罷了。没有一個人能够説：今後我不需要查詞典了！在選用詞義上我不用斟酌了！用古漢語文言寫成的專著和作品，有些詞句，在專家的口上或筆下，往往出現很不相同的講解或翻譯。甚至於有時由於人們對詞義有不同理解，因而出現了對整個作品的不同看法。譬如：當我們讀完了郭沫若和文懷沙的《楚辭‧九歌》譯文之後，一定會想：他們誰翻譯得好？誰翻譯得對呢？是不是對某些問題，乃至全部《九歌》的看法都不對呢？他們各有優點，各有不够的地方，這長短之處，單就詞句來說，憑什麼來定呢？發生這種問題的原因之一，是對於詞義的正確理解問題，也就是在好多義項之中恰如其可地選用詞義問題。

看起來，爲了正確地理解用古漢語文言寫成的作品，從而取其精華，棄其糟粕，批判地繼承古代文化遺產，使之古爲今用，在查詞典幫助讀書時，對詞義的選擇應用，是有研究必要的。如果我們能摸索出幾種路數，每逢舉棋不定的時候，它會在取捨上，給我們一定幫助。

爲此，我們在這裏，試探着研究研究如何從詞的注解裏選取詞義的問題。

翻詞典是一件麻煩的事情。推敲詞義，決定取去，更是麻煩的事情。我們必須有耐心，用工夫，遇到疑慮就伸手去查，遇到問題就着手去研究。怕費事，嫌麻煩，望文生訓，作主觀臆斷的估計是一個很不好的習慣。勤問詞典，細分詞義，是豐富自己語言詞彙的一種積極辦法，也是端正文風的一個基礎。經過一段工夫之後，在詞義的應用上就會達到左右逢源，運用自如的境地。

經過這一境界之後，還能够提高一步，對自己所使用的詞典，在詞義分析上可能提出改善或訂正的意見。因爲詞典的訓解也並不都是十分完備、十分精確的。不過，這是以後的事情。當前問題還是：用詞典幫助讀書，憑什麼條件關係，從它的注解中更好地選取詞義？

## 一、選取詞義的兩個基礎

從一個詞的許多意思裏選取一個用來理解作品，在同一篇章、同一辭句之中，各家見解有時是不相同的。要這一義，不要那一義，看來好像很隨便，實際上並不是完全任意的。有兩個基礎在決定它：

一個基礎是讀者的主觀思想。

當一個詞在具體作品中，按詞典提供的意思可以用這一個，也可以用那一個時，取捨之間是和讀者的判斷分不開的。所謂"仁者見仁，智者見智"，並不是偶然的。它反映了讀者對待這篇作品的思想認識。在某些關鍵性的詞句中，詞義解釋，往往是和讀者的思想方法，乃至於世界觀分不開的。同是一部《老子》，有人把它看作唯物主義的，有人把它看作唯心的。除其他條件外，詞義的選採也是促成個人看法的一條件。

這個基礎和個人對待客觀事物態度分不開的。是實事求是，合乎當時歷史實際辯證唯物主義地對待作品及其語言，還是主觀地形而上學地對待它？因此，想要儘可能地求得詞的正解，首先是端正讀書的態度和思想方法。

另一個基礎是客觀的語言現象。

古漢語文言和所有語言一樣，是有它的語言詞彙和語法構造的。儘管詞義可以有其發展變化，語法規則可以隨作者自由運用；儘管它在詞彙意義和語法組織上，可能給讀者以一定範圍的自由理解。但是，語言規律是一個客觀存在，它不僅在語法規律上主謂分明，就是在詞彙意義上看朱成碧也是不行的。它不僅有句子的組織關係，也有通篇的邏輯關係。詞的詞彙意義和語法意義是在一定的語法組織中限定人們對詞義理解的客觀因素。違反語言法則，詞義是安排不下去的。

因此，在選用詞義時，必須重視語言實際，嚴格地掌握它的規律。這樣，也就相對地縮小了主觀猜想的任意範圍，在一定程度上保證了對作品語言的正確理解。

主、客觀兩個基礎都是不可忽略的。

### 二、選取詞義的幾個條件

#### 1. 作者、作品和語言時代

運用詞典作幫助，閱讀用古漢語文言寫成的作品，首先要弄清作者和作品的時代。古漢語文言詞彙是以秦漢以前的語言詞彙爲基礎的。但是，它不同於漢語史中先秦語言詞彙，不受斷代的限制。隨着作品内容的需要，各時代作者，常吸收它的時代語言詞彙豐富古漢語文言詞彙，這部分詞彙在它的後代看來又是古的詞彙。這樣層層積累雖然在作品中爲數不多，但是，在詞義的理解上，應該還各自的語言歷史地位。

即或不是作者的時代詞彙，可是由於作品所反映的作者時代背景和思想，對詞義的使用也往往會有不同。儘管語言没有階級性，可是，作者個人的思想意識卻是通過語言工具來表達的，在詞彙意義的運用上有時不能不塗上時代的階級色彩。作品中的詞義理解，如果脱離作者的思想，也容易發生錯誤。

在運用詞義時，要考慮到這些問題。

#### 2. 語言的整體關係

詞義是詞的内容，不過僅僅着眼於詞彙上，還是不能解決問題的。語言的詞彙必須受語法規律的約束才能被理解。一個詞既有其詞彙意義，同時又有語法意義。想理解一個詞，必須就它所在的句子來考慮。從形式上看好像從詞到句，實際上，在使用詞的時候同時也在使用了它的語法。我們從詞到句，也正是從句到詞。在斟酌詞義時，必須從它所在的整個句子上，從詞彙和語法的整體關係來考慮。也就是説，在選取詞彙意義的同時，也正是在明確它的語法意義；明確語法意義，也就更便於確定所選取的詞義。

不僅如此，有些詞在一定的語法意義和作用之下，也會有不同的詞彙意義。這就需要從它所在的句子，在作品上下文中的語言關係來考慮。所有句子都是整篇作品語言組織的一個組成部分，必須在全體上確定它的個體。

換句話説，從詞到句，從句到段落，從段落到篇章，乃至於到全書的語言關係，都是選取詞義的直接或間接條件。

當然，從語言結構的整體來斟酌詞義時，語言的邏輯關係也自然被包括在裏邊。

### 3. 詞義的古今變化

詞義不是一成不變的。隨着事物的發展變化，例如經濟、政治、文物、制度等變革，會引起與之相應的某些詞的詞義改變。人們在社會實踐中，對客觀事物認識的逐漸深入，致使反映這些認識的概念也逐漸由淺到深，由粗到精，從而使這個概念的物質形式——詞——在意義上也有所發展。這樣，在語言詞彙裏，一些詞，先後出現了本義、變義和古今詞義的問題。

用古漢語文言寫成的作品，在詞彙上，有許多是使用本義或古義的。但也並非全然如此，也用今義和變義。這就要求我們使用詞典時,結合作者、作品和通篇文意,以及詞的書寫形式、語音形式、詞義的各種關係和語言藝術,考慮它是在使用古義還是今義,本義還是變義。瞭解詞義的發展變化,對詞典的詞義解釋就比較易於貫通和活用。

4. 詞的分化和書寫形式

由於認識的深入,有些詞隨着概念的分化,從當初渾淪的概念中分出新的概念,從而造成新詞。其中,有的新詞是在分化前原詞的語音形式基礎上,就聲、韻、調某一方面加以變化,用音變造詞的方法造成新詞。這種詞,在書寫形式上,往往照舊使用分化前原有的書寫形式。如果不加以分別當作一個詞來處理,容易發生錯誤。也有些詞只是語法規則上的要求,爲了區別詞的語法關係和作用,改變了意義,也改變了聲調,這也是一種音變造詞。這種變化在書寫形式上一般也沒有改變。如果不加以分別,在選取詞義時也會發生錯誤。

換句話説,要注意一個文字所寫的詞並不只一個。在選取詞義時,要結合具體作品的文意和語言結構,善於區別在同一書寫形式下不同詞的詞義區別。

5. 語音和語義

在詞典中,有些是一字一詞,一詞一音的。可是也有些文字是用一個字形寫好幾個詞,出現了一字二音乃至三音數音的現象。一字一音的沒有選擇,當時即可定音。至於一字數音的,那就不能立時決定了。

遇到切語多的字,必須把它和選取詞義工作結合起來,根據取義部分的切語決定所要音節。這樣,音、義是同時規定的。因爲詞是形式和内容的統一體。不注意這一點,取了這一義而用另一義的音節,就會發生錯誤。

詞典中的反切不是現在定的,有好多地方是和現代漢語語音系統不相合的。有些文字由於它所寫的詞早已分化有不同的讀法,詞典根據這些不同的音義制定了不同的反切,出現了所謂"異讀字"。這些異讀字,到現代已經有些改變。最近又經過普通話審音委員會的審查,作了明確的規定,先後公佈了《普通話異讀詞審音表》初稿正續兩册,改變了一些舊的異讀關係。這又給選取詞義確定語音的工作增加了一個標準。在查詞典的同時,要兼查這兩册審音表,以便正確地處理音義關係。

6. 同音詞在書寫形式上的"假借"和"通假"

詞,一般是有它自己的書寫形式的。可是除上面所說的,由於分化關係照舊使用原來形式,形成同字異詞的現象外,也還有一些詞當時就沒有爲它創造自己的書寫形式。寫它的時候,是利用同音詞關係,借用別的詞的書寫形式當作自己的形式,從而出現了"假借"寫詞法,出現了假借字。

也有些詞是有它自己的書寫形式的。但是,作者在寫作時沿用了社會通行的手頭字,或自己手頭字(嚴格說是錯字),使用同音詞書寫的形式來寫,從而出現了"通假"問題。

這兩種現象,最容易使人發生迷惑。看來寫的甲,爲什麼甲的詞義一個也安排不上,反而一個和這個字形不相干的同音詞義卻正好合適?

留心同音詞的假借關係和通假現象,對詞典中"通義"的注解要按作品思想和語言結構給與適當的處理。

7. 詞的"或體"書寫形式

有些詞是有兩個或兩個以上的書寫形式的。不同的寫法實際上是一個詞。詞典上往往注明"同某"。

這一類詞,在詞義的選用上,不要受到形式上的拘束,應該打破一個詞只有一個寫法的觀念。除隨着造詞作用,已被另一個詞佔有作爲自己的形式外,一般不要在詞義上強作區別。

8. 一詞一義下各個突出意思之間的整體關係

詞在具體運用中,在詞義上往往是有些活變的。這個現象集中在詞典裏,出現了所謂"一詞多義"的問題。這些不同的意義解釋,和假借、通假不同。它們不是不同的詞使用同一書寫形式,而是一個詞在詞義屬性(本質的或非本質的)上的部分突出。它們是整體詞義的一部分內涵或一部分作用。它們是一詞一義在某種情況下的活變,而不是一詞多義。這和詞是一個思想(概念)的語音物化並不矛盾。

惟其如此,所以各個意思之間,彼此是有直接或間接聯繫的。認識它們這種根本關係,讀書查詞典時,在詞義的選取上,若能從各個意思的整個關係上看本條意義,就容易作更好的理解。如果,遇到哪一條都好像合適,可又感到哪一條也都不大合適時,可綜合有關意思,組織新的解説。這樣,就能更好地活用詞典。——要重視詞典的解説,但也要認識它們並不是不可移動的金科玉律,也不過是前人讀書隨文解詞的綜合記錄而已。

9. 詞典的編制和性能

詞義在詞典中的分解,一般説來,都是有限的,呆板的,特別是一些舊詞典,往往是彼此傳抄轉録,很少是從新的研究中得出來的。按現代的要求來説,在語言上又是脱離群衆的,往往使用文言解説。這是一個方面。

　　一般詞典收字有限,並且在詞義解説的取捨上,往往是主觀的,有些詞義沒有提示出來。有時雖是找到了字,可是字下正好缺少所要的解説。這又是一方面。

　　儘管舊詞典都有缺點,但是,如果我們下一番工夫把手中的詞典從頭到尾仔細瞭解一遍,從它的凡例直到後附的表格和索引,把它所有的性能充分利用起來,譬如:有關條目的互相參照,因甲及乙,用丙補丁,有些在字下注解中沒有的東西,可以從通體活用中得到補苴,從而發揮了詞典的潛力,在一定程度上,提高和擴大它的使用率。

　　研究自己手中的工具,熟悉它的結構和作用,用讀者的主觀能動性,加強詞典的效能,這在選取詞義上是有很大好處的。

　　會利用詞典的人,能在可能範圍内,使小詞典起較大的詞典的作用;不善於利用詞典的,只能死於字下,往往使大詞典只起了一個小詞典的作用。

　　研究你手中的工具書,利用它一切可利用的地方!

　　10. 必要的參考圖書

　　詞典編輯的時代,作者的思想觀點,都使它在内容上有一定的局限。不僅在知識方面是這樣,更主要的是思想和觀點上的出入更大。因此,在某些具體問題上,給予批判利用的同時,還須以它爲綫索,進一步翻查有關參考書籍,用新的解説來訂正舊詞典的缺失和錯誤。

　　詞典的性質也限定了詞典的内容,有些具體的事物不能完全列入。譬如:歷史事件、地理變革、文物制度等等。如果詞典的解説還不足以確切地解決問題,就應以它爲綫索,另找有關圖書來查看。

總之，要利用詞典，但不要止於詞典。以詞典爲綫索進一步涉獵有關圖書，是批判利用的過程，也是自己提高的一個過程。

11. 持續地耐心實踐

字怕習，馬怕騎，詞典的掌握在運用裏。

前面提到一些條件的理解和運用，不是抽象的。必須在實踐中體會才能掌握和運用。

查字是很煩瑣的事，需要很大的耐心。在開始使用時，不應有即時達到一翻就出來的徼倖心理。經過一定時期的實踐，把它熟悉得像自己的手一樣，"如探囊取物"的境界是不難達到的。但是，首要的工作是開始時耐心。沒有這一過程，詞典和自己永遠是陌生的。

但是，會查不等於會用。會用，主要是表現在選取詞義的能力上。

選取詞義的能力，也不是抽象的認識，而是一種具體的語言實踐。這種實踐是語言知識、詞典材料、作品的内容和形式，在讀者思想意識支配下的綜合運用。

這種運用能力，是需要一定時期的持續耐心才能鍛煉成功的。而且這種能力只有最低界限——一般的理解，卻沒有最後的限度，領會、理解的深度是隨着實踐逐年提高，沒有止境的。

爲了達到最低要求，不厭其煩地查詞典，反復揣摩地通覽全文，是要有堅定的意志的。在這個問題上，固然可以求人相助，但是求人之前，還是先求自己；聽來的，總不如自己親手得來的。古人在讀書問題上，曾説"日思一錯，亦是一適"！把意不能安的地方解決了，確實是一個很大的愉快。

## 第二節　選　義　示　例
### ——查字、定音、選義的整體關係

　　詞典的掌握和運用是非常實際的事情。工具書和其他工具一樣，不是一聽就會，也不是一看就會的。要想真正會用它必須拿到手裏使用。只有在使用中才能摸清它的結構、性能、使用方法和適用範圍，才能在它的可能範圍內，想出竅門，發揮作用，使它更多地解決問題。

　　我們在前面提到的各項選取詞義的條件，其中有的是用孤立的單句作例就能夠説明的，有的必須參考上下文的文意和語法關係才能瞭解。從部分瞭解整體，反過來又從整體確定部分。查詞典讀書不是尋章摘句的工作，全面思索是很重要的。

　　爲此，我們在這裏用《馮婉貞勝英人於謝莊》一文作例，用《辭海》一書作代表，試對如何用詞典讀書，從詞典中選用詞義加以具體説明。試探着解剖一個麻雀，從閲讀作品中印證前面提到的選取詞義的條件。

　　當然，在做選取詞義工作時，必須經過查字、定音等程序。因此，這一段的實踐工作，雖以選取詞義爲重點，實際上已經是詞典使用方法的綜合説明。

## 一、例文

### 馮婉貞勝英人於謝莊
（徐珂《海戰軼聞》）
咸豐庚申，英、法聯軍自海入侵，京洛騷然。距圓明園十里，有村曰謝莊,環村居者皆獵户。中有魯人馮三保者,精技擊。女婉貞,年十九,自幼好武術,習無不精。是年,謝莊辦團,以三保勇而多藝,推爲長。築石砦土堡於要隘,樹幟曰"謝莊團練馮"。一日晌午,諜報敵騎至。旋見一白酋督印度卒約百人,英將也,馳而前。三保戒團群裝藥實彈,毋妄發,曰:"此勁敵也,度不中而輕發,徒糜彈藥,無益吾事,慎之!"

時敵軍已近砦,槍聲隆然,砦中人踣伏不少動。既而敵行益邇,三保見敵勢可乘,急揮幟,曰:"開伙!"開伙者,軍中發槍之號也。於是衆槍齊發,敵人紛墮如落葉。及敵槍再擊,砦中人又鶩伏矣,蓋藉砦墙爲蔽也。攻一時,敵退,三保亦自喜。婉貞獨戚然曰:"小敵去,大敵來矣,設以炮至,吾村不齏粉乎?"三保瞿然曰:"何以爲計?"婉貞曰:"西人長火器而短技擊,火器利襲遠,技擊利巷戰。吾村十里皆平原,而與之競火器,其何能勝?莫如以吾所長,攻敵所短,操刀挾盾,猱進鷙擊,徼天之幸,或能免乎?"三保曰:"悉吾村之衆,精技擊者不過百人,以區區百人,投身大敵,與之撲鬥,何異以孤羊投群狼?小女子毋多談。"婉貞微嘆曰:"吾村亡無日矣!吾必盡吾力以拯吾村!拯吾村,即以衛吾父。"於是集謝莊少年之精技擊者而詔之曰:"與其坐而待亡,孰若起而拯之?諸君無意則已,諸君而有意,瞻予馬首可也。"衆皆感奮。

婉貞於是率諸少年結束而出,皆玄衣白刃,剽疾如猿猴。去村四里有森林,陰翳蔽日,伏焉。未幾,敵兵果舁礮至,蓋五六百人也。挾刃奮起,率衆襲之。敵出不意,大驚擾,以槍上刺刀相搏擊,而便捷猛鷙終弗逮。婉貞揮刀奮斫,所當無不披靡,敵乃紛退,婉貞大呼曰:"諸君!敵人遠吾,欲以火器困吾也。急逐弗失!"於是衆人竭力撓之,彼此錯雜,紛紜拏鬥,敵槍終不能發。

日暮,所擊殺者無慮百十人。敵棄礮倉皇遁,謝莊遂安。

## 二、例文詞彙選義

例文是《馮婉貞勝英人於謝莊》。

所用詞典是《辭海》。

詞義只舉《辭海》的解說,除個別有需要外,一般不引其他的例證。因此看本書時,要同時翻檢《辭海》以便對照。

若手下沒有《辭海》,可翻《辭源》或其他同性質詞典。

作參考的現代漢語詞典是商務版《漢語詞典》。

例詞是按它在文章中出現次序排列的。

同一詞有相同或不同用法,不論先後,彙集在一起,集中在最初出現的詞下,匯總説明。


### 咸豐庚申

從口部六畫找到"咸"字。

在"咸"字後查到"咸豐"條目。

在"咸豐"條下有兩項注解:

　　① 清文宗年號(公元 1851 年)。

　　② 今縣名,屬湖北省,在來鳳西北。……

"清文宗"是誰?

查水部八畫,找到"清"字。在"清"字之後找到"清文宗"條。在這個條目之下説:

　　宣宗(名旻寧,年號道光)子,名奕詝。即位後,改元咸豐。內有太平天國之役,外受英法聯軍之擾,天下騷動,殆無寧日。在位十一年崩。謚顯。

從广部五畫找到"庚"。

在"庚"後没有"庚申"條目。

但"庚"字下有六種詞義：

　　　① 十干之第七位。

　　　② 猶更也。

　　　③ 償也。

　　　④ 年齡也。

　　　⑤ 道也。

　　　⑥ 姓也。

從田部找到"申"字。

"申"有十四個詞義。

　　　① 伸也。

　　　② 十二支之第九位。

　　　③ 十二時之一。

　　　④ 約束也。

　　　⑤ 重也，再也。

　　　⑥ 明白也。

　　　⑦ 所書上告也。

　　　⑧ 舊時公文之一種。

　　　⑨ 陳也。

　　　⑩ 呻也。

　　　⑪ 十二屬，以申爲猴。

　　　⑫ 國名。

　　　⑬ 上海之簡稱。

　　　⑭ 姓也。

　　這兩個詞的一般詞義都和這篇文章的句義不相應。現在從"干"、"支"着想。查"十干"看看。

　　從十部,在"十"字後面查到"十干"。

　　"十干"條下,説:

　　　　甲、乙、丙、丁、戊、己、庚、辛、壬、癸也。詳"天干"、"干支"條。

　　"十二支"條下,説:

　　　　① 謂子、丑、寅、卯、辰、巳、午、未、申、酉、戌、亥也。詳"地支"、"干支"條。

　　從干部查到"干支"。

　　"干支"條下説:

　　　　十干、十二支也。亦作干枝。甲至癸爲十干,子至亥爲十二支。相傳爲天皇氏所創(見劉恕《外紀》)。黄帝時始以干支相配作甲子。如甲子、乙丑、甲戌、乙亥等。東漢以前,止以紀日,建武後,始以紀年月日時……

　　這樣,有看看整個"干支表"的必要。

### 干　支　表

| 甲子 | 乙丑 | 丙寅 | 丁卯 | 戊辰 |
|------|------|------|------|------|
| 己巳 | 庚午 | 辛未 | 壬申 | 癸酉 |
| 甲戌 | 乙亥 | 丙子 | 丁丑 | 戊寅 |
| 己卯 | 庚辰 | 辛巳 | 壬午 | 癸未 |
| 甲申 | 乙酉 | 丙戌 | 丁亥 | 戊子 |
| 己丑 | 庚寅 | 辛卯 | 壬辰 | 癸巳 |
| 甲午 | 乙未 | 丙申 | 丁酉 | 戊戌 |
| 己亥 | 庚子 | 辛丑 | 壬寅 | 癸卯 |

| | | | | |
|---|---|---|---|---|
| 甲辰 | 乙巳 | 丙午 | 丁未 | 戊申 |
| 己酉 | 庚戌 | 辛亥 | 壬子 | 癸丑 |
| 甲寅 | 乙卯 | 丙辰 | 丁巳 | 戊午 |
| 己未 | 庚申 | 辛酉 | 壬戌 | 癸亥 |

"庚申"既是紀年,那麼"咸豐"必然不是地名。這是可以從本句的語意和語法肯定下來的。它表示英法聯軍入侵的時間。

咸豐庚申是哪一年?

這要利用詞典後面的附錄,或單行本的歷史年表來解決,例如:《辭源》後面附錄了一個《世界大事表》。我們從這個表的清代部分,查到"文宗,名奕詝。宣宗之子。在位十一年"。在文宗時代的大事表上,可以依着干支順序查到:他的年號是"咸豐",而咸豐元年的干支是辛亥。再依干支順序向後找去就可以查到了"咸豐"年間的"庚申",這一年是咸豐十年,相當於公元 1860年。這一年國內大事是"英法兩軍破天津,入北京。帝避難熱河",這事正跟本篇下句文意相應。

### 英、法聯軍自海入侵

從艸部五畫找到"英"字。在"英"字之後,查到"英法聯軍"條。在這條之下,寫道:

> 清咸豐六年至十年(1856—1860)英、法合攻我國廣州、北京之聯軍也。時因亞羅船滿載華民,桅張英旗入粵河。巡河水師遽登艇拔旗;廣東英領巴夏禮,詰問總督葉名琛,不應。英軍遂陷廣州。旋英人因印度發生事變,撤回英軍。粵民爭起焚英、法、美各國商館。法又以廣西教士被害,遂與英同盟出兵,於七年再陷廣州,虜名琛以去。八年,北陷大沽,迫清廷訂《天津條約》。九年,

英、法軍又與清將僧格林沁在大沽開釁，爲僧擊敗。清廷遂欲盡改八年原約。十年，英、法軍復進逼北京，敗僧格林沁，焚圓明園。文宗奔熱河。後由俄使調停，始于八年所訂定條約外，更闢天津爲商埠，割九龍半島南端九龍司地方與英，償軍費英、法各八百萬兩。英、法聯軍始退。參閱"天津條約"條。

《辭海》這一條解說雖然說明了一些問題，但是對第二次鴉片戰爭的真正原因，各地人民的反侵略鬥爭（例如：佛山團練局的鬥爭等），《北京條約》、《天津條約》等一系列不平等條約的簽訂，使中國進一步走向半殖民地的道路，以及外國侵略者爲實現條約內容，要推翻太平天國，維持清政府的統治，清政府爲了鎮壓太平天國的革命，也要依靠外國侵略者的支持，它們在共同利害關係上的互相勾結，共同對待中國人民革命問題上，闡述得還不够清楚。

因此，要以《辭海》爲綫索找最近出版的中國近代史作參考，用它來替代《辭海》的說解，千萬不要滿足於詞典解說，就查到爲止了！

### 京洛騷然

從一部六畫查到"京"字。再在這個文字之後查檢"京洛"條目。

【京洛】謂洛陽也。周平王東遷都此。東漢光武帝建都洛陽。故云京洛。

在《馮婉貞》這篇文章上，"京洛"這條解釋，照樣搬用就不行了。必須把它的詞義加以變化，擴大成"京城"或"國都"來理解，這是被具體的語言內容決定的。

馬部十畫：〔1〕

【騷】

〔甲〕思麕切，音搔，豪韻。

　　① 擾也，……動也，……動與擾義同。

　　② 愁也。

　　③ 臭也。……按此爲臊之借字。

〔乙〕思襖切，音嫂，晧韻；四奧切，音臊，號韻。通掃，謂盡舉
之也。

"京洛騷然"，"京洛"是一個詞，"然"在句末不能獨自成語。
按古漢語文言語法，它只能依附它前面的詞作形容詞的語尾，是
一個表示語法形態的音節。有它，就有成爲"什麼樣子"的語法
意義和作用。因此，"騷然"也是一個詞。

從通篇文章和上下句關係，可以説：文章所寫是敵寇方來
侵掠的情況，不是被劫奪以後的慘狀。這樣，"騷然"一詞的
"騷"，在詞義上就不能是〔乙〕和〔甲〕③，既不是掃地以盡，也不
是腥臊之氣。至於〔甲〕②"愁"只是一種情緒，是心理活動，還不
就是可見的情態，一般不附"然"作形容之用，和本文不相應。相
應的只是〔甲〕①，擾動的意思。

查手部十五畫，"擾"，亂也。從擾、動、亂三個意思來看，"騷
然"的詞義大致是：人心惶惶、秩序紊亂、紛擾震動的樣子。


### 圓明園

從口部十畫查到"圓"字之後，找到"圓明園"條目。這條是：

---

〔1〕 編者按，舊辭書"騷"用舊字形作"騷"，故爲十畫。

　　【圓明園】在北平（按：北京，在舊《辭海》出版的時代，叫北
平）海甸。清聖祖康熙四十八年建。以賜世宗（按：即雍正——
愛新覺羅·胤禎），題名"圓明"；世宗立，增修殿宇，每夏幸圓中，
避暑聽政，歷朝遂以爲常。乾隆時，高宗（按：即乾隆——愛新覺
羅·弘曆）屢次南巡，又仿天下名勝，點綴其間。園周三十里，南
部爲朝會及大臣待直之處，北部爲游幸娛樂之所；宏麗喬皇，聞名
中外，西人稱曰夏宮，推世界四大建築之一。咸豐十年秋，英、法
聯軍破京師，入園劫掠珍寶，縱火焚燒，殿宇盡毀。

　　關於圓明園的規模、遺迹以及 1860 年英、法侵略軍如何掠
奪和破壞它的強盜罪行，可以參看 1959 年第 9 期《文物》雜誌陳
慶華所作的《圓明園》一文，並用它來代替《辭海》這一條解説。

　　又，《抗議美帝掠奪我國文物》（文物出版社，1960 年版）一
書可配合參考。

### 中有魯人馮三保者

　　"魯"在這裏，上下文規定它不能是人的姓氏。查魚部四畫，
找到"魯"字。它在姓氏之外，有三個詞義：

　　① 鈍也，質勝文也，亦作鹵。
　　② 國名。
　　③ 山東省之簡稱。
　　④ 姓也。

在這幾個意義中，"魯人"既非粗鹵之人，也非魯國之人，而是山東人。

### 精技擊

　　從手部四畫找到"技"。"技"有兩義：

① 藝也,才能也。

② 工匠也。

都和"擊"不好配合。

從"技"查"技擊"條。

　　【技擊】《荀子·議兵》"齊人隆技擊",注:"以勇力擊斬敵人也。"《漢書·刑法志》"齊愍以技擊强",注:"兵家之技巧者,習手足,便器械,積機關,以立攻守之勝。"按今稱搏擊敵人之武技曰技擊。

可以瞭解"技擊"就是"武術",正和下文"女婉貞,年十九,自幼好武術"相應。

### 謝莊辦團

"團"在當時的文章裹是什麽意義?

查口部十一畫,"團"有以下三義:

① 圓也。

② 聚也,見《廣韻》。凡二人以上之結合,或事物之合體皆曰團。如:團練、財團、社團、團體之類皆是。

③ 今(按:指編書當時)陸軍之制,旅下爲團,團下分營。

　　按上下語句關係看,顯然不是①義。莊裹辦團也决非③義,因爲不是國家編制,而當時也没有這種軍制。從②裹考慮,時間是"是年",英法入侵之年,性質是地方的武裝防禦,可以肯定不是財團、社團和一般團體。是不是團練呢? 查"團"字之後有"團練"一條。

　　【團練】地方人民自行發起,徵集壯丁,編制成團,以兵法訓練,用以捍禦盜匪保衛鄉土者,謂之團練。如民團、保衛團等皆是。

從下文"樹幟曰謝莊團練馮"看來,這個團無疑是"團練"的簡稱。按當時社會性質和階級形勢,這個"團"本是一地主豪紳的武裝組織。只在抵抗外來侵略這一點上,和廣大人民的利益有一致之處。很多勞動人民參加進去,在當時變成了反侵略組織。

### 築石砦土堡於要隘

"砦"在石部五畫:

【砦】乍邁切,音寨,卦韻。

　　① 籬落也。

　　② 營壘也。

乍邁切,乍 zhà,邁 mài,拼成的音節是 zhài。

這個砦是武裝團體修築的。後文又有"時敵軍已近砦,槍聲隆然,砦中人踡伏不少動",可以證明它是一個防禦工事。因此,在這篇文裏,它的詞義只能是②,而不能是①。

"隘"的字體構造從"阝"。左阜右邑,從阜部十畫中查到了它。

【隘】

［甲］倚賣切,卦韻。

　　① 狹也。

　　② 小也。

　　③ 險阻也。

④ 急也,窮也。

　[乙] 阿隔切,音厄,陌韻。與"阨"同。

　　① 阻止之也。

　　② 隔絶之也。

[甲] 倚賣切,倚 yǐ,賣 mài,用 y－ài 相拼成 yai。但是,這音節在現代漢語裏是不使用的。應按現代漢語改成 ài(鳥懈切)。

念 ài 時,這個詞是形容詞或名詞。

[乙] 阿隔切,ē、gé 用 ē-é 相拼成 é。這個音節和現代一致,聲調按現代漢語改成 è。

念 è 時,這個詞是動詞。

"築石砦土堡於要隘",要隘在謂語"築"後,由於介詞"於"的關係,作"築"的補語,表示"築"在什麼地方,它必然是名詞。這就只能用[甲]的③義——險阻,指險阻之地。

### 諜報敵騎至

"諜報"在現代漢語是一個名詞。[1]但在"諜報敵騎至"句子裏,"報"應該是一個動詞。查言部九畫:

【諜】迪協切,音牒,葉韻。

　　① 伺也,間諜也。

　　② 通"牒",譜第也。

　　③ 通"喋",多言也。

從它在句子裏的地位和上下文關係,可以決定是①,是伺候敵情的人。

〔1〕 中國文字改革委員會編《漢語拼音詞彙》,文字改革出版社 1963 年版,第 59 頁。

　　“諜報”在這個文句裏是兩個詞,它們之間有主語和謂語關係,不是一個名詞。

　　“騎”這個詞,因爲在生活中常用,很容易忽略。試在馬部八畫中查“騎”字,則見它有兩種不同的音義:

　　　　[甲] 勤移切,音奇,支韻。(勤 qín,移 yí,拼成 qí。)

　　　　　① 跨馬也。

　　　　　② 跨物之上或其兩邊皆曰騎。

　　　　[乙] 極義切,音芰,寘韻。(極 jí,義 yì,拼成 jì。)馬軍也。

　　念 qí 是動詞,念 jì 是名詞。那麼,“諜報敵騎至”的“騎”是應該讀作 jì 的。

## 旋見一白酋督印度卒約百人

　　“旋”在這裏是不能用旋轉的意思來理解的。

　　從方部七畫,找到“旋”。它有六個意義:

　　　　① 反也。

　　　　② 轉也。

　　　　③ 疾也,俄傾之間也。

　　　　④ 小便也。

　　　　⑤ 懸鐘之環也。

　　　　⑥ 同“璇”。

　　在這六個意義之中,只有③是相宜的。因爲它是在動詞“見”的前面,是用來說明“見”的時間的,作“俄傾之間”——“不大一會兒”來理解。

　　“酋”在酉部二畫:

【酋】齊由切，尤韻。

    ① 酒熟曰酋。

    ② 古人以名酒官之長。

    ③ 魁帥之稱。

    ④ 終也。

    ⑤ 就也。

    ⑥ 聚也。

"齊由"，齊 qí，由 yóu，拼成（qiou）qíu。"酋"，上面有"白"來形容，下有"督"表示行動，它是"督印度卒"的主語。應是③義——魁帥之稱。"白酋"，頭目是一個白種人。

"督"在目部八畫：

【督】

    ① 察視也。

    ② 董也，身率之也。

    ③ 中也。

    ④ 正也。

    ⑤ 官名，如都督、督郵。

    ⑥ 姓也。

"一白酋督印度卒"，"督"是白酋所發的行動，"印度卒"是這個行動所涉及的對象——印度兵。這樣，它的詞義自以第②項"身率之也"最爲相宜，是親身率領的意思。

**馳而前**

"馳"在馬部三畫：

【馳】

　　① 大驅也。……謂車馬疾驅也。

　　② 追逐也。

　　③ 去之速也。

　　④ 向往曰馳。

　　⑤ 傳播曰馳。

　　從"馳"和上句的關係來看,只能使用①義,是指"敵騎"的行動説的,是"馬疾驅也"。


## 毋妄發

"妄"在女部三畫:

【妄】

　[甲] 務放切,音望,漾韻。

　　① 亂也。

　　② 虛誣不實也。

　　③ 不法也。

　　④ 猶凡也。

　[乙] 同"亡"。

　　① 無也。

　　② 轉語詞。詳"亡其"條。

　　從後文"砦中人踡伏不少動。既而敵行益邇,三保見敵勢可乘,急揮幟,曰:'開伙!'"則知三保的意思是在此時先不開火。這樣,"毋妄發"的"妄",應是[甲]①"亂也"之意,其他義都不相應,"毋妄發"就是不要亂開槍。

### 此勁敵也

從力部七畫裏找到"勁"。

【勁】

① 彊也(＝强)。

② 力也。

③ 美也。

按照句子的組織，"勁"是形容"敵"的。應該用①。但是，從①②兩義的相聯關係來看，①②兩義是一個詞義的不同方面，可以把它們綜合起來活用，理解爲"强而有力"的意思。在詞的語法意義上，它還是屬於①的。

### 度不中而輕發

查广部六畫，"度"有兩組：

【度】

[甲] 獨誤切，音渡，遇韻。

① 法制也。

② 分寸尺丈引也，所以度長短也。

③ 器量也。

④ 次也。

⑤ 通"渡"，過也。……授與。

⑥ 凡人詣僧寺等出家，師爲之剃除鬚髮曰剃度，亦單曰度。

⑦ 數學名詞。

⑧ 姓也。

[乙] 惰嗗切，音鐸，藥韻。

① 謀也。

② 量也。

③ 投也。

按"度"在句子裏和其他詞的關係,可以肯定它不是用[甲]項之義,而是用[乙]項之①,是計慮,揣度,所謂"謀也"之意。"度不中而輕發"是估計打不準而又輕率發射的意思。

"惰咢"切,惰 duò、咢 è,拼成 duò(due,e 受 u 影響,圓唇變 o)。


### 徒糜彈藥

"徒",從彳部七畫找到。

【徒】

① 步行也。

② 步卒也。

③ 衆也。

④ 黨也。

⑤ 從者也。

⑥ 門徒也。

⑦ 但也。

⑧ 空也。

⑨ 空手也。

⑩ 五刑之一。詳"徒刑"條。

⑪ 通"塗"。

"徒糜彈藥","彈藥"肯定是名詞。而"糜"和"徒"哪一個能作動詞對"彈藥"起作用? 這要看它們的詞彙意義和語法意義。"徒"的幾個意義,有的只能起區別或說明作用,有的只是名詞。把它和"糜"結合着考慮,可以決定在這句文中,它應該是⑧"空也",什麼也得不到,白白地。

"糜"在麻部找不到,它是米部的字。米部十一畫:

> 【糜】密宜切,音靡,支韻。
>
> ① 粥也。
>
> ② 爛也。
>
> ③ 通"眉"。

這三個意思看來,哪個都不相合。參考"糜"字後面的條目,看看它有沒有活用或變義。這樣,我們在"糜費"條找到它的詞義。

> 【糜費】謂損耗也。《三國志·魏志·衛覬傳》:"不益於好,而糜費功夫。"《晉書·何充傳》:"崇修佛寺,供給沙門,以百數,糜費巨億而不吝也。"

"糜費"是一個現在還用的口語詞。文章中,"徒糜彈藥"的"糜"正是"糜費"的意思,可以說"糜"在這裏是"糜費"的簡用,也可以說它是②義的發展。"徒糜"等於"空自消耗"或"白白耗損"。


### 砦中人皆踡伏不少動

從足部八畫找到"踡"字:

> 【踡】渠員切,音權,先韻。
>
> 見"踡跼"條。
>
> 【踡跼】同"蜷蝈"。不伸也,見《玉篇》。《楚辭·九思·憫上》:"踡跼兮寒風數。"注:"踡跼,傴僂也。"按傴僂亦拳曲不伸之意;考《說文》無踡、蜷、跼字,踡、蜷即卷,跼即局,其意爲局曲不伸也。參閱"蜷局"條。

查虫部八畫,"蜷"字後:

　　【蜷局】局曲不伸也。……

按《辭海》把"踡"看作雙音詞"踡跼"的一個音節部分,不作一個詞處理。在原則上是對的。但是,在具體運用中,雙音節詞有縮節爲單音節詞的時候。"踡跼"發展到現代,在東北方言裏,還説 quángou,例如"quángouzhe 腿"、"身子 quángouzhe"。同時也説"quánzhe 腿兒"、"quánzhe 身子"。"quán"就是"踡跼"的"踡","蜷局"的"蜷"。

這樣,"踡伏"可以説是踡着(quánzhe)身子伏在那裏。


**既而敵行邇**

從辵部十四畫查到"邇"字:

　　【邇】而蟻切,音爾,紙韻。
　　近也。

這個詞的反切和普通話相去較遠。而 ěr、蟻 yǐ,上下字相拼成爲 ěi,和現代漢語語音不合。用切語下邊的直音——標音字"爾"ěr 的音節,和《漢語詞典》1102 頁"兒"中之"邇"的注音相互參訂,可以寫爲 ěr。


**三保見敵勢可乘**

"乘"的部從不大好分辨。可查檢字表。在表中十畫部分,找到它在 47 頁。47 頁丿部九畫"乘"有兩組:

　　【乘】
　　[甲] 舌蠅切,音繩,蒸韻。

　①　駕也。

　②　陞也,治也。

　③　因也。

　④　勝也。

　⑤　陵也。

　⑥　計也。

　⑦　守也。

　⑧　逐也。

　⑨　算法之一。

　⑩　姓也。

[乙]　食應切,音賸,徑韻。

　①　車也,謂一車四馬也。

　②　晉史名。

　③　佛教有大、中、小乘之分。

　④　物四數曰乘。

[甲]　舌蠅切,舌 shé、蠅 yíng,切成 shíng,現代漢語不用這個音節。應按現代語音讀 chéng。

[乙]　食應切,食 shí、應 yīng,拼成 shīng,和現代漢語也不相符,應該使用現代音説 shèng。

按"乘"在句子裏的地位,它不能用[乙]項的音義。在[甲]項各義裏,只有③義可用。所謂"因也"有"憑藉"、"就着"、"趁着"的意思。

《辭海》在③義"因也"之下,引《孟子·公孫丑》"不如乘勢"作例。"三保見敵勢可乘"正是"乘勢"的隨文活用。"乘勢"是乘着形勢,"敵勢可乘"是敵人當時形勢是可以趁機利用的。

### 開伙

按下句"開伙者,軍中發槍之號也"來看,"開伙"就是我們現在使用的"開火"。

### 敵人紛墮如落葉
### 敵乃紛退

"紛",糸部四畫。

【紛】

[甲]敷溫切,音芬,文韻。

　　① 馬尾韜也。

　　② 旗旒也。

　　③ 盛多之貌。

　　④ 亂也。

　　⑤ 同"帉",詳"紛帨"。

[乙]扶文切,音汾,文韻。

　　見"紛緼"條。

[乙]項和句子的意思不相合。[甲]項④"亂也"可作"墮"的狀語。這個"亂也"的意思,還可以和③"盛多之貌"連起來考慮。"紛墮"、"紛退"的"紛"都是多而亂的意思。

### 砦中人又鶩伏矣

"鶩"在鳥部九畫:

【鶩】莫禄切,音木,屋韻;無附切,音務,遇韻。

動物名,屬鳥類游禽類。……俗呼爲鴨,亦稱家鴨。"鶩"是名詞,在動詞"伏"前作狀語,等於"像鴨子似地"埋伏。

### 蓋藉岊墻爲蔽也

"藉"在草部十四畫:

#### 【藉】

[甲] 集夜切,禡韻。

① 薦也,謂以物襯墊之也。

② 坐臥其上曰藉。

③ 借也,因也。

④ 假設之詞。

⑤ 蘊藉,見"蘊藉"條。

⑥ 慰藉,見"慰藉"條。

[乙] 劑繹切,音籍,陌韻。

① 蹈也。

② 貢獻也。

③ 藉田,見"藉田"條。

④ 狼藉,見"狼藉"條。

⑤ 姓也。

在這兩項音義裏,[甲]①②③,[乙]①似乎都可使用。可是從"藉岊墻爲蔽"的"蔽"是遮掩的意思來看,[甲]①②和[乙]①都不相應。因爲被遮蔽的人決不能是在什麼東西的上面露着。這樣,只有[甲]③"借也"正好與之相應——借着岊墻作掩蔽。

### 婉貞獨戚然曰

"戚"在戈部七畫:

【戚】

［甲］切激切，錫韻。

　　① 戉也。（＝鏚）

　　② 親也。

　　③ 憂也。

　　④ 哀也。

　　⑤ 古地名。

　　⑥ 姓也。

［乙］趨旭切，音促，沃韻。

　　疾也。

　　"戚"在動詞前，後面帶有"然"字，是一個副詞。按從下文"小敵去，大敵來矣，設以砲至，吾村不虀粉乎?"的語意來看，這個表示"曰"的情感的"戚"，必非［乙］意。在［甲］之中，也更非①②⑤意。至於③④"憂"、"哀"之間，因爲她不是哀呼，而是擔心，可以肯定必是③義，是一種憂慮的樣子。

### 吾村不虀粉乎

"虀"在艸部十九畫：

【虀】同齏。

"齏"，不在韭部，而在齊部。齊部九畫：

【齏】即鷖切，音躋，齊韻。

本作韲，亦作𩐗，或作齍、虀。

凡醯醬所和細切爲齏。……齏爲切合細碎之名，故菜肉之細切者，通謂之齏。

"齏粉"也或寫作"齏粉",在"齏"下之後另成條目：

【齏粉】謂粉身碎骨也。

"齏粉"是名詞,在這篇文章裏,"吾村"作主語,"齏粉"作謂語,名詞變成動詞,有被割切粉碎的意思。

### 三保瞿然曰
"瞿"在目部十三畫：

【瞿】權于切,音劬,虞韻；舉裕切,音句,遇韻。
　　① 鷹隼之視也。
　　② 驚也。
　　③ 亦作"戵",戟屬。
　　④ 姓也。

"瞿然"在動詞"曰"前,也是副詞性的。用它說明"曰"時的情態。那麼,①③④都不相應,只②義可用,是驚駭的樣子。

### 火器利襲遠
### 率衆襲之
"襲"不在龍部,衣部十六畫：

【襲】邪集切,音習,緝韻。
　　① 衣一稱也。
　　② 凡衣加於外曰襲。
　　③ 重疊也。
　　④ 掩其不備也。《左傳》莊二十九年："凡師有鐘鼓曰伐,無曰侵,輕曰襲。"

⑤ 繼也。

⑥ 受也。

⑦ 及也。

⑧ 合也。

⑨ 襲雜，見"襲雜"條。

①②③⑤⑥⑦⑧⑨都和戰鬥不相應。跟戰鬥相關的只有④義。在本文，從"掩其不備"的意思裏，轉用它攻擊的意義。這個用法在實際上等於"襲擊"一詞。

《辭海》在"襲"字之後，有"襲擊"一條。説：

【襲擊】乘敵人之不備而擊之也。

"火器利襲遠"就是火器利於射擊遠方。


**猱進鷙擊**

**便捷猛鷙**

"猱"在犬部九畫：

【猱】儺敖切，豪韻；如尤切，音柔，尤韻。

猿類，亦名狨。

儺 nuó、敖 áo，切成 náo；如 rú、尤 yóu，切成 ríu，現代漢語不使用這個音節，應按現代漢語改説成 róu。

"猱"的兩種語音形式，現在只用一個——náo。

"鷙"在鳥部十一畫：

【鷙】止肆切，音至，寘韻。

① 鳥類之猛者曰鷙。《説文》："鷙，擊殺鳥也"。按謂鷹鸇之屬。

　② 凡性猛皆曰鷙。參閱忿鷙條。

　③ 鷙曼，見"鷙曼"條。

　④ 鷙距，見"鷙距"條。

止 zhǐ、肄 yì，切成 zhì。

前一句"猱"、"鷙"都是名詞。它們是分別對"進"、"擊"作説明，作狀語。像猿猴似地往前進，表示輕快敏捷，像鷹隼一樣地猛擊，表示準確有力。

後一句"鷙"和"猛"同一詞性。組合在一起是猛烈準狠的意思。

### 徼天之幸

從彳部十三畫查到"徼"。

【徼】

　[甲] 記要切，音叫，嘯韻。

　　① 塞也。（＝邊界）

　　② 循也。

　　③ 歸趣也，微妙也。

　[乙] 基妖切，音驕，肖韻。

　　① 求取也。

　　② 抄也。

"徼天之幸"，和"徼幸"一詞相關。查"徼"後"徼幸"條目。

【徼幸】謂於分外冀有所獲也。亦作徼倖、儌倖、僥倖。《中庸》"小人行險以徼幸"，朱注："徼，求也；幸，謂不當得而得者。"

"徼天之幸"的"徼"，按朱注應該用[乙]①，"幸"是什麼意思呢?

　　"幸",土部、十部都没有。查《辭海》檢字表,在 484 頁干部五畫。

　　　【幸】荷梗切,梗韻。
　　　　　① 吉而免凶也。
　　　　　② 福也,可慶幸也。
　　　　　③ 非分而得謂之幸。參閱"徼幸"條。
　　　　　④ 冀也。
　　　　　⑤ 天子有所至曰幸。
　　　　　⑥ 爲天子所親愛亦曰幸。
　　　　　⑦ 姓也。

　　"荷梗"切,荷 hé、梗 gěng,切成 hěng,和現代漢語不相合,不可用,應該讀 xìng。

　　"徼幸"在現代漢語是一個詞,不應拆開使用。可是在古漢語文言裏,它是一個詞組,可以拆開在中間插入別的詞說"徼……幸"。

　　"徼天之幸"的"徼"按照上下文意,和它跟"徼幸"一詞的關係,可以斷定"徼"應用[乙]①,而"幸"應用③。不過"幸"③"非分而得"的"非分"應該是"不可能得而得"的意思,不能作"不應該得而得"來理解。

　　婉貞這句話是在人力、武器敵我懸殊的情況下說的。"徼天之幸,或能免乎?"大意是:若能求得天老爺的照應,得到在我們看來是很不容易得來的勝利,那麼,我們村子或者能夠免掉這場灾難吧。

**區區百人**

重疊使用的文字,在它所處的語句之中,往往是寫一個雙音節詞。查詞典時,可以在找到單字之後,再在這單字後面找找有沒有重疊作用的條目。

"區區"在匸部,不在匚部。匸部九畫,"區"字之後有"區區"條目。

【區區】

① 言小也。

② 得志貌。

③ 愛也。

"以區區百人,投身大敵"。從百人和大敵的相對關係,可以確定"區區"在這句文裏是一個詞,應該使用它的①義,它是指"百人"説的,表示很少的意思。

**吾必盡吾力以拯吾村**

"拯"在手部六畫:

【拯】止影切,蒸上聲,迥韻。

① 舉也。

② 援也,救攏之也。

"止影"切,止 zhǐ、影 yǐng,切成 zhǐng,現代漢語不用這個音節,應按現代音改成 zhěng。

"拯吾村"從句子的語法關係來看,應使①義,"拯"就是現代漢語的"拯救"。

## 詔之曰

"詔"這個字很容易從常用詞義去想,想到封建帝王的詔命、詔書之類的意思。但是,在"於是集謝莊少年之精技擊者而詔之曰"這句話裏,卻解釋不通。

從言部五畫找到"詔":

【詔】

[甲] 至要切,音照,嘯韻。

① 告也,古時上告其下曰詔。……然有時亦得上下通之。

② 詔書也。

③ 召也。

④ 夷語稱王曰詔。

[乙] 市擾切,音紹,篠韻。

通"紹",詳"擯詔"條。

[乙]項和這個文句無關。[甲]項①義正和本句相應,"詔之曰"就是"告之曰"。

## 瞻予馬首可也

"瞻"在目部十三畫:

【瞻】支淹切,音詹,鹽韻。視也。

"支淹"切,支 zhī、淹 yān,切成 zhiān。現代漢語不使用 zhian 音節,可按普通話改成 zhān。

"瞻予馬首"是什麼意思? 婉貞當時並沒有騎馬。假定是騎馬,要別人看她的馬頭作什麼?

這是一個成語的活用。

可以從"馬首"再找找綫索。

"馬"部,"馬"字後有"馬首是瞻"一條:

> 【馬首是瞻】《左傳》襄十四年:"荀偃令曰:'雞鳴而駕,塞井夷竈,唯余馬首是瞻。'"注:"言進退從己。"

大意是:"荀偃下命令説:雞叫(半夜雞叫)的時候就駕車,堵上井,平了竈,看着我的馬頭向前進。"

"瞻予馬首"是這個成語的活用,看着我的馬首,意思是隨着我行動,看着我的動向辦事。


**衆皆感奮**

**挾刀奮起**

**婉貞揮刀奮斫**

"奮"在大部十三畫:

> 【奮】付問切,音糞,問韻。
> > ① 大飛也。
> > ② 發揚也。
> > ③ 震動也。
> > ④ 奮然而起也。
> > ⑤ 迅也。

這三個句子裏的"奮"意義是不大一樣的。詞典中的③義和"感奮"相應,是感動震奮,同仇敵愾,躍然欲試的樣子。第④義奮然而起和"奮起"相應,"奮起"是猛然地挺身而起(在没有發現敵人時,婉貞和她所率領的諸少年是在林中埋伏着的)。第⑤義和"奮斫"相應。"奮斫"是猛烈迅速地向敵人斫擊。

③④⑤ 三個意思都是和第①個相關的,因爲都是猛然用力的動作。

"奮斫"的"斫"有些人把它和"砍"混同在一起。這是不對的。

查"斫"在斤部五畫:

【斫】職約切,藥韻。

① 擊也。

② 大鋤也。

③ 頑直之貌。

④ 鹵斫,見"鹵斫"條。

"職約"切,職 zhí、約 yuē,切成 zhuē,現代漢語不用這個音節,現代説 zhuó。

"砍"在石部五畫:

【砍】可感切,音坎,感韻。斫也。

"可感"切,可 kě、感 gǎn,切成 kǎn。

"砍"和"斫"是同義詞,可是音節並不相同。


**結束而出**

"結束"大家很熟悉這個現代漢語詞,它的詞義有總結收尾或事已辦完的意思。

但是,在這篇文章裏,"婉貞於是率諸少年結束而出"這句話,"結束"絶不是結尾收束的意思,按現代漢語詞來處理是不相應的。

查"結"字在糸部六畫:

【結】

[甲] 吉噎切,音拮,屑韻。

　　① 締也,見《説文》,謂以兩繩相鈎連也。

　　② 終也。

　　③ 猶構也。

　　④ 凝合也。

　　⑤ 草木成實曰結。

　　⑥ 文狀之一種,如印結、甘結。

[乙] 吉詣切,音計,霽韻。通“髻”。

“束”字在木部三畫:

【束】書旭切,沃韻。

　　① 縛也。

　　② 約也。

　　③ 記數之名,詳“束矢”、“束帛”、“束備”各條。

　　④ 姓也。

　　“書旭”切,書 shū、旭 xù,切成 shū。現代漢語不用這個音節,應按現代改作 shù。

　　“結”的[甲]①和“束”的①義是相同的,都有捆綁結繫的意思。從婉貞他們“結束而出”的主要行動——“出”看來,“結束”是“出”這一行動的先行條件。從他們準備出去和敵人作戰來想,“結束”應該是“結”和“束”兩個動詞的連用。只是在它們後面省去了賓語。原意應是“結衣”、“束帶”,是整裝出發的動作。“結束”並不是一個詞。

## 玄衣白刃

　　“玄”在玄部,本身就是部首:

【玄】穴員切,音懸,先韻。

① 幽遠也。

② 黑而有赤色者爲玄。……按後亦通稱黑爲玄。

③ 玄月,見"玄月"條。

④ 姓也。

"玄衣白刃","玄衣"和"白刃"的語法關係相同,"玄"應是②
義,而且是通稱黑色爲玄之義。

### 剽疾如猿猴

"剽"在刀部十一畫:

【剽】

[甲] 譬要切,漂去聲,嘯韻。

① 砭剌也。

② 劫也,强取也。

③ 疾也,輕也。

④ 削也。

[乙] 皮遙切,音瓢,肖韻。

樂器名。

[丙] 筆小切,篠韻;披腰切,音飄,肖韻。

末也。

"剽疾如猿猴","剽疾"和[甲]③相應,是輕捷疾迅之義。

切語中"譬要"的"要",按去聲嘯韻應讀"要不要"的"要",不
是"要求"的"要"。

### 陰翳蔽日

"翳"在羽部十一畫:

【翳】壹計切,霽韻,亦作殹。

　①華蓋也。

　②蔽也。

　③屏也。

　④目睛上所生障蔽視綫之膜,字亦作"瞖"。

　⑤通"殪"。

　⑥木名。

"壹計"切,壹 yī、計 jì,切成 yì。

"陰翳蔽日"這句話,從詞典上看"翳"②和"蔽"相同,似乎可以讀成"陰—翳蔽—日"。但是,按古漢語文言的一般情況,應該讀成"陰翳—蔽日"。後一種讀法,也是②義,不過不是動詞,而是和"陰"聯合在一起變成遮蔽的形象。

### 舁礙至

"舁",不在廾部,在臼部四畫:

【舁】欲渠切,音余,魚韻。

　共舉也。

"欲渠"切,欲 yù、渠 qú,切成 yú。

"共舉"是幾個人共同抬着的意思。

### 搏擊

"搏"在手部十畫:

【搏】補郝切,音博,藥韻。

　①捕執也。

　②攫取也。

　③擊也。

“補郝”切，補 bǔ、郝 hǎo，切成 bǎo。和現代漢語不合，應按現代語音讀 bó。

“搏”③和擊同義，“相搏擊”就是相搏鬥。但“搏”的三個義項有一共同之點，就是兩方迫近到可以伸手抓打的地步。

### 終弗逮

“逮”在辵部八畫：

【逮】

［甲］渡礙切，音代，隊韻。

　　① 及也。

　　② 追捕之也。參閱“逮捕”、“逮擊”條。

［乙］迪詣切，音第，霽韻。

　　見“逮逮”條。

“而便捷猛鷙終弗逮”的“逮”不是疊用，不能用［乙］。“逮”後沒有可逮之人，不能是［甲］②只能用［甲］①。“終弗逮”就是終弗及，也就是到底未能趕上。

### 所當無不披靡

“披”在手部五畫：

【披】

［甲］劈澌切，支韻；品椅切，紙韻。

　　① 開也。

　　② 翻也。

　　③ 分也。

　　④ 荷衣曰披（荷＝用肩承擔）。

〔乙〕彼義切,音賁,寘韻。柩行夾引棺者。

"靡"不在麻部,非部十畫有"靡"字:

【靡】

〔甲〕敏蟻切,紙韻。

　① 披靡也。參閱"披靡"條。

　② 無也。

　③ 細緻也,纖密也。

　④ 奢侈也。

　⑤ 輕麗也。

　⑥ 罪累也。

　⑦ 靡靡,見"靡靡"條。

　⑧ 通"湄"。

〔乙〕密宜切,支韻。

　① 分散也。

　② 消滅也,糜爛也。……按字通作"糜"。

　③ 與"摩"通。

"所當無不披靡"和"靡"〔甲〕①"披靡也"相合。查"披"字之後有"披靡"一條:

【披靡】

　　① 草木隨風偃仆也。

　　② 謂兵士潰敗也。

"披靡"是一雙音節詞,有頹伏四散的意思。就草木來説是隨風偃仆,就作戰的兵士來説是潰敗四散。"披靡"①②義,②義和文句相應。

## 竭立撓之

"撓"在手部十二畫：

> 【撓】你齩切,巧韻;膩效切,音鬧,效韻;呼鏖切,音蒿,豪韻。
>> ① 擾也。
>> ② 攪和也。
>> ③ 曲也。
>> ④ 弱也。

"你齩"切,你 nǐ、齩(咬)yǎo,切成 niǎo;

"膩效"切,膩 nì、效 xiào,切成 niào;

"呼鏖"切,呼 hū、鏖 áo,切成 hào。

這三個音節,就"撓"來說,都不與現代漢語相合,應照現代漢語把它改作 náo。

按上句,"敵乃紛退",本句婉貞要衆人對逃敵"急逐弗失",爲了不讓敵人跑掉,這個"撓"是用了①義。"擾"是擾亂,"竭力撓之"是盡力擾亂他(逃敵)。


## 紛紜拏鬥

"紛"字後有"紛云"、"紛紜"兩條：

> 【紛云】與"紛紜"同。
> 【紛紜】盛多貌,又亂也。

"紛紜"是一雙音節詞。

"拏"在手部五畫：

> 【拏】尼牙切,音呶,麻韻。
>> ① 牽引也。……此"紛拏"之"拏"也,典籍多作"拏"。

　② 語煩挐也。

　③ 拘捕罪人也。俗作"拿"。

"尼牙"，尼 ní、牙 yá，切成 niá，現代漢語不用這個音節，拿、挐都説 ná，應照改。

"挐"①説它是"紛挐"之"挐"。查"紛"字後有"紛挐"條目：

【紛挐】《史記・霍驃騎傳》："時已昏，漢、匈奴相紛挐。"《正義》："紛挐，相牽也。"按《漢書・霍去病傳》作"紛挐"。參閱"紛挐"條。

【紛挐】猶言紛爭。《漢書・霍去病傳》"漢、匈奴相紛挐"，注："紛挐，亂相持搏也。"引申爲紛紜錯雜之義。……

把詞典裏這些條目和文章中"於是衆人竭力撟之，彼此錯雜，紛紜挐鬥，敵槍終不能發"的句子合起來看，則知"紛紜挐鬥"是"亂相持搏"，打交手仗，兩方混戰在一起的樣子。它是彼此參雜、亂打在一起的"紛挐"詞組的拓展。"紛"，變成雙音節詞"紛紜"；"挐"，用附注造詞法，加上"鬥"突出它的性質，變成雙音節。這樣，就成了"紛紜挐鬥"的四音節句子和"彼此錯雜"相調配。

### 無慮百十人

"無慮"若按常用詞義理解，在這句話裏是不合適的。

查"無"字後有"無慮"條目：

【無慮】

　① 言無瑣瑣計慮而可以知之也。《漢書》……注："無慮，謂大率，無小計慮耳。"

②　無所憂慮也。

③　舊縣名。

"所擊殺者無慮百十八","無慮"之後接的是數詞,可以肯定它應是①義。"無慮百十人"就是大概有一百多人。


**敵棄礮倉皇遁**

"倉"在人部八畫:

**【倉】**

[甲] 雌岡切,陽韻。

①　穀藏也。

②　船之內部亦曰倉。俗作"艙"。

③　通"蒼"。

④　姓也。

[乙] 楚莊切,音愴,漾韻。

通"愴",喪也。

**【皇】** 胡光切,音黃,陽韻。

①　大也。

②　君也。

③　先代之敬稱。

④　稱神佛亦曰皇,如"東皇"。

⑤　美也。

⑥　正也。

⑦　莊盛也。

⑧　室無四壁曰皇。

⑨　冠名,上畫羽飾也。

⑩ 暇也。

⑪ 通"煌"。

⑫ 通"況"。

⑬ 通"騜"。

⑭ 植物名。

⑮ 鳥名。

⑯ 姓也。

這兩個單音節詞的詞義,在這句話裏都不能和前後詞義相應。單音詞不能處理,可考慮雙音節詞。查"倉"字後有"倉皇"條目:

【倉皇】恖遽貌。與倉卒張皇意同。

按這個雙音節詞來看"敵棄炮倉皇遁"全句語意就很好理解,"倉皇遁"就是急急忙忙張皇失措地逃跑了。

# 第四章　幾部古漢語文言詞典

## 第一節　舊詞典的類型和詞的關係

詞是思想的語音物化，是語音形式和思想（概念）的統一體。因此，一個詞就同時具備了語音和詞義兩個方面。古漢語文學語言是以書寫形式出現和存在的。詞的書寫形式又使古漢語文學語言比口頭語言多了一個通過視覺的物質形式——文字。

詞的書寫形式和它所書寫的詞的音、義，這兩事三面給詞典的編輯工作準備了字形、音節和語義三個門户和從這三個門户延伸出去的三條道路。人們可以從詞的語音方面類聚詞彙，編成以聲（輔音）或韻爲經的音序詞典；可以從詞義方面，按詞所反映的客觀事物的種類，類聚成分類的義類詞典；也可以按詞的書寫形式，依字形結構，個別部從，編成從書寫形式查詞的字形詞典。前兩者，各個民族語言都可以做到；而後者，則是以音節表意文字爲書寫形式的漢語文學語言所特有的。

這三條道路，使古漢語文學語言詞典先後地創成了三種類型。按它們出現的時代順序來說,一種是從《爾雅》開始的義類詞典,一種是從《説文解字》開始的部首詞典,一種是從《切韻》開始的分韻詞典。

《爾雅》是從戰國以迄前漢經過許多人前後纂集而成的,是在漢語發展過程中,古漢語文學語言和口頭語言達到較大距離時代的產物。全書按詞的義類分作 19 篇。這 19 篇是《釋詁》、《釋言》、《釋訓》、《釋親》、《釋宮》、《釋器》、《釋樂》、《釋天》、《釋地》、《釋丘》、《釋山》、《釋水》、《釋草》、《釋木》、《釋蟲》、《釋魚》、《釋鳥》、《釋獸》、《釋畜》。前三篇基本上是同義詞彙類聚。其中《釋詁》是古今同義詞彙,《釋言》是常用詞中的同義詞彙,而《釋訓》一篇主要是雙音節同義詞彙。至於《釋親》以下各篇則是以事物類屬爲標準的分類詞彙,其中有古今詞彙和方言詞彙。

《説文解字》是東漢許慎所作。它是以晚期的形象的音節表意文字——小篆——爲主的詞的書寫形式的分類詞彙。全書立 540 個部首,以字形結構的部從關係來類聚文字。

各個部首是以筆畫形式相同、相近關係蟬聯排列的。例如:

第一卷的部首是:

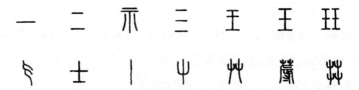

它們的順序是按照下面的關係安排的:

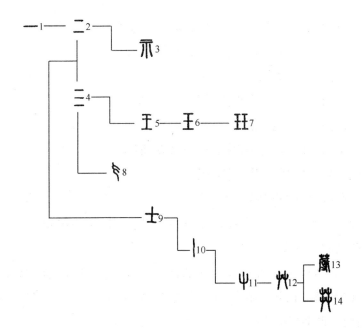

這是一部"字典"，是只論結構、部從而不論筆畫數目的。

形象的音節表意文字詞典是不適於以符號的音節表意文字爲書寫形式的漢語詞彙的。因爲用前一種性質的部首順序來編寫詞典，是不能統率後一種性質的書寫形式的。爲了使用方便，人們需要一種切合於符號的音節表意文字的詞典。從梁顧野王《玉篇》到明張自烈的《正字通》，先後改革，形成了我們現時常見的依筆畫數目從少到多的部首字典。

《切韻》是總結魏晉南北朝韻書大成的一部審音專書。這種韻書是先以音節爲單位，把同音詞（單音節詞或雙音節詞的音節標記）聚集在一起，構成一組。

例如，"產"、"嵼"、"汕"、"滻"四個同音詞歸爲一組。

然後再以收韻爲紐帶，把和這一組同音詞或字和跟它們有同一韻收的各組同音詞或字，類聚在一起，例如：

　　胡簡反的"限"組四字：限、硍、貇、睅，

　　武限反的"鮸"組一字：鮸，

　　古限反的"簡"組四字：簡、柬、諫、揀，

　　初限反的"剗"組三字：剗、鏟、弗，

　　士限反的"棧"組四字：棧、嶘、輚、孱，

　　五限反的"眼"組一字：眼，

　　側限反的"醆"組一字：醆。

類聚在一起，並以"產"組的第一字作代表，作爲它的"共名"，把
這個共同韻叫做"產"韻。

　　到了唐代，在刊正《切韻》的同時，又把它所收的詞加以訓
解，改名爲《唐韻》。於是由審音之書，轉爲分韻詞典。宋代，又
加刊正，改名《廣韻》。

　　《廣韻》206 韻，不便應用。宋代又把它歸併爲 106 韻，成爲
《平水韻》。這就是我們現時常見的"詩韻"的來源。

　　這一套一東、二冬、三江、四支的《平水韻》，元朝以來遂成爲
編纂古漢語詞典的另一種形式。它雖然不完全符合於各時各地
口頭語言的語音實際，但是由於古典文學作品的影響和科舉制
度的限制，這套韻部體系在各個方言區卻有了全民共用的性質，
對當時文人來説，還是比較便於應用的。

　　對現代説來，則是很不方便的。

　　這三種體制，對後來的漢語詞典編製，給予了不同程度的影
響。其中，影響最大的是以詞的書寫形式爲主的《説文解字》系
統的部首詞典。僅次於《説文解字》系統的是《切韻》系統的分韻
詞典。《爾雅》系統的詞典雖然也"代有作者"，可是和前兩者比

起來是相當少的。在應用上它也沒有前兩種詞典方便。

本書所介紹的七部舊詞典,其中屬於部首詞典的是:

1.《辭海》

2.《辭源》

3.《中華大字典》

4.《康熙字典》

5.《聯綿字典》

屬於分韻詞典的是:

1.《經籍籑詁》

2.《辭通》

屬於《爾雅》系統的語義詞典未作介紹。

## 第二節　綜合性的古漢語文言詞典

### 一、《辭源》

《辭源》,1908—1915 年陸爾奎、方毅等人集體編纂。它以單音節詞爲綱,然後在各單音詞下,依音節數目多少,分別列舉第一音節書寫形式相同的雙音節詞、多音節詞和一些成語,按照《康熙字典》的部首體制編排而成。它是一部包括典故成語和術語在内的綜合性詞典。

書前有《説略》、總目録、檢字,後附世界大事表、現行行政區域表、本國商埠表、中外度量衡幣制表、化學元素表。《續編》出版後,又增添了民國紀元以來世界大事年表、全國鐵路表。這些附表,現在有的已經失去了使用價值。

　　每個單音節詞都是先注音，後釋義。注音用《音韻闡微》的
“反切”，切語之下標明所屬《平水韻》韻部。釋義時，若只有一
義，不標數目。如詞義較多，則在每一義上加以“陰文”數字。遇
有不同的音義時，則另注音切。在“切語”下依例標注詞義。爲
補助詞義，在某些單音節詞、雙音節詞或多音節詞下插以圖畫或
表格。

　　在詞義的解釋上，更多的是哲學，社會科學名詞的解釋上，
由於作者的階級立場和所處時代，有的是錯誤的，在使用時須加
以注意。聽説現時正在修訂，將來再版時可能好些。

　　這部詞典是供一般參考使用的，用它讀普通的古典作品還
可敷用。若遇較生僻或較古的篇章，有時就顯得不夠用了。

　　［附例］

　　　【紛】

　　　［敷溫切，音芬，文韻］❶ 亂也。［老子］挫其鋒，解其紛。
❷ 衆也。

　　　［紛云］即紛紜。［漢書］威武紛云。

　　　（以下各條略）

　　　【繽】

　　　［披因切］見繽紛條。

　　　［繽紛］❶ 盛貌。［家語］旌旗繽紛，下蟠於地。［楚辭］佩繽
紛其繁飾兮。　　❷ 亂貌。［陶潛文］落英繽紛。


二、《辭海》

　　《辭海》，1915—1936 年沈頤、張相、徐文澍等人集體編纂。
本書體例和《辭源》基本相同，也是以單音節詞爲綱的綜合性

詞典。

前有編印緣起、編輯大綱(合訂本有合訂本緣起)、檢字表，後附國音常用字音讀表、韻目表、譯名西文索引、化學元素表、中外度量衡幣制表。

每個單音節詞的"反切"，基本上是使用《音韻闡微》的。是以"較合於今音者爲主"的。

全書使用標點符號，比《辭源》容易看。

所收條目和《辭源》相仿佛而稍有出入。也有插圖。

這本詞典雖然因爲比《辭源》晚出，有些在當時看來是比較新的詞和詞組，但是它也和《辭源》一樣，因爲時代不同，由於作者的階級地位，有些詞和詞組的解釋是錯誤的，使用時須要注意。

現在在全國各地學術界大專院校師生的協助下，正在上海積極進行重編工作。

用這部詞典讀一般古書和古典文學作品還够應用。

［附例］

【紛】

［甲］敷温切，音芬，文韻。❶ 馬尾韜也，見說文。❷ 旗旒也。文選揚雄羽獵賦："青雲爲紛"❸ 盛多之貌。易巽："用史巫紛若吉。"離騷："紛吾既有此內美兮。"❹ 亂貌，莊子應帝王"紛而封哉"。❺ 同帉，詳紛悅條。

［乙］扶文切，音汾，文韻。見紛緼條。

［紛云］與紛紜同。漢書司馬相如傳："威武紛云。"按文選難蜀父老作紛紜。

（以下各條略）

## 【繽】

披因切，真韻。盛也。離騷：“九疑繽其并迎。”王逸注：“盛貌。”參閱繽紛條。

[繽紛] ❶ 盛貌。離騷：“佩繽紛其繁飾兮。”❷ 亂也。交雜也。文選張衡思玄賦“思繽紛而不理”，注：“亂貌。”漢書揚雄傳“暗藹以其繽紛”，注：“交雜也。”按漢書司馬相如傳“鄢郢繽紛”，注：“舞貌。”文選張衡東京賦“牙旗繽紛”，注：“風吹貌。”風吹貌與舞貌，其義實近乎亂雜。

[繽繙] 飛動貌。廣韻：“繽繙，風吹旗貌。”繙亦作翻，文選左思吳都賦：“大鵬繽翻，翼若垂天。”

（以下略）

## 第三節　以單音節詞爲主的古漢語文言詞典

### 一、中華大字典

《中華大字典》，1909—1914 年歐陽溥存、徐元誥、汪長禄等20 餘人集體編纂。這也是一部以單音節詞爲主的詞典。在編制上大體和《康熙字典》相同。

前面列有凡例、總目、《切韻指掌圖》、篆字譜、檢字等編。

本書“反切”使用《集韻》。不見於《集韻》的詞，則別採《廣韻》以及《集韻》下各種韻書。可是各詞所屬韻部卻不用《集韻》，而是使用《韻府》106 韻的《平水韻》。

《經籍籑詁》專收古詞，這部詞典則是古今兼收，在古詞方面也比較詳細。新舊雙音節詞都分屬在單音節詞後面。有插圖。

　　舊詞典在注解詞義時，不論本義、變義有多少，都是接連鈔綴，或有空格，或有加圈，都不夠醒目。本書則按詞義分條，每條另起一行，並在上面依排列順序冠以"陰文"的數字。每一詞義一般只舉一例。引書也都注明出處，便於檢索。

　　［附例］

　　【紛】

　　敷文切，音芬，文韻。

　　❶ 馬尾韜也。見［説文］　［段注］車軥馬騂。馬騂，謂結束馬尾，豈韜之而後結之與。

　　❷ 亂也。　［左昭十六年傳］獄之放一。

　　❸ 衆也。　［易巽］用史巫一若吉。

　　❹ 雜也。　［文選張衡賦］一瑰麗以參靡。

　　❺ 盛貌。　［離騷］吾既有此内美兮。

　　❻ 眊也。見［漢書揚雄傳注］。

　　❼ 緩也。見［玉篇］。

　　❽ 結根也。［老子］解其一。

　　❾ 旗旒也。［文選揚雄賦］青雲爲一。

　　❿ 如綬。有文而狹者。［周禮司几筵］設莞筵一純。

　　⓫ 一一。言其多。［漢書禮樂志］羽旄一一。［又］動擾貌。［書帝命驗］東南一一。

　　⓬ 一泊。飛薄也。［文選左思賦］羽族一泊。

　　⓭ 一葩。開張貌。［文選嵇康賦］霍濩一葩。［又］盛多貌。［文選馬融賦］一葩爛漫。［又］舒張貨物使覆映。［文選左思賦］一葩蔭映。

　　⓮ 一怡。喜也。［方言］一怡。喜也。湘潭之間曰一怡。

　　⓯ 一綸。猶浩博也。見［後漢井丹傳注］。

⑯ 一挈。相牽也。[史記衞將軍驃騎傳]漢匈奴相一挈。

⑰ 一云。興作之貌。[漢書禮樂志]一云六幕浮大海。

⑱ 一帨,佩巾也。[禮記内則]左佩一帨。[注]一帨。拭物之佩巾也。今齊人有言一者。

⑲ 一如,有文章也。[太玄視]鸞凰一如。

[紛]符分切,音汾,文韻。

一緼。亂貌。見[集韻]

## 【繽】

紕民切,音𩕳,真韻。

❶ 盛貌也。[離騷]九嶷一其並迎。

❷ 亂也。見[類篇]。

❸ 一一。衆也。見[廣雅釋訓]。

❹ 一紛。盛貌。[離騷]佩一紛其繁飾兮。[又]亂貌也。[文選張衡賦]思一紛而不理。[又]衆疾也。[漢書揚雄傳]一紛往來。[又]舞貌也。[漢書司馬相如傳]鄢郢一紛。[又]交雜也。[漢書揚雄傳]暗纍以其一亂。[又]風吹貌。[文選張衡賦]牙旗一紛。[又]能整理也。[文選馬融賦]條決一紛。

## 二、經籍籑詁

《經籍籑詁》,1797—1798 年臧鏞堂兄弟和何蘭汀等人受當時的達官阮元之意,由阮氏發凡起例,籌資開館,集體編纂的。

這是一部以單音節詞爲主,按照詞的音節,就它們的韻收,依《平水韻》分韻編排的詞典。

它是一部專爲閱讀漢魏六朝以前的書篇而作的古漢語詞典,是清代"樸學"講求訓詁的產物,比較專門一些。它的作用是

"展一韻而衆字畢備,檢一字而諸訓皆存,尋一訓而原書可識。"（王引之序）。

這部詞典所收的古詞古義,包括着從十三經、前四史、諸子、《楚辭》、《昭明文選》等書的注疏、訓釋,《說文解字》、《爾雅》等古語言文字諸書的本文及各家注釋,以至於漢魏隋唐時代的各家學者有關古書的論著和訓釋。所收的古漢語詞彙研究材料比較豐富,實際上是一種古漢語詞資料索引。

在編制上,各詞爲韻,以《佩文詩韻》(清代用作《佩文韻府》的《平水韻》)爲主。一詞音變而有同一書寫形式的詞,則各按它的收韻分屬各韻,因而有些字在書中往往是一字重見或一字數見的。

有些不見於《佩文韻府》的古詞,則依《廣韻》定部。假如也不見於《廣韻》,則據《集韻》定部。

詞義解釋,一般是把和被注釋詞有同音或音近關係的放在前面。在本義和變義之間,本義在前,變義在後。至於名、物、象數之屬又在其後。

這部詞典如阮元所說:"採輯雜出於衆手,傳寫亦已數過,譌舛之處或亦不免。凡取用者,宜檢查原書,以期確實。"我們在使用它的時候,要注意這一點。最好以它爲索引翻檢原書,不要直接把它抄過來就作爲證據。

　　[附例]
　　【紛】
　　一亂也[左氏昭十六年傳]獄之放一注又[廣雅釋詁三] 又[史記司馬相如傳]一綸葳蕤索隱引胡廣[汲鄭傳]一更之爲集解引如淳又[漢書劉向傳]集注[敘傳下]集注又[楚辭招魂]班其

相一些注○—亂貌也［莊子應帝王］—而封哉釋文引崔注又［楚辭
惜誦］—逢尤以離謗兮注［招魂］班其相分些注○— —骰亂也［呂
覽慎大］— —分分注○— —亂起貌［漢書揚雄傳上］集注 ○— —
雜亂貌［荀子解蔽］涫涫— —注○—紜亂貌［文選文賦］—紜揮霍
注［關中詩］—紜齊萬注又［楚辭怨思］腸—紜以繚轉兮注○—紜
猶脣亂也［後漢馮衍傳注］○—紜喻亂也［後漢光武帝紀下注］
○—擾亂也［文選神女賦序］— —擾擾注○—錯憒亂也［楚辭憂
苦］心—錯而不受注○— —衆也［廣雅釋訓］○— —衆多也［後漢
班彪傳上注］○— —衆多之貌也［文選西都賦注］○—紜衆多之
貌也［文選四子講德論］—紜天地注○—變也［易巽］用史巫—若
苟注○—猶雜也［文選西京賦］—瑰麗以多靡薛注○— —動擾之
貌［書帝命驗］東南— —注○—綸猶雜蹂也［後漢班彪傳下注］
○—眊也［漢書揚雄傳上］集注○—結根也〔1〕［老子］解其—注
○—難也［漢書揚雄傳上］集注○— —猶藉藉［史記屈原賈生傳］
般— —其離此尤兮索隱○—如有文章也［太元］視鸞凰—如注
○—綸猶浩博也［後漢井丹傳注］○—泊飛薄也［文選蜀都賦］羽
族—泊劉注○—焱飛揚貌［文選舞賦］一焱若絕注○—盛也［易
巽］用史巫—若釋文又［文選東京賦］—焱悠以容裔薛注○—盛貌
［離騷］吾既有此內美兮注［東皇太乙］五音—兮繁會注○—盛
多貌［離騷］總總其離合兮注○—縕盛貌［楚貌〔2〕橘頌］—縕宜
修注○—紜盛貌也［後漢班彪傳注］○—芭盛多貌［文選長笛
賦］—芭爛漫注○—芭開張貌［文選琴賦］霍濩—芭注○—芭謂舒
張貨物使覆映［文選吳都賦］—芭蔭映注○—纏不善也［廣雅釋

---

〔1〕 按：《老子》河上公注"紛，結恨也"（4章），"結恨不休"（56章），《經籍籑詁》作"結
根"，誤。
〔2〕 按："貌"當作"辭"。

訓]○—挙相牽也[史記衛將軍驃騎傳]漢匈奴相—挙正義引[三蒼解詁]○—挈相著牽引也[文選舞賦]般—挙分注○—喜也[廣雅釋詁一]〔1〕○—怡喜也湘潭之間曰—怡[方言十]○—如綬有文而狹者[周禮司几筵]設莞筵—純注○—純謂以組爲緣[文選東京賦]次席—純薛注○—帨拭物之佩巾也今齊人有言—者[禮記內則]左佩—帨注○—放也防其放弛以拘之也[釋名釋車]○—讀爲鬮又讀爲和粉之粉[周禮司几筵]司農注○[周禮內司服注]—帨綅纊之屬釋文一本作帉[禮記內則]—帨釋文一本帉○[周禮弁師注]沛國人謂反—爲幋釋文一本作紛。

又《補遺》

【紛】

[説文]—馬尾韜也從糸分聲○—亂也[文選弔屈原文]般——其離此尤兮注引李奇○—亂雜也[漢書揚雄傳上]上洪—而相錯注○—然亂意也[漢書王莽傳中]白黑—然注○—綸亂貌[文選封禪文]—綸威蕤注引張揖○——雜亂也[漢書敘傳下]洒洒——注○——言其多[漢書禮樂志]羽毛—注○—員多貌也[漢書禮樂志]六—員注○—若者盛多之貌[易巽]用史巫—若疏○—云盛貌[漢書司馬相如傳下]威武—云注○—云興作之貌[漢書禮樂志]—云六幕浮大海注○——搆讒意也[漢書賈誼傳]般——其離此郵〔2〕兮注引孟康○—挐亂相持搏也[漢書霍去病傳]昏漢匈奴相—挈注○—旗旒也[文選羽獵賦]青雲爲—注引韋昭

【繽】

—盛貌也[離騒]九嶷—其並迎注○——衆也[廣雅釋訓]

_____

〔1〕　按:《廣雅》原文是"紛怡,喜也",《經籍籑詁》誤斷句讀。
〔2〕　按:《漢書》原文作"尤",《經籍籑詁》誤引作"郵"。

〇一紛盛貌一切經音義六引[字林]又[後漢班彪傳上注]又[離騷]佩一紛其繁飾兮注〇一紛風吹貌[文選東京賦]牙旗一紛薛注〇一紛亂貌也[後漢張衡傳注]又[文選思元賦]思一紛而不理舊注〇一紛雜糅也[淮南俶真]一紛龗蕤注〇一紛能整理也[文選長笛賦]條決一紛注

同上補遺

【續】

一紛舞貌也[漢書司馬相如傳上]鄢郢一紛注引李奇〇一紛交雜也[漢書揚雄傳]暗藹以其一紛注〇一紛衆疾也[漢書揚雄傳上]一紛往來注

## 三、康熙字典

《康熙字典》,清張玉書、陳廷敬、凌紹雯等人奉愛新覺羅玄燁之命集體編纂的,1716 年編成刊行。

這是一部以單音節詞爲主,按照它們的書寫形式和結構,分別部從,照筆畫數次編排而成的。全書按十二地支共分 12 集 214 部,收 47 035 字。

書的前面有凡例、總目、檢字、辨似、字母切韻要法、等韻切音指南,後面又附有補遺和備考。

這部書通過文字解詞的方法是:每字之下先注反切。反切用《唐韻》、《廣韻》、《集韻》、《韻會》、《正韻》。《唐韻》久已不存,用大徐本《說文解字》開元《唐韻》反切,若是這些韻書"反切"相同,就把同一"切語"的韻書名字連類排列作爲一條。若是切語不同,就分別並舉。如果在上列書裏都沒有,則參考用《玉篇》、《類編》、《五音集韻》等書的"反切"。假如連這些書裏也都沒有,那就摘取經、傳、史、漢、老、莊各書音釋。

　　"反切"之後，按照詞的音義關係，列舉經、史、子書以及各家"雜書"裏有關的語句或注解作例來訓釋詞義。

　　這部詞典，一般說還是可用的。

　　但是，它在當時雖是官書，編纂卻相當草率。在引用材料上，往往是有錯誤的地方。清代王引之爲此作了《字典考證》十二卷，勘正二千五百餘事。日本渡部溫作了《康熙字典考異正誤》二卷。在引用作證時，要查找它引用的原文覆對一下才好。

　　［附例］

　　　　【紛】

　　　　廣韻 府文切 集韻 韻會 正韻 敷文切 夶音芬 說文 馬尾韜也 玉篇 亂也緩也　又 博雅 紛紛衆也　又喜也 易巽卦 用史巫紛若吉 釋文 紛衆也喜也一云盛也 前漢禮樂志 羽旄紛紛 注 紛紛言其多　又 書顧命 筍席玄紛純 疏 紛如綬有文而狹者也　又 禮內則 左佩紛帨 注 紛帨拭物之佩巾也　又 揚雄羽獵賦 青雲爲紛 注 紛旗旒也　又 集韻 符分切音汾紛縕亂貌　又 韻補 叶孚焉切 孫楚雪賦 豐隆灑雪交錯翻紛膏澤偃液普潤中田

　　　　【繽】

　　　　廣韻 匹賓切 集韻 韻會 正韻 紕民切 夶音臏 博雅 繽繽衆也 玉篇 繽紛盛也 類篇 亂也 屈原離騷 佩繽紛其繁飾兮 又 九嶷繽其並迎

## 第四節　以雙音節詞爲主的古漢語文言詞典

### 一、辭通

《辭通》,朱起鳳撰,1934 年開明書店出版,1982 年上海古籍出版社重印。這是一部專收古漢語雙音節詞和詞組的詞典。

前有凡例、檢韻,後有補遺、附録和索引——四角號碼索引及筆畫索引。

它是按雙音節詞的音義關係,把同一詞的各種不同的書寫形式(有的是由於音變,有的是由於字形類化,有的是字形錯誤)彙集成爲一組,作爲一個編纂單位。每組之中“以習見之辭爲經,以較僻之辭爲緯”。

因爲作者重在“因聲求義”,所以在編排上就以各組領頭一詞後一音節的韻部作標準,按照《平水韻》依次編排。

這樣做,因爲詞的音變關係,有時“同組之辭,未必同韻”。按照卷首:檢韻不一定就能找到所要找的各詞。爲此,作者又在卷末把全書所收各詞依照第一音節的書寫形式,按字類聚,編成索引。在使用上就比較方便了。

在各詞的注解上有沿用舊注的,有採用清代學者的説法的,也有作者自己的見解。

引證文句也都注明了書篇名目,可以依之復查。

在研究古典作品和古漢語詞彙上,本書是比較有用的。

［附例］

　　上平聲　十二文

【繽紛】繽.毗民切.音贇. ○○.雜盛貌.［漢書·揚雄傳］暗
藹以其○○［顏注］○○交雜也.［又］○○往來.輻轤不絕.［後漢
書·班固傳］綺組○○.［又·張衡傳］思○○而不理.（注）○○.
亂貌.［又.文苑邊讓傳］組綺○○.［淮南子·俶真］被德含和.
○○蘢蓯.欲與物接.而未成兆朕.［文選·張衡東京賦］牙旗
○○.［又·南都賦］男女姣服.駱驛○○.［又·左思蜀都賦］結馴
○○.［又·曹植雜詩］西北有織婦.綺縞何○○.［晉陶潛閒情賦］
攘皓腕之○○.［楚辭.離騷］佩○○其繁飾兮.［又·九章思美人］
佩○○以繚轉兮.［玉篇·下糸部］繽.匹仁切.○○.盛也.［唐韓
愈送陸暢歸江南詩］　鶯鳴桂樹下.觀者何○○。

【邠盼】［古文苑·揚雄蜀都賦］朱綠之畫. ○○麗光。

【闚闞】［廣韻·二十文闞字注］○○之貌.【繽翻】［唐韓
愈鬥鷄聯句］膈膊戰聲喧. ○○落羽雌。

　按　邠繽同音通叚。盼當作邠,亦與紛同音。闚闞即繽紛之
古字.紛翻雙聲字.故通用。

【繽紛】［家語·致思］旌旗○○.下蟠于地.【翩翻】［説苑.
指武］旌旗○○.下蟠于地.　按　孔子與諸弟子農山言志.旌旗云
云.是子路語.繽紛作翩翻.亦聲之轉.此猶家語説苑作農山.韓詩
外傳九作戎山.外傳七作景山也.文選張衡東京賦.亦云牙旗繽
紛,又枚乗七發.旌旗偃蹇.羽旄肅紛.疑肅紛亦是繽紛之誤。

又.十三元

【翩翻】飛貌［文選·張衡西京賦］衆鳥○○【翩翾】［宋傅
亮.感物賦］飛蛾翔羽. ○○滿室.【翩幡】［漢書·司馬相如傳］
長嘯哀鳴. ○○互經。（文選上林賦同）.【翻幡】［史記·司馬相
如傳］作○○。【繽翻】［文選·左思吳都賦］大鵬○○.翼若垂

天．［古文苑·王粲雜詩］百鳥何○○．【繽紛】［宋謝靈運王子晉讚］冀見浮丘公．與爾共○○．按 翩翩叚作繽紛．蓋雙聲通叚．猶繽紛亦可叚爲翩翩也。

## 二、聯綿字典

《聯綿字典》，符定一編著，1943 年出版，1946 年中華書局重印，1983 年中華書局三版。

這是一部古漢語雙音節詞典：有詞、有詞組，在編制上，它和《辭通》相反，不按第二音節，而按照詞的第一音節的書寫形式，依照字形的部從關係，分部編排的。

前有敘例、聲紐表、韻部表、部首，後有跋尾、附錄和部首式的字典索引。

這部詞典不同於《辭通》的是，沒有把同一詞的不同形式歸類，每一形式獨列爲一個單位，它在各個有關詞的後面，把同詞音變或不同的書寫形式分條寫出，注明：轉爲××，在××下。使用時，想要得到它們之間的關係，必須再按那些相關詞第一音節的書寫形式，分別檢查，匯總考慮。

在它所收的雙音節詞或詞組之下若有不同的詞義時，則用"陰文"分字數條另起加以注解。

引證文句，按原書摘錄，也注明了出處，便於覆按。作者自己的意見也附在下面。

本書作者迷於《說文解字》，很多常用的寫法，他故意地把它改成一般人所不熟悉的字形。他這種"標題聯字，必求正寫，一字改鑄恒至三四次焉"的辛苦，不但在印刷上造成困難，更重要的是給不熟悉《説文解字》的讀者也造成很大的不便。

但總的説來,這部詞典對研究古典文學作品和古漢語詞彙,同《辭通》一樣,也是比較有用的。

［附例］

【繽紛】繽廣韻匹賓切 紛撫文切

❶ 衆疾也,一曰.多貌.［漢書揚雄傳羽獵賦］繽紛往來.輜轊不絕.師古曰.繽紛.衆疾也.繽.音匹人反.［文選羽獵賦］同上.銑注.繽紛.多貌.［又南都賦］男女姣服.駱驛繽紛.善注.駱驛繽紛.往來衆多貌.［又蜀都賦］結駟繽紛,良注.繽紛.衆多貌.

❷ 交雜也.［漢書揚雄傳反騷］紛纍以其溷濁兮.暗纍以其繽紛.師古曰.繽紛.交雜也.繽.音匹人反.補注.王先謙曰.繽紛.謂讒慝交加.［淮南俶真訓］被德含和.繽紛蘢蓯.注.繽紛.雜糅也.［楚辭九懷昭世］撫余佩兮繽紛.注.持我玉帶.相糾結也.

❸ 舞貌.［漢書司馬相如傳上林賦］鄢郢繽紛.激楚結風.李奇曰.繽紛.舞貌也.師古曰.繽.音匹人反.補注.錢大昭曰.揚雄反離騷云.暗纍以其繽紛.注.繽紛.交雜也.楚辭九懷云.撫余佩兮繽紛.王逸注.持我玉帶.相糾結也。張有以説文之闐闐二字當之.音義俱合.王先謙曰.鄢郢繽紛.謂楚歌楚舞.交雜并進.古歌必兼舞.激楚結風.並歌舞曲名.李專以繽紛爲舞貌非.錢説是也。

❹ 盛也.［後漢書班固傳西都賦］紅羅颯纚.綺組繽紛.注.繽紛.盛貌.［又文苑邊讓傳］組綺繽紛［楚辭離騷］佩繽紛其繁飾兮.注.繽紛.盛貌.補曰.繽.匹賓切.［又九章思美人］佩繽紛以繚轉兮.注.德行純美.能絕異也.補曰.繽.匹賓切.［慧琳音義七］繽紛下云.上匹賓反.下芳分反.考聲云.繽紛.亂也.字書云.繽紛.衆多兒也.集訓云.繽紛.盛兒.並從糸.音覓.賓分皆聲也.經中賓字從尸作賔者非也.［又二十七］繽紛下云.上匹仁反.玉

篇.繽繽往來貌.或盛貌.衆也.下孚云反.玉篇.紛.亂也.盛貌也.衆也.廣雅.繽繽.衆也.紛紛.亂也.謂衆多下也.字林.繽紛.盛貌也.切韻.飛也.

**五** 亂也. [後漢書張衡傳思玄賦]私湛憂而深懷兮.思繽紛而不理.注.繽紛.亂貌也. [家語致思]旂旗繽紛.下蟠于地. [楚辭離騷]時繽紛其變易兮.注.五臣云.繽紛.亂也.

**六** 風吹貌. [文選東京賦]戈矛若林.牙旗繽紛.綜注.繽紛.風吹貌。

**七** 飛貌. [文選謝靈運擬魏太子鄴中集八首]唯羨蕭蕭翰.繽紛戾高冥. 向注.繽紛.飛貌. [切韻殘卷十七真]繽.繽紛.飛.敷賓反. [定一按]繽紛雙聲滂紐.

**八** 轉爲繽翻.聲同.見繽翻下.

【繽翻】翻廣韻孚袁切.飛貌. [文選吳都賦]大鵬繽翻.翼若垂天.濟注.繽翻.飛貌.[定一按]繽翻雙聲滂紐.

## 三、新《辭源》

新《辭源》全 4 卷,1979—1983 年商務印書館出版.共收單字12 890個.删除舊《辭源》中的社會科學、自然科學等專科詞語,對舊《辭源》中部分錯誤的注釋和例證作了修訂、增補,增加了古漢語詞語,使其成爲閱讀古籍的一部專用辭書.單字下標有漢語拼音、注音字母、反切、聲紐.釋義簡明,例證皆注明作者、書名、篇目、卷次.按《康熙字典》214 部首編排,每册後各附本册四角號碼索引,第 4 卷末附有"單字漢語拼音索引"及"歷代建元表"等.

[附例]

繽 bīn ㄅㄧㄣ 匹賓切,平,真韻,滂。盛貌。楚辭屈原離騒:"百神翳其備降兮,九疑繽其並迎。"參見"繽紛"。

【繽紛】㊀ 繁盛貌。楚辭屈原離騒:"佩繽紛其繁飾兮,芳菲菲其彌章。"後漢書七十上班彪傳西都賦:"紅羅颯纚,綺組繽紛。"㊁ 雜亂貌。後漢書五九張衡傳思玄賦:"私湛憂而深懷兮,思繽紛而不理。"晉陶潛陶淵明集五桃花源記:"忽逢桃花林,夾岸數百步,中無雜樹,芳草鮮美,落英繽紛。"㊂ 衆疾貌,多貌。漢書八七上揚雄傳羽獵賦:"繽紛往來,輻轤不絕。"

【繽翻】㊀ 飛貌。文選左太沖(思)吳都賦:"大鵬繽翻,翼若垂天。"㊁ 盛貌。宋書謝靈運傳山居賦:"播緑葉之鬱茂,含紅敷之繽翻。"

**紛** fēn　ㄈㄣ　府文切,平,文韻,滂。

㊀ 旗上的飄帶。文選揚子雲(雄)羽獵賦:"青雲爲紛,紅霓爲繯。"注"紛,旗旒也。"㊁ 盛多貌。楚辭屈原離騒:"紛吾既有此內美兮,又重之以修能。"㊂ 亂,雜。墨子尚同中:"當此之時,本無有敢紛天子之教者。"楚辭宋玉招魂:"士女雜坐,亂而不分些,放敶組纓,班其相紛些。"㊃ 糾紛,爭執。老子:"挫其鋭,解其紛。"史記一二六滑稽傳:"談言微中,亦可以解紛。"㊄ 通"吩"。見"紛悦"。

# 第五節　兼收古漢語文言詞彙的現代漢語詞典

## 一、新《辭海》

1979 年上海辭書出版社出版,1999 年出有增訂本。新《辭海》共收單字 16 534 個,詞語 12 萬餘條,包括成語、典故、人物、著作、歷史事件、團體、古今地名,兼顧各學科的名詞術語等。詞目釋義簡明扼要,以一般讀者爲主,爲大型百科性工具書。按部首編排,設 250 個部首,書前有"部首表"與"筆畫查字表",末附"漢語拼音索引"。

［附例］

**缤**（繽）（bīn）紛;繁。〔1〕《離騷》:"九嶷繽其并迎。"王逸注:"舜又使九嶷之神紛然來迎。"參見"繽紛"。

**缤紛**（繽紛）① 繁多貌。《離騷》:"佩繽紛其繁飾兮。"陶潛《桃花源記》:"芳草鮮美,落英繽紛。"② 交錯雜亂貌。張衡《思玄賦》:"思繽紛而不理。"

**纷**（紛）（fēn）① 旗上的飄帶。揚雄《羽獵賦》:"麾日月之朱竿,曳彗星之飛旗,青雲爲紛,虹〔2〕霓爲繯。"② 盛多貌。《離騷》:"紛吾既有此內美兮,又重之以修能。"③ 爭執;糾紛。《史記·滑稽列傳》:"談言微中,亦可以解紛。"④ 混淆;雜亂。《楚辭·招魂》:"士女雜坐,亂而不分些;放陳組纓,班其相紛些。"《漢書·王莽傳中》:"郡縣賦斂,遞相賕賂,白黑紛然。"

## 二、《漢語大字典》

《漢語大字典》,徐仲舒主編,8 卷,1986—1990 年由四川辭

---

〔1〕 編者按:新版《辭海》以簡體排印,這裏字頭"繽紛"暫依原書作簡體,繁體於括號中標出。但引用該書的其他部分用繁體。
〔2〕 編者按:原文作"紅";《辭海》誤爲"虹"。

書出版社、湖北辭書出版社出版(今有合訂本和縮印本)。[1] 共計收單字五萬六千字左右,按部首編排,在《康熙字典》214 部首上略有調整,刪除 8 部,合併 6 部,共立 200 部首,與《漢語大詞典》同。字形上注重形、音、義的密切配合,單字楷書之下列有甲骨文、金文、小篆和隸書形體,簡要説明其結構的演變。單字下注有現代漢語拼音,同時收列了中古反切、聲韻調和上古韻部。字義解釋注重常用字的常用義,同時適當地收録了複音詞的詞素義。每卷有部首目録及本卷檢字表,第 8 卷爲:一、附録,包括《上古音字表》、《中古音字表》、《通假字表》、《異體字表》、《歷代部分字書收字情況簡表》、《簡化字總表》、《漢語拼音方案》、《現代漢語常用字表》、《普通話異讀詞審音表》、《國際音標表》;二、漢語大字典分卷部首表;三、筆畫檢字表;四、補遺;五、後記。爲漢語文工作者的一部重要工具書。

[附例][2]

繽　馬姜墓記

bīn 《廣韻》匹賓切,平真滂。真部。

① 繁盛;衆多。《集韻·真韻》:"繽,盛皃。"《楚辭·離騷》:"百神翳其備降兮,九疑繽其並迎。"王逸注:"繽,盛也。"

② 紛亂。《集韻·真韻》:"繽,紛亂也。"

紛　〔紛〕

[1]　編者按:本書已於 2010 年出版第二版,第二版縮印本也於 2018 年 1 月出版。另外,原湖北辭書出版社已更名爲"崇文書局"。
[2]　編者按:《漢語大字典》的釋義、部分字頭、書名、書證用簡體,這裏均使用繁體。下文引《漢語大詞典》同。

《説文》："紛，馬尾韜也。從糸，分聲。"

fēn 《廣韻》撫文切，平文敷，諄部。

① 馬尾韜。《説文·糸部》："紛，馬尾韜也."段玉裁注："韜，劍衣也。引申凡爲衣之偁。《釋名》曰：'紛，放也，防其放弛以拘之也。'揚子言'車軡馬駍'，馬駍謂結束馬尾。豈韜之而後結之與。"王筠句讀："《弓部》'弝'下云：'弓無緣，可以解彎紛者'，似即此紛。"

② 旌旗上的飄帶。《文選·揚雄〈羽獵賦〉》："青雲爲紛，紅霓爲繯。"李善注引韋昭曰："紛，旗斿也。"

③ 花邊。《周禮·春官·司几筵》："設莞筵紛純，如繅席畫純。"鄭玄注："紛如綬有文而狹者。"《文選·張衡〈東京賦〉》"次席紛純，左右玉几。"李善注引薛綜曰："紛純，謂以組〔1〕爲緣。"

④ 擾亂；變亂。《廣雅·釋詁三》："紛，亂也。"《墨子·尚同中》："當此之時，本無有敢紛天子之教者。"孫詒讓閒詁："謂不敢變亂天子之教令。"

⑤ 雜亂；混雜。《楚辭·招魂》："放敶組纓，班其相紛些。"王逸注："紛，亂也。"《漢書·王莽傳》："郡縣賦斂，遞相賕賂，白黑紛然。"《文選·張衡〈西京賦〉》："攢珍寶之玩好，紛瑰麗以奓靡。"李善注引薛綜曰："紛，猶雜也。"

⑥ 禍亂；灾難。《漢書·揚雄傳上》："惟天軌之不辟兮，何純絜而離紛！"顔師古注："離，遭也；紛，難也。"

⑦ 糾紛，爭執。《史記·滑稽列傳》："談言微中，亦可以解紛。"晉陶潛《述酒》："朱公練九齒，閒居離世紛。"《晉書·袁宏傳》："謀解時紛，功濟宇内。"

---

〔1〕 編者按：原文作"組"，《漢語大字典》誤作"組"。

⑧ 盛貌。《楚辭·離騷》："紛吾既有此内美兮，又重之以脩能。"王逸："紛，盛貌。"《後漢書·孝安帝紀》："嫁娶送終，紛華靡麗。"……

⑨ 多；衆。三國魏曹植《七啓》："故甘靈紛而晨降，景星霄而舒光。"宋范成大《冬春行》："官租私債紛如麻，有米冬春能幾家！"元周伯琦《天馬行應制作》："我朝幅員古無比，朔方鐵騎紛如螘。"

⑩ 喜。《廣雅·釋詁一》："紛，喜也。"

⑪ 緩。《玉篇·糸部》："紛，緩也。"

⑫ 拭物的佩巾；抹布。也作"帉"。《禮記·内則》："左佩紛帨。"鄭玄注："紛帨，拭物之佩巾也。"陸德明釋文："紛，或作帉，同。"……

## 三、《漢語大詞典》

《漢語大詞典》，羅竹風主編，1986—1993 年由上海辭書出版社（漢語大詞典出版社）出版，共分 12 卷，爲目前國内最大型的漢語語文詞典。[1] 所收詞目以"古今兼收，源流並重"爲編輯方針，共收詞目約 37 萬餘條。以有文獻例證者爲限，釋義着重從語詞的歷史演變過程加以全面闡述。單字按部首編排，所立 200 部首與《漢語大字典》同，每卷都有部首檢字表。另有附錄、索引 1 卷。附錄：《中國歷代度制演變測算簡表》、《中國歷代量制演變測算簡表》、《中國歷代衡制演變測算簡表》、《公制計量單位進位和換算表》、《歷代帝王紀年干支紀年公元紀年對照表》、《兩晉南北朝時期的十六國政權簡表》、《五代時期的十國政權簡

---

[1]　編者按：漢語大詞典出版社已於 2007 年併入上海辭書出版社。

表》。索引:《單字筆畫索引》、《單字漢語拼音索引》。

[附例]

繽[缤] ［bīn《廣韻》匹賓切,平真,滂。]亦作"繽"。① 盛貌。《楚辭‧離騷》:"百神翳其備降兮,九疑繽其並迎。"王逸注:"繽,盛也。"② 紛亂貌;飛動貌。漢張衡《思玄賦》:"繽連翩兮紛暗曖,儵眩眃兮反常閭。"晉左思《吳都賦》:"大鵬繽翻,翼若垂天。"

[繽紛] ① 繁盛貌。《楚辭‧離騷》:"佩繽紛其繁飾兮,芳菲菲其彌章。"《後漢書‧班固傳上》:"紅羅颯纚,綺組繽紛。"清劉大櫆《〈皖江酬唱集〉序》:"予唱汝和,無往不復,鏤冰斸雪,纂組繽紛。"② 紛亂貌。晉陶潛《桃花源記》:"芳華鮮美,落英繽紛。"唐李山甫《惜花》詩:"一年今爛熳,幾日便繽紛。"……《楚辭‧離騷》:"時繽紛其變易兮,又何可以淹留。"漢張衡《思玄賦》:"私湛憂而深懷兮,思繽紛而不理。"清李漁《巧團圓‧買父》:"莫怪人心詫異,只因世局繽紛。兒子既可買父,臣子合當賣君。"③ 眾疾貌;多貌。《漢書‧揚雄傳上》:"羽騎營營,昈分殊事,繽紛往來,輻轢不絕。"唐韓愈《送陸暢歸江南》詩:"鸞鳴桂樹間,觀者何繽紛。"明沈璟《義俠記‧除凶》:"道傍車馬日繽紛,行路悠悠何足云?"清蒲松齡《聊齋志異‧鳳仙》:"過數日,果有三十餘人,齎旗采酒禮而至,輿馬繽紛,填溢堦巷。"④ 紛飛貌。南朝宋謝靈運《擬魏太子鄴中集詩‧劉楨》:"唯羨蕭蕭翰,繽紛戾高冥。"《西游記》第六六回:"滿山頭大雨繽紛。"……⑤ 形容歌舞交雜並進。《漢書‧司馬相如傳上》:"鄢郢繽紛,《激楚》、《結風》。"王先謙《補注》:"鄢郢繽紛,謂楚歌楚舞,交雜並進。"唐薛用弱《集異記補編‧葉法善》:"所居院異香芬鬱,仙樂繽紛。"

[繽翻] 亦作"繽翻"。① 飛貌。漢王粲《雜詩》之二"百鳥

何繽翻,振翼群相追。"唐韓愈等《鬥雞聯句》:"膇膊戰聲喧,繽翻落羽雛。"② 盛貌;紛亂貌。南朝宋謝靈運《山居賦》:"播綠葉之鬱茂,含紅敷之繽翻。"唐溫庭筠《杏花》詩:"正見盛時猶悵望,豈堪開處已繽翻。"

[繽繙]　亦作"繽翻。"翻動。清曹寅《和芷園消夏》之二:"十五年間萬卷藏,中年方覺曝書忙。遙憐揮汗繽翻處,時有微風送古香。"

　　紛[纷]〔fēn《廣韻》撫文切,平文,敷。〕① 絲帶。《書‧顧命》:"玄紛純,漆仍几。"孔穎達疏:"紛則組之小別。鄭玄《周禮》注云:'紛如綬,有文而狹者也。'然則紛、綬一物,小大異名。"《周禮‧春官‧司几筵》:"設莞筵紛純。"鄭玄注:"紛如綬,有文而狹者。"《隋書‧禮儀志六》:"官有綬者,則有紛,皆長八尺,廣三寸,各隨綬色。若服朝服則佩綬,服公服則佩紛。"唐元稹《和樂天初授戶曹喜而言志》:"今人重軒冕,所重華輿紛。"② 旗上的飄帶。《文選‧揚雄〈羽獵賦〉》:"靡日月之朱竿,曳彗星之飛旗,青雲爲紛,紅蜺爲繯。"李善注引韋昭曰:"紛,旗旒也。"③ 盛多貌;衆多貌。《楚辭‧離騷》:"紛吾既有此內美兮,又重之以脩能。"唐杜甫《白水崔少府十九翁高齋三十韻》:"猛將紛填委,廟謀蓄長策。"元周伯琦《天馬行應制作》:"我朝幅員古無比,朔方鐵騎紛如蝗。"清秋瑾《寄徐伯蓀》詩:"蒼生紛痛哭,吾道例窮愁。"④ 亂;雜。《墨子‧尚同中》:"當此之時,本無有敢紛天子之教者。"《楚辭‧招魂》:"士女雜坐,亂而不分些;放敶組纓,班其相紛些。"《史記‧淮陰侯列傳》:"聽不失一二者,不可亂以言;計不失本末者,不可紛以辭。"清蒲松齡《聊齋志異‧嬌娜》:"公子曰:'家君恐交游紛意念,故謝客耳。'"……⑤ 糾紛;爭執。《老子》:"挫其銳,解其紛。"

《史記·滑稽列傳序》:"談言微中,亦可以解紛。"宋 岳珂《桯史·張紫微原芝》:"告我聖天子,承天之意,承祖宗之意,早定大計,惟一無貳,紛以貳起。"⑥ 通"帉"。參見。"紛帨"。⑦ 姓。戰國有紛彊。見《戰國策·秦策五》。

圖書在版編目(CIP)數據

中國語言文字學綱要/ 孫常敘著；孫屏校訂. —
上海：上海古籍出版社，2014.12
（孫常敘著作集）
ISBN 978 - 7 - 5325 - 7457 - 5

Ⅰ.①中… Ⅱ.①孫… ②孫… Ⅲ.①漢語—語言學
②漢字—文字學 Ⅳ.①H1－53

中國版本圖書館 CIP 數據核字(2014)第 254037 號

**中國語言文字學綱要**

孫常敘 編著

孫 屏 張世超 校訂
上海古籍出版社出版、發行
（上海瑞金二路 272 號 郵政編碼 200020）
(1) 網址：www. guji. com. cn
(2) E-mail：guji1@guji. com. cn
(3) 易文網網址：www. ewen. co
浙江臨安曙光印務有限公司印刷
開本 890×1240 1/32 印張 13.75 插頁 4 字數 294,000
2014 年 12 月第 1 版 2019 年 1 月第 1 次印刷
印數：1—2,100
ISBN 978 - 7 - 5325 - 7457 - 5

H · 121 定價：68.00 元
如有質量問題,請與承印公司聯繫